高等院校财务与会计专业规划教材

U0728857

基础会计学 （第二版）

Basic Accounting

◆ 主　编　孟宪宝
◆ 副主编　王明吉　孙俊东

ZHEJIANG UNIVERSITY PRESS
浙江大学出版社

图书在版编目（CIP）数据

基础会计学 / 孟宪宝主编. —2版. —杭州：浙江
大学出版社，2015.8（2024.7重印）
ISBN 978-7-308-14810-8

Ⅰ.①经… Ⅱ.①孟… Ⅲ.①会计学－高等学校－教
材 Ⅳ.①F230

中国版本图书馆 CIP 数据核字（2015）第 137248 号

基础会计学（第二版）
主　　编　孟宪宝
副主编　　王明吉　孙俊东

丛书策划　朱　玲
责任编辑　朱　玲
封面设计　周　灵
出版发行　浙江大学出版社
　　　　　（杭州市天目山路 148 号　邮政编码 310007）
　　　　　（网址：http://www.zjupress.com）
排　　版　杭州青翊图文设计有限公司
印　　刷　广东虎彩云印刷有限公司绍兴分公司
开　　本　787mm×1092mm　1/16
印　　张　13.25
字　　数　330 千
版印次　2015 年 8 月第 2 版　2024 年 7 月第 7 次印刷
书　　号　ISBN 978-7-308-14810-8
定　　价　35.00 元

前　言

　　基础会计学是会计专业学生的入门课程,也是非会计专业学生了解和认识会计的一门基础课程。本书力求使初学者掌握会计的基本理论、基本方法和基本操作技能,为学习和理解后续课程打好扎实的基础。针对当前社会主义市场经济体制环境、国际经济一体化的大趋势以及用人单位对人才的需求,在吸收了当前优秀的会计学基础类教材的基础上,结合编写组成员在教学、教改和会计实践中积累的经验,编写了这本《基础会计学》教材。

　　本书力求突出以下特点:①基础性。本着简练、实用的原则,调整了课程的框架结构和内容,使内容更加精炼和系统化。②规范性。在内容上反映了当前会计法规的最新内容,体现了知识的时代性。③实践性。会计是一项实践性较强的技术工作,把会计基本方法(会计核算方法)与会计工作规范有机结合起来,体现了会计工作的指导性和可操作性。

　　本教材在浙江大学出版社的大力支持下,由河北师范大学商学院会计系组织编写。本书由孟宪宝任主编,王明吉、孙俊东任副主编。编写人员具体分工如下:第一章、第二章和第三章由孟宪宝编写;第四章和第八章由王明吉编写;第七章由孟宪宝、王明吉合作完成;第六章和第十一章由孙俊东编写;第九章和第十章由王胜荣、孙俊东合作完成;第五章由刘海英编写。

　　本书适用于普通高等院校、高等职业教育和成人教育的会计专业和非会计管理类专业学生教学,也可作为其他管理人员的参考工具书。由于我们水平所限,书中不妥之处在所难免,恳请读者批评指正。

　　编者结合 2014 年修订的《企业会计准则》,对相关内容进行了修订,使本教材更具有适用性。

编　者

2015 年 7 月

目　录

基础会计学

第一章 总 论

学习目标

通过本章学习,要求掌握会计定义、会计基本职能、会计目标、会计假设、会计基础、会计要素、会计要素的计量属性、会计信息质量要求等基本内容,对会计的产生和发展以及会计方法体系有一个全面的认识。

课程导入

一谈到会计学,很多人就会与会计工作联系到一起,实际上会计学与会计工作是两个概念,会计学通常是指会计理论体系,会计工作是会计理论在实践中的应用。会计理论所要回答的是会计学科中带有根本性的问题,且必须回答的问题是非常多的,如社会环境与会计关系、会计的本质(定义)、会计的职能、会计对象、会计的基本程序和方法、会计学与相邻学科的关系、会计发展史等。本章将围绕上述问题进行介绍。

第一节 会计的含义

一、会计的产生和发展

会计作为一项特殊的经济管理活动,是经济管理的重要组成部分,是适应社会生产的发展和经济管理的需要而产生和发展起来的。随着生产和经济管理环境的不断变化,会计的内容和形式也在不断地变化并逐步完善起来。

在一切社会形态中,人们进行生产活动时,总是力求以尽可能少的劳动耗费,取得尽可能多的劳动成果。因此,在不断改革生产技术的同时,要采用一定方法对劳动耗费和劳动成果进行记录、计算,并加以比较和分析。在人类历史的早期,由于生产活动比较简单,人们单凭头脑进行记忆生产活动耗费和劳动成果。当生产活动和劳动成果增多时,单凭记忆已不能满足需要,人们又创造出利用简单符号记录,如我国古代的"结绳记事"、"刻契记数",古巴比伦的泥板,埃及的刻石,伊拉克的算板等,都是最原始的经济计算和记录活动,这些就是会计的雏形。在相当长的历史期间,由于生产力水平低下,会计始终属于生产职能的一部分，即在人们生产活动之中，附带抽出一部分时间把生产的耗费、成果和分配进行记录和计算。到原始社会末期，生产力有了发展，剩余产品出现了，劳动过程中需要计量和记录的内容多起来，于是，会计从生产职能中分离出来，成为特殊的、专门委托当事人的独立的职能。马克思在对印度古代历史的研究中发现，原始社会末期在印度太古的共同体里，农业上已经有了记账员，主要是为了记录共同体内共同劳动的过程和结果，是为整个氏族公社利益服务的。这说明会计已成为一项独立的活动，标志着会计的诞生。

早期的会计是实物计量会计，后来随着商品的出现、货币的产生和商品经济的发展，会计就以实物和货币两种计量手段进行记录。当商品经济发展到一定阶段，货币成为一切财富的价值尺度，同时，社会经济环境也要求会计提供综合财务信息，会计就发展到以货币计量为主进行记录，形成货币计量会计。

古代会计经历了漫长的发展过程，据《周礼》记载，我国远在奴隶社会的西周时期，"会计"一词就已经出现，并设立了专司周王朝廷钱粮收支的官吏——"司会"，进行"月计岁会"。清朝焦循在《孟子正义》书中，将西周会计解释为"零星计算称为计，总合计算为会"，即年终的总核算和日常的核算合起来称为会计。

唐、宋两代是我国会计全面发展的时期。这个阶段，官厅会计有了比较健全的组织机构，如宋代的"会计司"；又有了比较严格的财计制度，如计账制度、审计制度、财物保管、出纳制度；会计账簿和会计报表的设置也日益完备，由流水账（日记账）和誊清账（总清账）组成的账簿体系已初步形成。特别重要的是宋朝初期创建和运用了"四柱结算法"。所谓四柱，即"旧管"、"新收"、"开除"、"实在"，四柱之间的结算关系可用会计方程式表示为：旧管＋新收－开除＝实在。宋朝官府办理钱粮报销或移交手续时，一般都运用"四柱结算法"，编制会计报表称为"四柱清册"。这是我国古代会计的一个杰出成就，它为我国通行多年的收付记账法奠定了理论基础。

明、清两代，会计工作者又在"四柱结算法"原理的启发下，设计了"龙门账"的会计核算方法。它把全部经济业务划分为"进"、"缴"、"存"、"该"四大类。"进"指全部收入，"缴"指全部支出，"存"指全部资产，"该"指全部负债。四者之间的关系可用会计方程式表示为：进－缴＝存－该。每届年终结账时，一方面可以根据有关"进"与"缴"两类账目的记录编制"进缴表"，计算差额，决定盈亏；另一方面还应根据有关"存"与"该"两类账目的记录编制"存该表"，计算差额，决定盈亏。两方面计算决定的盈亏数额应该相等。这种双轨计算盈亏并核对账目的方法人们叫它"合龙门"，"龙门账"就因此而得名。随后，商品货币经济又有了进一步的发展，资本主义经济关系开始萌芽，在民间商业界出现了"四脚账"，又称"天地合"。这种账要求对经常发生的一切账项，既要登记它的来账方面，又要登记它的去账方面，借以全面反映同一账项的来龙去脉，这表明中国的会计已由单式记账法向复式记账法过渡。我国的记账方法一度在世界上处于领先地位，但由于几千年的封建社会中，自给自足的自然经济始终占主导地位，阻碍了生产力的发展，也使会计的发展滞后，并逐渐落后于西方资本主义会计。随着资本主义经济输入中国，资本主义会计模式也随之输入，古老的中式会计逐渐被西式会计代替。

在西方，会计的发展也经历了几次变革，从原始计量记录时代进展到单式簿记运用时代，随着资本主义经济的产生，又演进到复式簿记运用时代。早在十二三世纪意大利的热那亚、威尼斯等城市专做贷金业的经纪人所用的银行账簿记录就采用借贷复式记账法记账,称为"威尼斯簿记法"。1494 年意大利数学家卢卡·伯乔利著的《算术·几何·比与比例概要》一书,比较系统地介绍了"威尼斯簿记法",并结合数学原理从理论上加以概括,被公认为是复式簿记最早形成文字的记载.也是会计发展史上的一个重要里程碑,标志着近代会计的最终形成。随后,借贷复式记账法便相继传至世界各国,并在实践中不断发展和完善,直至今日仍为世界绝大多数国家所采用。

从会计产生到 19 世纪中期的漫长岁月里,对会计的基本要求,仍然是记账、算账,反映和控制过去与现在的财务收支事项,为管理当局提供信息。长期以来,人们往往把会计单纯地看作是一种经济管理的工具。20 世纪前后,各主要资本主义国家经济迅速发展,生产规模随着市场的开拓不断扩大,卖方市场向买方市场转化,企业面临竞争,经营稍有考虑不周,就有被淘汰的危险。在这种情况下,为了提高经济效益,加强对经济活动过程的控制,企业管理当局对会计提出了更高的要求,不仅要求会计事后记账、算账,更重要的是进行事前的预测、决策,实现对经营过程的全面控制。与此相适应,现代化的管理方法和技术渗透到会计领域,传统的会计分化为财务会计和管理会计,丰富了会计的内容、职能和技术方法,把会计理论和会计方法推进到一个崭新的阶段。

19 世纪中叶,"西式会计"随着资本主义经济传入我国,改革了以单式记账为主的中式簿记,推行了近代会计,成为我国近代会计史上的第一次变革。新中国成立后又全面引进苏联的会计模式,建立了适应高度计划经济体制的会计制度,成为我国近代会计史上的第二次变革。1966—1976 年十年间,由于错误路线干扰一度不重视会计核算,放弃了会计监督,使国民经济遭受了影响。1978 年以后,随着改革开放政策的实行,现代会计新的理论与方法也被引进和利用。1981 年我国建立了注册会计师制度,1985 年 1 月 21 日第六届全国人大常委会第九次会议通过并于 5 月 1 日实施的《中华人民共和国会计法》(以下简称《会计法》),标志着我国会计工作从此进入法治阶段。为了适应我国社会主义市场经济的需要,1993 年 7 月 1 日我国又颁布实施了"两则"(《企业会计准则》、《企业财务通则》)和"两制"(13 个行业的会计制度和 10 个行业的财务制度),突破了原有的会计核算模式,建立了接近国际惯例的、具有我国特色的新的会计管理体系。1999 年 10 月 31 日第九届全国人大常委会第十二次会议通过了《中华人民共和国会计法》第二次修订,并于 2000 年 7 月 1 日实施。2001 年 1 月 1 日实施部分行业的统一《企业会计制度》,继续推行已经制定的《企业会计准则》。2006 年 2 月 15 日,为了适应经济全球化,以及我国市场经济发展和经济管理的需要,顺时应势、创新、趋同,颁布了《企业会计准则》,包括基本准则和 38 项具体会计准则,标志着我国会计进入了一个崭新的发展时期。

二、会计的定义

从上述会计的产生和发展过程可以看出,会计的产生和发展离不开生产的发展和经济管理环境的变化,会计正是在为社会经济发展服务中不断完善,并成为独立学科的。作为一门正在发展的学科,人们对会计的含义还有不同的认识。

其一是"信息系统论"观点,认为"会计旨在提高微观经济效益,加强经济管理,而在企业、事业单位内部建立的一个以提供财务信息为主的经济信息系统"。

其二是"工具论"观点,认为"会计是一种经济管理的工具",或会计是以货币为计量单位,反映和监督企业、事业单位各种经济活动的一种工具。

其三是"管理活动论"观点，认为"会计是一项管理活动"，它以货币为主要计量单位，采用专门方法，对经济活动进行核算和监督的一项管理活动。

其四是"应用技术论"观点，在美国会计师协会的章程中把会计定义为"以货币为计量单位，系统而有效地记录、分类和汇总仅限于财务性质方面的交易和事项的过程，以及解释其结果的一种应用技术"。

综合以上观点我们将会计定义为：会计是以货币为主要计量单位，通过一系列专门的程序和方法，对社会再生产过程中能够用货币表现的经济活动，进行完整、连续、系统、综合的核算和监督，旨在提供会计信息和提高经济效益的一项管理活动。

第二节　会计的职能、目标和作用

一、会计的职能

会计职能是指会计在经济管理中所具有的功能或能够发挥的作用，是会计的固有功能。马克思在《资本论》中指出："过程越是按社会的规模进行，越是失去纯粹个人的性质，作为对过程的控制和观念总结的簿记就越是必要。因此，簿记对资本主义生产，比对手工业和农民的分散生产更为必要，对公有生产，比对资本主义生产更为必要。"在这里，马克思曾把会计的基本职能概括为对"过程的控制和观念的总结"，这是对会计职能的一种传统的概括方式，一般理解为反映与监督。《中华人民共和国会计法》对会计的基本职能表达为会计核算与会计监督。通常认为，会计核算与会计监督是会计的基本职能。随着生产的发展、经济关系的复杂化和管理理论的发展，会计的传统职能得到不断细分和充实，新的职能不断出现，出现了会计多功能论，即会计除了传统的核算、监督职能外，还有预测、决策、控制、分析等职能，这些职能可以概括为参与经营决策的职能。本章主要阐述会计的核算和监督两个基本职能。

1. 会计的核算职能

会计核算职能也可以称为反映职能，是指会计从价值上对各单位已发生或完成的经济活动进行确认、计量、记录和报告，提供综合反映各单位经济活动情况的全面、系统、完整的会计信息的过程。会计核算是会计的首要职能，是会计管理工作的起点和基础。会计核算职能具有以下特点：

（1）会计核算主要从价值量上反映各单位的经济活动状况。由于经济活动具有复杂性，人们只有通过按一定程序进行加工处理后生成，并以价值量表现的会计数据，才能掌握经济活动的全过程及其结果。因此，会计核算采用三种量度（货币量度、实物量度和劳动量度）从数量上反映各单位的经济活动状况。在商品经济条件下，人们主要利用货币计量，通过价值的核算来综合反映经济活动的过程和结果。所以，会计核算主要以货币量度为主，将非货币量度作为辅助量度。

（2）会计核算具有完整、连续、系统和综合的特点。会计核算的完整是指对所有的会计对象都要进行计量、记录、报告，不能有任何遗漏；连续是指对会计对象的计量、记录、报告要连续进行,而不能有任何中断;系统是指在采用科学分类基础上对会计信息进行加工处理,保证所提供的会计数据资料能够成为一个系统的、有序的整体,揭示客观经济活动的规律性。综合是指会计要对相关信息使用者提供全面概括的会计信息,以形成完整的会计指标体系。

(3)会计核算要对各单位经济活动的全过程进行反映,在对已经发生的经济活动进行事中、事后核算的同时,还可以预测未来的经济活动。会计核算通过对已经发生或完成的经济活动进行事后的记录、核算和分析,通过加工处理后提供的大量信息资料反映经济活动的现实和历史状况,为满足经济管理的需要在事后、事中核算的同时进一步发展到事前核算、分析和预测经济前景。

2.会计的监督职能

会计监督主要是通过预测、决策、控制、分析、考评等具体方法,促使经济活动按规定的要求运行,并达到预期的效果。会计监督是会计的另一项职能,具有以下几个方面的特点:

(1)会计监督主要通过价值指标来进行。由于基层单位的经济活动都伴随价值的运动,表现为价值量的增减和价值形态的变化。因此,以价值指标为核心才能发挥货币反映的综合性和完整性,会计监督与其他监督相比是一种更为有效的监督,可以全面、及时、有效地控制各个单位的经济活动。

(2)会计监督要对经济活动进行事后、事中、事前的全过程监督。事后监督是指对已经发生的经济活动以及相应的核算资料进行审查、分析。事中监督是依据经济活动发生时的资料来纠正偏差及失误,发挥对经济活动的控制作用。事前监督是审查未来经济活动是否合乎规定和要求,是否切实可行。会计监督的目的是保证经济活动的合法性和合理性。

3.会计的核算职能与会计监督职能之间的关系

会计的核算职能是会计最基本的职能,其他职能是这一职能的派生。与其他的经济管理活动相比,这种反映具有全面性、连续性、系统性和综合性。

会计的监督职能寓于会计的核算职能之中,是在反映过程中的监督。只有搞好会计监督职能,才能保证经济活动按预期的要求进行,才能发挥会计核算的作用,保证会计信息的质量。

二、会计目标

会计目标是指在一定的客观环境和经济条件下,会计工作人员通过会计实践活动,期望达到的结果。会计目标是检查会计工作的标准和依据。会计工作是一种主观的、有目的的管理活动。在进行这种会计活动之前,人们必须先确定会计目标,然后根据会计目标的要求去规划自己的行动。会计管理活动是经济发展的产物,其会计目标必然受社会环境和经济条件的制约,如经济体制、法律、政治等因素的影响。在人类社会中,由于存在着物质资源的有限性和社会需求的无限性之间的矛盾,客观上要求节约使用劳动资源和合理分配劳动资料。这就决定了会计必须对经济活动过程进行计量与计算,对计量与计算的结果进行分析、对比,挖掘节约劳动资源的潜力,提出合理配置劳动资料的方案,提高经济效益。因此,讲求和提高经济效益是会计的总目标,它与经济管理的总目标是一致的。

2006年颁布的《企业会计准则》明确指出我国会计的具体目标:

(1)应当向信息使用者提供与企业财务状况、经营成果和现金流量有关的会计信息。信息使用者包括投资者、债权人、政府及其有关部门和社会公众等。企业外部主体和企业内部管理者。

（2）反映企业管理层受托责任的履行情况,有助于使用者做出经济决策。从以上论述中可以看出决策有用观和受托责任观是有机统一的。

三、会计的作用

会计是现代企业的一项重要的基础性工作,通过一系列会计程序,提供决策有用的信息,并积极参与经营管理决策,提高企业经济效益,服务于市场经济的健康有序发展。具体来说,会计在社会主义市场经济中的作用,主要包括以下几个方面。

1.有助于提供决策有用的信息,提高企业透明度,规范企业行为

企业会计通过其反映职能,提供有关企业财务状况、经营成果和现金流量方面的信息,是包括投资者和债权人在内的各方面进行决策的依据。比如,对于作为企业所有者的投资者来说,他们为了选择投资对象、衡量投资风险、做出投资决策,不仅需要了解企业包括毛利率、总资产收益率、净资产收益率等指标在内的盈利能力和发展趋势方面的信息,也需要了解有关企业经营情况方面的信息及其所处行业的信息;对于作为债权人的银行来说,他们为了选择贷款对象、衡量贷款风险、做出贷款决策,不仅需要了解企业包括流动比率、速动比率、资产负债率等指标在内的短期偿债能力和长期偿债能力,也需要了解企业所处行业的基本情况及其在同行业所处的地位;对于作为社会经济管理者的政府部门来说,他们为了制定经济政策、进行宏观调控、配置社会资源,需要从总体上掌握企业的资产负债结构、损益状况和现金流转情况,从宏观上把握经济运行的状况和发展变化趋势。所有这一切,都需要会计提供有助于他们进行决策的信息,通过提高会计信息透明度来规范企业会计行为。

2.有助于企业加强经营管理,提高经济效益,促进企业可持续发展

企业经营管理水平的高低直接影响着企业的经济效益、经营成果、竞争能力和发展前景,在一定程度上决定着企业的前途和命运。为了满足企业内部经营管理对会计信息的需要,现代会计已经渗透到了企业内部经营管理的各个方面。比如,企业会计通过分析和利用有关企业财务状况、经营成果和现金流量方面的信息,可以全面、系统地了解企业生产经营活动情况、财务状况和经营成果,并在此基础上预测和分析未来发展前景;可以通过发现过去经营活动中存在的问题,找出存在的差距及原因,并提出改进措施;可以通过预算的分解和落实,建立起内部经济责任制,从而做到目标明确、责任清晰、考核严格、赏罚分明。总之,会计通过真实反映企业的财务信息,参与经营决策,为处理企业与各方面的关系、考核企业管理人员的经营业绩、落实企业内部管理责任奠定基础,有助于发挥会计工作在加强企业经营管理、提高经济效益方面的积极作用。

3.有助于考核企业管理层经济责任的履行情况

企业接受了包括国家在内的所有投资者和债权人的投资,就有责任按照其预定的发展目标和要求,合理利用资源,加强经营管理,提高经济效益,接受考核和评价。会计信息有助于评价企业的业绩,有助于考核企业管理层经济责任的履行情况。比如,对于作为企业所有者的投资者来说,他们为了了解企业当年度经营活动成果以及当年度的资产保值和增值情况,需要将利润表中的净利润与上年度进行对比,以反映企业的盈利发展趋势;需要将其与同行业进行对比,以反映企业在与同行业竞争时所处的位置,从而考核企业管理层经

基础会计学

济责任的履行情况;对于作为社会经济管理者的政府部门来说,他们需要了解企业执行计划的能力,需要将资产负债表、利润表和现金流量表中所反映的实际情况与预算进行对比,反映企业完成预算的情况,表明企业执行预算的能力和水平。所有这一切,都需要作为经济管理工作的会计提供信息。

第三节　会计对象、会计要素与计量属性

一、会计对象

会计对象是指会计作为一项经济管理活动所核算和监督的内容。通过前面两节的介绍我们已经知道,会计采用货币计量单位对经济活动进行核算和监督,货币计量的经济活动就是价值运动,通常叫作资金运动。因此,我们说会计的一般对象就是企业和行政事业单位在社会再生产过程中所发生的、可以以货币表现的经济活动,即企业、行政事业单位再生产过程中的资金运动。

企业和行政事业单位由于工作性质和任务不同,它们的资金运动方式也有所不同。

1. 企业的资金运动

无论是工业企业,还是商品流通与服务业,它们都要进行生产经营活动并追求经济利益。其资金运动是一种循环周转式的运动,下面以工业企业为例说明这种资金运动的特征。

企业为了进行生产经营活动,必须拥有一定数量的货币资金,如库存现金和银行存款。运用货币资金购买机器设备、材料等生产资料,通常称为供应过程;工人利用机器设备对材料进行加工,进入生产过程;生产的产品要销售出去,即通过销售过程回笼货币资金。这就是说,从货币资金开始,依次经历了供应过程、生产过程和销售过程,资金不断改变其形态,最后回到货币资金,我们把这种资金的运动称为资金循环。

由于企业生产经营活动是连续不断的,因此每个循环的终点就是下一个循环的起点,于是资金循环不断重复进行,这种不断重复的资金循环我们称为资金的周转。因此,企业资金运动的特点就是资金的循环和周转。

2. 行政事业单位的资金运动

行政事业单位包括行政单位和事业单位,前者是执行国家管理职能的单位,如各级政府部门;后者是为上层建筑和物质生产部门服务的单位,如学校的任务是培养各方面需要的人才,研究单位的任务是从事科学研究、提高科学技术水平、发展社会生产力等。一般来说,行政事业单位都是非营利组织。它们完成各项任务都需要一定数量的资金,这些资金或者全部由财政预算拨款解决(如行政单位),或者部分由财政预算拨款解决,部分由其他方面的收入解决(如高等院校)。行政事业单位在进行业务工作中要支出资金,收入是支出的前提;资金支出后,资金运动也就结束,不能产生回流。这种从收入到支出的运动方式称为单向直线运动,也称为预算资金运动。

二、会计要素

会计要素是根据交易或者事项的经济特征对会计对象的基本分类,也是会计报表构成的基本要素。会计要素按照其性质分为资产、负债、所有者权益、收入、费用和利润,其中,资产、负债和所有者权益要素侧重于反映企业的财务状况,收入、费用和利润要素侧重于反映企业的经营成果。会计要素的界定和分类可以使财务会计系统更加科学严密,为投资者等财务报告使用者提供更加有用的信息。

1. 资产的定义及其确认条件

(1)资产的定义

资产是指企业过去的交易或者事项形成的、由企业拥有或者控制的、预期会给企业带来经济利益的资源。根据资产的定义,资产具有以下特征:

①资产应为企业拥有或者控制的资源。资产作为一项资源,应当由企业拥有或者控制,具体是指企业享有某项资源的所有权,或者虽然不享有某项资源的所有权,但该资源能被企业所控制。企业享有资产的所有权,通常表明企业能够排他性地从资产中获取经济利益。通常在判断资产是否存在时,所有权是考虑的首要因素。有些情况下,资产虽然不为企业所拥有,即企业并不享有其所有权,但企业控制了这些资产,同样表明企业能够从资产中获取经济利益,符合会计上对资产的定义。例如,某企业以融资租赁方式租入一项固定资产,尽管企业并不拥有其所有权,但是如果租赁合同规定的租赁期相当长,接近于该资产的使用寿命,表明企业控制了该资产的使用及其所能带来的经济利益,应当将其作为企业资产予以确认、计量和报告。

②资产预期会给企业带来经济利益。这是指资产直接或者间接导致现金和现金等价物流入企业的潜力。这种潜力可以来自企业日常的生产经营活动,也可以是非日常活动;带来经济利益可以是现金或者现金等价物形式,也可以是能转化为现金或者现金等价物的形式,或者是可以减少现金或者现金等价物流出的形式。

资产预期能否为企业带来经济利益是资产的重要特征。例如,企业采购的原材料、购置的固定资产等可以用于生产经营过程,制造商品或者提供劳务,对外出售后收回货款,货款即为企业所获得的经济利益。如果某一项目预期不能给企业带来经济利益,那么就不能将其确认为企业的资产。前期已经确认为资产的项目,如果不能再为企业带来经济利益,也不能再确认为企业的资产。例如,某企业在年末盘点存货时,发现存货毁损,企业以该存货管理责任不清为由,将毁损的存货计入“待处理财产损失”,并在资产负债表中作为流动资产予以反映。因为“待处理财产损失”预期不一定能为企业带来经济利益,不符合资产的定义,因此不应再在资产负债表中确认为一项资产。

③资产是由企业过去的交易或者事项形成的。过去的交易或者事项包括购买、生产、建造行为或者其他交易或事项。换句话说,只有过去的交易或者事项才能产生资产,企业预期在未来发生的交易或者事项不形成资产。例如,企业有购买某存货的意愿或者计划,但是购买行为尚未发生,就不符合资产的定义,不能因此而确认为存货资产。

（2）资产的确认条件

将一项资源确认为资产，需要符合资产的定义的同时，还应满足以下两个条件：

①与该资源有关的经济利益很可能流入企业。从资产的定义来看，能否带来经济利益是资产的一个本质特征，但在现实生活中，由于经济环境瞬息万变，与资源有关的经济利益能否流入企业或者能够流入多少实际上带有不确定性。因此，资产的确认还应与经济利益流入的不确定性程度的判断结合起来。如果根据编制财务报表时所取得的证据，与资源有关的经济利益很可能流入企业，那么就应当将其作为资产予以确认；反之，不能确认为资产。

②该资源的成本或者价值能够可靠地计量。财务会计系统是一个确认、计量和报告的系统，其中计量起着枢纽作用。可计量性是所有会计要素确认的重要前提，资产的确认也是如此。只有当有关资源的成本或者价值能够可靠地计量时，资产才能予以确认。例如，人力资源是企业的一项非常重要的资源，但由于其价值难以可靠地计量，所以现在并不将其确认为一项资产。在实务中，企业取得的许多资产都是发生了实际成本的，例如企业购买或者生产的存货，企业购置的厂房或者设备等，对于这些资产，只要实际发生的购买成本或者生产成本能够可靠计量，就视为符合资产确认的可计量条件。在某些情况下，企业取得的资产没有发生实际成本或者发生的实际成本很小，例如企业持有的某些衍生金融工具形成的资产，对于这些资产，尽管它们没有实际成本或者发生的实际成本很小，但是如果其公允价值能够可靠计量的话，也被认为符合资产可计量性的确认条件。

2.负债的定义及其确认条件

（1）负债的定义

负债是指企业过去的交易或者事项形成的，预期会导致经济利益流出企业的现时义务。根据负债的定义，负债具有以下特征：

①负债必须是企业承担的现时义务，这是负债的一个基本特征。其中，现时义务是指企业在现行条件下已承担的义务。未来发生的交易或者事项形成的义务，不属于现时义务，不应当确认为负债。

这里所指的义务可以是法定义务，也可以是推定义务，其中法定义务是指具有约束力的合同或者法律法规规定的义务，通常必须依法执行。例如，企业购买原材料形成应付账款，企业向银行贷入款项形成借款，企业按照税法规定应当交纳的税款等，均属于企业承担的法定义务，需要依法予以偿还。推定义务是指根据企业多年来的习惯做法、公开的承诺或者公开宣布的政策而导致企业将承担的责任，这些责任也使有关各方形成了企业将履行义务解脱责任的合理预期。例如，某企业多年来制定有一项销售政策，对于售出商品提供一定期限内的售后保修服务，预期将为售出商品提供的保修服务就属于推定义务，应当将其确认为一项负债。

②预期会导致经济利益流出企业，也是负债的一个本质特征。只有企业在履行义务时会导致经济利益流出企业的，才符合负债的定义，如果不会导致企业经济利益流出，就不符合负债的定义。在履行现时义务清偿负债时，导致经济利益流出企业的形式多种多样，例如用现金偿还或以实物资产形式偿还；以提供劳务形式偿还；以部分转移资产、部分提供劳务形式偿还；将负债转为资本等。

③负债是当由企业过去的交易或者事项所形成的。换句话说，只有过去的交易或者事

项才形成负债,企业将在未来发生的承诺、签订的合同等交易或者事项,不形成负债。

(2)负债的确认条件

将一项现时义务确认为负债,需要符合负债的定义的同时,还应当满足以下两个条件:

①与该义务有关的经济利益很可能流出企业。在实务中,履行义务所需流出的经济利益带有不确定性,尤其是与推定义务相关的经济利益通常需要依赖于大量的估计。因此,负债的确认应当与经济利益流出的不确定性程度的判断结合起来。如果有确凿证据表明,与现时义务有关的经济利益很可能流出企业,就应当将其作为负债予以确认;反之,如果企业承担了现时义务,但是导致经济利益流出企业的可能性若已不复存在,就不符合负债的确认条件,不应将其作为负债予以确认。

②未来流出的经济利益的金额能够可靠地计量。负债的确认在考虑经济利益流出企业的同时,对于未来流出的经济利益的金额应当能够可靠计量。对于与法定义务有关的经济利益流出金额,通常可以根据合同或者法律规定的金额予以确定,考虑到经济利益流出的金额通常在未来期间,有时未来期间较长,有关金额的计量需要考虑货币时间价值等因素的影响。对于与推定义务有关的经济利益流出金额,企业应当根据履行相关义务所需支出的最佳估计数进行估计,并综合考虑有关货币时间价值、风险等因素的影响。

3.所有者权益的定义及其确认条件

(1)所有者权益的定义

所有者权益是指企业资产扣除负债后,由所有者享有的剩余权益。公司的所有者权益又称为股东权益。所有者权益是所有者对企业资产的剩余索取权,它是企业资产中扣除债权人权益后应由所有者享有的部分,既可反映所有者投入资本的保值增值情况,又体现了保护债权人权益的理念。

(2)所有者权益的来源构成

所有者权益的来源包括所有者投入的资本、直接计入所有者权益的利得和损失、留存收益等,通常由实收资本(或股本)、资本公积(含资本溢价或股本溢价、其他资本公积)、盈余公积和未分配利润构成,商业银行等金融企业在税后利润中提取的一般风险准备,也构成所有者权益。

所有者投入的资本是指所有者投入企业的资本部分,它既包括构成企业注册资本或者股本部分的金额,也包括投入资本超过注册资本或者股本部分的金额,即资本溢价或者股本溢价。这部分投入资本在我国企业会计准则体系中被计入了资本公积,并在资产负债表中的资本公积项目下反映。

直接计入所有者权益的利得和损失,是指不应计入当期损益、会导致所有者权益发生增减变动的、与所有者投入资本或者向所有者分配利润无关的利得或者损失。

其中,利得是指由企业非日常活动所形成的、会导致所有者权益增加的、与所有者投入资本无关的经济利益的流入,包括直接计入所有者权益的利得和直接计入当期利润的利得。损失是指由企业非日常活动所发生的、会导致所有者权益减少的、与向所有者分配利润无关的经济利益的流出,包括直接计入所有者权益的损失和直接计入当期利润的损失。直接计入所有者权益的利得和损失主要包括可供出售金融资产的公允价值变动额、现金流量套期中套期工具公允价值变动额(有效套期部分)等。

留存收益是企业历年实现的净利润留存于企业的部分,主要包括累计计提的盈余公积和未分配利润。

（3）所有者权益的确认条件

所有者权益体现的是所有者在企业中的剩余权益，因此，所有者权益的确认主要依赖于其他会计要素，尤其是资产和负债的确认；所有者权益金额的确定也主要取决于资产和负债的计量。例如，企业接受投资者投入的资产，在该资产符合企业资产确认条件时，就相应地符合了所有者权益的确认条件；当该资产的价值能够可靠计量时，所有者权益的金额也就可以确定了。

所有者权益反映的是企业所有者对企业资产的索取权，负债反映的是企业债权人对企业资产的索取权，两者在性质上有本质区别，因此企业在会计确认、计量和报告中应当严格区分负债和所有者权益，以如实反映企业的财务状况，尤其是企业的偿债能力和产权比率等。在实务中，企业某些交易或者事项可能同时具有负债和所有者权益的特征，在这种情况下，企业应当将属于负债和所有者权益的部分分开核算和列报。例如，企业发行的可转换公司债券，企业应当将其中的负债部分和权益性工具部分进行分拆，分别确认负债和所有者权益。

4.收入的定义及其确认条件

（1）收入的定义

收入是指企业在日常活动中形成的、会导致所有者权益增加的、与所有者投入资本无关的经济利益的总流入。根据收入的定义，收入具有以下特征：

①收入是企业在日常活动中形成的，日常活动是指企业为完成其经营目标所从事的经常性活动以及与之相关的活动。例如，工业企业制造并销售产品、商业企业销售商品、保险公司签发保单、咨询公司提供咨询服务、软件企业为客户开发软件、安装公司提供安装服务、商业银行对外贷款、租赁公司出租资产等，均属于企业的日常活动。明确界定日常活动是为了将收入与利得相区分，因为企业非日常活动所形成的经济利益的流入不能确认为收入，而应当计入利得。

②收入会导致所有者权益的增加，与收入相关的经济利益的流入应当会导致所有者权益的增加，不会导致所有者权益增加的经济利益的流入不符合收入的定义，不应确认为收入。例如，企业向银行借入款项，尽管也导致了企业经济利益的流入，但该流入并不导致所有者权益的增加，反而使企业承担了一项现时义务。企业对于因借入款项所导致的经济利益的增加，不应将其确认为收入，应当确认为一项负债。

③收入是与所有者投入资本无关的经济利益的总流入，收入应当会导致经济利益的流入，从而导致资产的增加。例如，企业销售商品，应当收到现金或者在未来有权收到现金，才表明该交易符合收入的定义。但是，经济利益的流入有时是所有者投入资本的增加所导致的，所有者投入资本的增加不应当确认为收入，应当将其直接确认为所有者权益。

（2）收入的确认条件

企业收入的来源渠道多种多样，不同收入来源的特征有所不同，其收入确认条件也往往存在差别，如销售商品、提供劳务、让渡资产使用权等。一般而言，收入只有在经济利益很可能流入从而导致企业资产增加或者负债减少、经济利益的流入额能够可靠计量时才能予以确认，即收入的确认至少应当符合以下条件：一是与收入相关的经济利益应当很可能流入企业；二是经济利益流入企业的结果会导致资产的增加或者负债的减少；三是经济利益的流入额能够可靠计量。

5.费用的定义及其确认条件

(1)费用的定义

费用是指企业在日常活动中发生的、会导致所有者权益减少的、与向所有者分配利润无关的经济利益的总流出。根据费用的定义,费用具有以下特征:

①费用必须是企业在其日常活动中所形成的,这些日常活动的界定与收入定义中涉及的日常活动的界定相一致。日常活动所产生的费用通常包括销售成本(营业成本)、管理费用等。将费用界定为日常活动所形成的,目的是为了将其与损失相区分,企业非日常活动所形成的经济利益的流出不能确认为费用,而应当计入损失。

②费用会导致所有者权益的减少。与费用相关的经济利益的流出应当会导致所有者权益的减少,不会导致所有者权益减少的经济利益的流出不符合费用的定义,不应确认为费用。

③费用是与向所有者分配利润无关的经济利益的总流出。费用的发生应当会导致经济利益的流出,从而导致资产的减少或者负债的增加(最终也会导致资产的减少)。其表现形式包括现金或者现金等价物的流出,存货、固定资产和无形资产等的流出或者消耗等。鉴于企业向所有者分配利润也会导致经济利益的流出,而该经济利益的流出显然属于所有者权益的抵减项目,不应确认为费用,应当将其排除在费用的定义之外。

(2)费用的确认条件

费用的确认除了应当符合定义外,也应当满足严格的条件,即费用只有在经济利益很可能流出从而导致企业资产减少或者负债增加、经济利益的流出额能够可靠计量时才能予以确认。因此,费用的确认至少应当符合以下条件:一是与费用相关的经济利益应当很可能流出企业;二是经济利益流出企业的结果会导致资产的减少或者负债的增加;三是经济利益的流出额能够可靠计量。

6.利润的定义及其确认条件

(1)利润的定义

利润是指企业在一定会计期间的经营成果。通常情况下,如果企业实现了利润,表明企业的所有者权益将增加,业绩得到了提升;反之,如果企业发生了亏损(即利润为负数),表明企业的所有者权益将减少,业绩下滑了。利润往往是评价企业管理层业绩的一项重要指标,也是投资者等财务报告使用者进行决策时的重要参考。

(2)利润的来源构成

利润包括收入减去费用后的净额、直接计入当期利润的利得和损失等。其中收入减去费用后的净额反映的是企业日常活动的经营业绩,直接计入当期利润的利得和损失,反映的是企业非日常活动的业绩。直接计入当期利润的利得和损失,是指应当计入当期损益、最终会引起所有者权益发生增减变动的、与所有者投入资本或者向所有者分配利润无关的利得或者损失。企业应当严格区分收入和利得、费用和损失之间的区别,以便更加全面地反映企业的经营业绩。

(3)利润的确认条件

利润反映的是收入减去费用、利得减去损失后的净额的概念,因此,利润的确认主要依赖于收入和费用以及利得和损失的确认,其金额的确定也主要取决于收入、费用、利得、损失金额的计量。

三、会计计量属性

会计计量是为了将符合确认条件的会计要素登记入账并列报于财务报表而确定其金额的过程。企业应当按照规定的会计计量属性进行计量,确定相关金额。计量属性是指所用计量的某一要素的特性方面,如桌子的长度、铁矿的重量、楼房的面积等;从会计角度,计量属性反映的是会计要素金额的确定基础,主要包括历史成本、重置成本、可变现净值、现值和公允价值等。

1.历史成本

历史成本,又称为实际成本,就是取得或制造某项财产物资时所实际支付的现金或其他等价物。在历史成本计量下,资产按照其购置时支付的现金或者现金等价物的金额,或者按照购置资产时所付出的对价的公允价值计量。负债按照其因承担现时义务而实际收到的款项或者资产的金额,或者承担现时义务的合同金额,或者按照日常活动中为偿还负债预期需要支付的现金或者现金等价物的金额计量。

2.重置成本

重置成本,又称为现行成本,是指按照当前市场条件,重新取得同样一项资产所需支付的现金或现金等价物金额。在重置成本计量下,资产按照现在购买相同或者相似资产所需支付的现金或者现金等价物的金额计量。负债按照现在偿付该项债务所需支付的现金或者现金等价物的金额计量。在实务中,重置成本多应用于盘盈固定资产的计量等。

3.可变现净值

可变现净值是指在正常生产经营过程中,以预计售价减去进一步加工成本和预计销售费用以及相关税费后的净值。在可变现净值计量下,资产按照其正常对外销售所能收到现金或者现金等价物的金额扣减该资产至完工时估计将要发生的成本、估计的销售费用以及相关税费后的金额计量。可变现净值通常应用于存货资产减值情况下的后续计量。

4.现值

现值是指对未来现金流量以恰当的折现率进行折现后的价值,是考虑货币时间价值的一种计量属性。在现值计量下,资产按照预计从其持续使用和最终处置中所产生的未来净现金流入量的折现金额计量,负债按照预计期限内需要偿还的未来净现金流出量的折现金额计量。现值通常用于非流动资产可收回金额和以摊余成本计量的金融资产价值的确定等。例如,在确定固定资产、无形资产等可收回金额时,通常需要计算资产预计未来现金流量的现值;对于持有至到期投资、贷款等以摊余成本计量的金融资产,通常需要使用实际利率法将这些资产在预期存续期间或适用的更短期间内的未来现金流量折现,再通过相应的调整确定其摊余成本。

5.公允价值

在公允价值计量下,资产和负债按照市场参与者在计量日发生的有序交易中,出售资产所能收到或转移负债所支付的价格计量。公允价值主要应用于交易性金融资产、可供出售金融资产的计量等。

在各种会计要素计量属性中,历史成本通常反映的是资产或者负债过去的价值,而重置成本、可变现净值、现值以及公允价值通常反映的是资产或者负债的现时成本或者现时价值,是与历史成本相对应的计量属性。当然这种关系也并不是绝对的。比如,资产或者负债的历史成本有时就是根据交易时有关资产或者负债的公允价值确定的,在非货币性资产交换中,如果交换具有商业实质,且换入、换出资产的公允价值能够可靠计量,换入资产入账成本的确定应当以换出资产的公允价值为基础,除非有确凿证据表明换入资产的公允价值更加可靠;在非同一控制下的企业合并交易中,合并成本也是以购买方在购买日为取得对被购买方的控制权而付出的资产、发生或承担的负债等的公允价值确定的。再比如,在应用公允价值时,当相关资产或者负债不存在活跃市场的报价或者不存在同类或者类似资产的活跃市场报价时,需要采用估值技术来确定相关资产或者负债的公允价值,而在采用估值技术估计相关资产或者负债的公允价值时,现值往往是比较普遍的一种估值方法。在这种情况下,公允价值就是以现值为基础确定的。另外,公允价值相对于历史成本而言,具有很强的时间概念,也就是说,当前环境下某项资产或负债的历史成本可能是过去环境下该项资产或负债的公允价值,而当前环境下某项资产或负债的公允价值也许就是未来环境下该项资产或负债的历史成本。

基本准则规定,企业在对会计要素进行计量时,一般应当采用历史成本,而采用重置成本、可变现净值、现值、公允价值计量,应当保证所确定的会计要素金额能够取得并可靠计量。

第四节　会计基本假设与会计基础

一、会计基本假设

会计基本假设是企业会计确认、计量和报告的前提,是对会计核算所处时间、空间环境等所做的合理设定。会计基本假设包括会计主体、持续经营、会计分期和货币计量。

1. 会计主体

会计主体是指企业会计确认、计量和报告的空间范围。为了向财务报告使用者反映企业财务状况、经营成果和现金流量,提供与其决策有用的信息,会计核算和财务报告的编制应当反映特定对象的经济活动,才能实现财务报告的目标。

在会计主体假设下,企业应当对其本身发生的交易或者事项进行会计确认、计量和报告,反映企业本身所从事的各项生产经营活动。明确界定会计主体是开展会计确认、计量和报告工作的重要前提。

首先,明确会计主体,才能划定会计所要处理的各项交易或事项的范围。在会计实务中,只有那些影响企业本身经济利益的各项交易或事项才能加以确认、计量和报告,那些不影响企业本身经济利益的各项交易或事项则不能加以确认、计量和报告。会计工作中通常所讲的资产、负债的确认,收入的实现,费用的发生等,都是针对特定会计主体而言的。

其次,明确会计主体,才能将会计主体的交易或者事项与会计主体所有者的交易或者事项以及其他会计主体的交易或者事项区分开来。例如,企业所有者的经济交易或者事项是属于企业所有者主体所发生的,不应纳入企业会计核算的范围,但是企业所有者投入到企业的资本或者企业向所有者分配的利润,则属于企业主体所发生的交易或者事项,应当纳入企业会计核算的范围。

会计主体不同于法律主体。一般来说,法律主体必然是一个会计主体。例如,一个企业作为一个法律主体,应当建立财务会计系统,独立反映其财务状况、经营成果和现金流量。但是,会计主体不一定是法律主体。例如,企业集团中的母公司拥有若干子公司,母、子公司虽然是不同的法律主体,但是母公司对子公司拥有控制权,为了全面反映企业集团的财务状况、经营成果和现金流量,有必要将企业集团作为一个会计主体,由集团来编制合并财务报表,在这种情况下,尽管企业集团不属于法律主体,但它却是会计主体。再如,由企业管理的证券投资基金、企业年金基金等,尽管不属于法律主体,但属于会计主体,应当对每项基金进行会计确认、计量和报告。

会计主体一般具备下列条件:

(1)具备一定数额的资金。

(2)独立进行生产经营或其他经济活动。

(3)独立报告会计主体的生产经营活动或其他经济活动。

会计主体具备一定数额的资金,才能独立进行生产经营活动或其他经济活动;独立进行生产经营或其他经济活动,才能独立报告会计主体的生产经营或其他经济活动。所以,会计主体具备一定数额的资金是会计主体成立的前提条件,独立进行生产经营活动或其他经济活动是会计主体成立的基础,独立报告会计主体的生产经营或其他经济活动是会计主体成立的目标

2.持续经营

持续经营是指在可以预见的将来,企业将会按当前的规模和状态继续经营下去,不会停业,也不会大规模削减业务。在持续经营前提下,会计确认、计量和报告应当以企业持续、正常的生产经营活动为前提。会计准则体系是以企业持续经营为前提加以制定和规范的,涵盖了从企业成立到清算(包括破产清算)的整个期间的交易或者事项的会计处理。一个企业在不能持续经营时就应当停止使用这个假设,否则如仍按持续经营基本假设选择会计确认、计量和报告原则与方法,就不能客观地反映企业的财务状况、经营成果和现金流量,会误导会计信息使用者的经济决策。

企业是否持续经营,对于选择会计原则和会计方法有很大差别。一般情况下,应当假定企业将会按照当前的规模和状态继续经营下去。明确这个基本假设,就意味着会计主体将按照既定的用途使用资产,按照既定的合约条件清偿债务,会计人员就可以在此基础上选择会计原则和会计方法。如果判断企业会持续经营,就可以假定企业的固定资产会在持续的生产经营过程中长期发挥作用,并服务于生产经营过程,固定资产就可以根据历史成本进行记录,并采用折旧的方法,将历史成本分摊到各个会计期间或相关产品的成本中。如果判断企业不会持续经营,固定资产就不应采用历史成本进行记录并按期计提折旧。

例如某企业购入一条生产线,预计使用寿命为10年,考虑到企业将会持续经营下去,因此可以假定企业的固定资产会在持续经营的生产经营过程中长期发挥作用,并服务于生产经营过程,即不断地为企业生产产品,直至生产线使用寿命结束。为此,固定资产就应当根据历史成本进行记录,并采用折旧的方法,将历史成本分摊到预计使用寿命期间所生产的相关产品成本中。

如果一个企业在不能持续经营时还假定企业能够持续经营,并仍按持续经营基本假设

选择会计确认、计量和报告原则与方法，就不能客观地反映企业的财务状况、经营成果和现金流量，会误导会计信息使用者的经济决策。

3. 会计分期

会计分期是指将一个企业持续经营的生产经营活动划分为一个个连续的、长短相同的期间。会计分期的目的，在于通过会计期间的划分，将持续经营的生产经营活动划分成连续、相等的期间，据以结算盈亏，按期编报财务报告，从而及时向财务报告使用者提供有关企业财务状况、经营成果和现金流量的信息。

根据持续经营假设，一个企业将按当前的规模和状态持续经营下去。但是，无论是企业的生产经营决策还是投资者、债权人等的决策都需要及时的信息，需要将企业持续的生产经营活动划分为一个个连续的、长短相同的期间，分期确认、计量和报告企业的财务状况、经营成果和现金流量。由于会计分期，才产生了当期与以前期间、以后期间的差别，才使不同类型的会计主体有了记账的基准，进而出现了折旧、摊销等会计处理方法。

在会计分期假设下，企业应当划分会计期间，分期结算账目和编制财务报告。会计期间通常分为年度和中期。中期是指短于一个完整的会计年度的报告期间。

我国会计法规定，自公历1月1日至12月31日称为一个会计年度。在会计年度基础上，每季度的第一个月的1日至该季度最后一天称为一个会计季度，每月的1日至该月的最后一天称为一个会计月份。

会计分期假设对会计核算有着重大影响。首先，有了会计分期假设，才产生了确认各期收入与费用的权责发生制和收付实现制原则，以及确认各期损益的配比原则，也因此而需要核算应收、预付，才产生了要求各会计期间会计信息相互可比的一贯性原则，从而扩大了会计信息的有用性；其次，有了会计分期假设，才产生了按期计提固定资产折旧等会计方法；最后，按照会计期间结算账目和编制会计报表，有利于及时向会计信息使用者提供会计信息，以便满足他们进行决策的需要。

会计分期假设和持续经营假设是相互联系、相互补充的。只有假设会计主体能够持续地、正常地经营下去，才有必要和有可能进行会计分期；而会计分期又有效地解决了企业在持续经营过程中及时提供会计信息的问题。可见，会计分期依赖于持续经营，持续经营需要会计分期，两者缺一不可。

4. 货币计量

货币计量是指会计主体在财务会计确认、计量和报告时以货币计量反映会计主体的生产经营活动。

在会计的确认、计量和报告过程中之所以选择货币为基础进行计量，是由货币的本身属性决定的。货币是商品的一般等价物，是衡量一般商品价值的共同尺度，具有价值尺度、流通手段、贮藏手段和支付手段等特点。其他计量单位，如重量、长度、容积、台、件等，只能从一个侧面反映企业的生产经营情况，无法在量上进行汇总和比较，不便于会计计量和经营管理，只有选择货币尺度进行计量才能充分反映企业的生产经营情况。所以，基本准则规定，会计确认、计量和报告选择货币作为计量单位。

在有些情况下，统一采用货币计量也有缺陷，某些影响企业财务状况和经营成果的因素，如企业经营战略、研发能力、市场竞争力等，往往难以用货币来计量，但这些信息对于使用者决策来讲也很重要，企业可以在财务报告中补充披露有关非财务信息来弥补上述缺陷。

我国会计法规定，会计核算以人民币作为记账本位币，企业的生产经营活动一律通过人民币进行核算反映，业务收支以外币为主的企业可以选择其中某一种货币为记账本位币，但是编报的财务报告应折算为人民币。

会计的四项基本假设具有相互依存、相互补充的关系。会计主题确立了会计核算的空间范围，持续经营与会计分期确立了会计核算的时间长度，货币计量为会计核算提供了必要的手段。没有会计主体就没有持续经营；没有持续经营就没有会计分期；没有货币计量就没有现代会计。

二、会计基础

会计基础是指会计交易或事项的记账基准。会计基础主要解决收入和费用要素记录和报告的标准。

企业会计的确认、计量和报告应当以权责发生制为基础。权责发生制基础要求，凡是当期已经实现的收入和已经发生或应当负担的费用，无论款项是否收付，都应当作为当期的收入和费用，计入利润表；凡是不属于当期的收入和费用，即使款项已在当期收付，也不应当作为当期的收入和费用。

在实务中，企业交易或者事项的发生时间与相关货币收支时间常常不一致。例如，企业进行赊销，货物虽然已经售出，但货款将来才能收回，这时销售收入的实现同收到货币的时间就不一致；或者反过来，款项已经收到，但销售并未实现；或者款项已经支付，但并不是为本期生产经营活动而发生的。为了更加真实、公允地反映特定会计期间的财务状况和经营成果，基本准则明确规定，企业在会计确认、计量和报告中应当以权责发生制为基础。

收付实现制是与权责发生制相对应的一种会计基础，它是以收到或支付的现金作为确认收入和费用等的依据。目前，我国的行政单位会计采用收付实现制，事业单位会计除经营业务可以采用权责发生制外，其他大部分业务采用收付实现制。

第五节　会计信息质量要求

会计信息质量要求是对企业财务报告中所提供高质量会计信息的基本规范，是使财务报告中所提供会计信息对投资者等使用者决策有用应具备的基本特征。根据基本准则规定，它包括可靠性、相关性、可理解性、可比性、实质重于形式、重要性、谨慎性和及时性等。其中，可靠性、相关性、可理解性和可比性是会计信息的首要质量要求，是企业财务报告中所提供会计信息应具备的基本质量特征；实质重于形式、重要性、谨慎性和及时性是会计信息的次级质量要求，是对可靠性、相关性、可理解性和可比性等首要质量要求的补充和完善，尤其是在对某些特殊交易或者事项进行处理时，需要根据这些质量要求来把握其会计处理原则。另外，及时性还是会计信息相关性和可靠性的制约因素，企业需要在相关性和可靠性之间寻求一种平衡，以确定信息及时披露的时间。

一、可靠性

可靠性要求企业应当以实际发生的交易或者事项为依据进行确认、计量和报告,如实反映符合确认和计量要求的各项会计要素及其他相关信息,保证会计信息真实可靠、内容完整。可靠性是高质量会计信息的重要基础和关键所在,如果企业以虚假的经济业务进行确认、计量、报告,属于违法行为,不仅会严重损害会计信息质量,而且会误导投资者,干扰资本市场,导致会计秩序混乱。为了贯彻可靠性要求,企业应当作到:

(1)以实际发生的交易或者事项为依据进行确认、计量,将符合会计要素定义及其确认条件的资产、负债、所有者权益、收入、费用和利润等如实反映在财务报表中,不得根据虚构的、没有发生的或者尚未发生的交易或者事项进行确认、计量和报告。

(2)在符合重要性和成本效益原则的前提下,保证会计信息的完整性,其中包括应当编报的报表及其附注内容等保持完整,不能随意遗漏或者减少应予披露的信息,与使用者决策相关的有用信息都应当充分披露。

(3)在财务报告中的会计信息应当是中立的、无偏的。如果企业在财务报告中为了达到事先设定的结果或效果,通过选择或列示有关会计信息以影响决策和判断的,这样的财务报告信息就不是中立的。

二、相关性

相关性要求企业提供的会计信息应当与投资者等财务报告使用者的经济决策需要相关,有助于投资者等财务报告使用者对企业过去、现在或者未来的情况做出评价或者预测。

会计信息是否有用,是否具有价值,关键是看其与使用者的决策需要是否相关,是否有助于决策或者提高决策水平。相关的会计信息应当能够有助于使用者评价企业过去的决策,证实或者修正过去的有关预测,因而具有反馈价值。相关的会计信息还应当具有预测价值,有助于使用者根据财务报告所提供的会计信息预测企业未来的财务状况、经营成果和现金流量。

会计信息质量的相关性要求,以可靠性为基础的,两者之间是统一的。也就是说,会计信息在可靠性前提下,尽可能地做到相关性,以满足投资者等财务报告使用者的决策需要。

三、可理解性

可理解性要求企业提供的会计信息应当清晰明了,便于投资者等财务报告使用者理解和使用。企业编制财务报告、提供会计信息的目的在于使用,而要使使用者有效使用会计信息,应当能让其了解会计信息的内涵,弄懂会计信息的内容,这就要求财务报告所提供的会计信息应当清晰明了,易于理解。只有这样,才能提高会计信息的有用性,实现财务报告的目标,满足向投资者等财务报告使用者提供决策的有用信息的要求。投资者等财务报告使用者通过阅读、分析、使用财务报告信息,能够了解企业的过去和现状,以及企业净资产或企业价值的变化过程预测未来发展趋势,从而做出科学决策。

会计信息是一种专业性较强的信息产品,在强调会计信息的可理解性要求的同时,还应假定使用者具有一定的有关企业经营活动和会计方面的知识,并且愿意付出努力去研究这些信息。对于某些复杂的信息,如交易本身较为复杂或者会计处理较为复杂,但其与使用者的经济决策相关的,企业就应当在财务报告中予以充分披露。

四、可比性

可比性要求企业提供的会计信息应当相互可比。这主要包括以下两层含义。

1.同一企业不同时期可比

为了便于投资者等财务报告使用者了解企业财务状况、经营成果和现金流量的变化趋势,比较企业在不同时期的财务报告信息,全面、客观地评价过去、预测未来,做出决策。会计信息质量的可比性要求同一企业不同时期发生的相同或者相似的交易或者事项,应当采用一致的会计政策,不得随意变更。

但是,满足会计信息可比性要求,并非表明企业不得变更会计政策,如果按照规定或者在会计政策变更后能提供更可靠、更相关的会计信息,可以变更会计政策。有关会计政策变更的情况,应当在附注中予以说明。

2.不同企业相同会计期间可比

为了便于投资者等财务报告使用者评价不同企业的财务状况、经营成果和现金流量及其变动情况,会计信息质量的可比性要求不同企业同一会计期间发生的相同或者相似的交易或者事项,应当采用统一规定的会计政策,确保会计信息口径一致、相互可比,以使不同企业按照一致的确认、计量和报告要求提供有关会计信息。

五、实质重于形式

实质重于形式要求企业应当按照交易或者事项的经济实质进行会计确认、计量和报告,不仅仅以交易或者事项的法律形式为依据。

企业发生的交易或事项在多数情况下其经济实质和法律形式是一致的,但在有些情况下也会出现不一致。例如,企业按照销售合同销售商品,但又签订了售后回购协议,虽然从法律形式上看实现了收入,但如果企业没有将商品所有权上的主要风险和报酬转移给购货方,没有满足收入确认的各项条件,即使签订了商品销售合同或者已将商品交付给购货方,也不应当确认为销售收入。

又如,在企业合并中,经常会涉及"控制"的判断,有些合并,从投资比例来看,虽然投资者拥有被投资企业50%或50%以下股份,但是投资企业通过章程、协议等有权决定被投资企业财务和经营政策的,就不应当简单地以持股比例来判断控制权,而应当根据实质重于形式的原则来判断投资企业对被投资单位的控制程度。

再如,通常情况下,关联交易只要交易价格是公允的,就属于正常交易,按照准则规定进行确认、计量和报告;但是,某些情况下,关联交易有可能会出现不公允,虽然这个交易的法律形式没有问题,但从交易的实质来看,可能会出现关联方之间转移利益或操纵利润的行为,损害会计信息质量。由此可见,在会计职业判断中,正确贯彻实质重于形式原则至关重要。

六、重要性

重要性要求企业提供的会计信息应当反映与企业财务状况、经营成果和现金流量有关的所有重要交易或者事项。

财务报告中提供的会计信息的省略或者错报会影响投资者等使用者据此做出决策,该信息就具有重要性。重要性的应用需要依赖职业判断,企业应当根据其所处环境和实际情况,从项目的性质和金额大小两方面加以判断。例如,企业发生的某些支出,金额较小的,从支出受益期来看,可能需要若干会计期间进行分摊,但根据重要性要求,可以一次计入当期损益。再如,有些情况下需要将未来的金额进行折现,但如果期限不长、金额不大,就不必折成现值。

七、谨慎性

谨慎性要求企业对交易或者事项进行会计确认、计量和报告时保持应有的谨慎,不应高估资产或者收益、低估负债或者费用。

在市场经济环境下,企业的生产经营活动面临着许多风险和不确定性,如应收款项的可收回性、固定资产的使用寿命、无形资产的使用寿命、售出存货可能发生的退货或者返修等。会计信息质量的谨慎性要求,需要企业在面临不确定性因素的情况下做出职业判断时,应当保持应有的谨慎,充分估计到各种风险和损失,既不高估资产或者收益,也不低估负债或者费用。例如,对大多数资产,仅仅核算其资产减值(提取各种减值准备),而不核算其增值,就体现了谨慎性要求。又如,对于企业发生的或有事项,通常不能确认或有资产,只有当相关经济利益基本确定能够流入企业时,才能作为资产予以确认;相反,相关的经济利益很可能流出企业而且构成现时义务时,应当及时确认为预计负债,就体现了会计信息质量的谨慎性要求。再如,企业在进行所得税会计处理时,只有在确凿证据表明未来期间很可能获得足够的应纳税所得额用来抵扣暂时性差异时,才应当确认相关的递延所得税资产;而对于发生的相关应纳税暂时性差异,则应当及时足额确认递延所得税负债,这也是会计信息谨慎性要求的具体体现。

谨慎性的应用不允许企业设置秘密准备,如果企业故意低估资产或者收入,或者故意高估负债或者费用,将不符合会计信息的可靠性和相关性要求,损害会计信息质量,扭曲企业实际的财务状况和经营成果,从而对使用者的决策产生误导,这是不符合会计准则要求的。

基础会计学

八、及时性

及时性要求企业对于已经发生的交易或者事项,应当及时进行确认、计量和报告,不得提前或者延后。

会计信息的价值在于帮助所有者或者其他方面做出经济决策,具有时效性。即使是可靠的、相关的会计信息,如果不及时提供,就失去了时效性,对于使用者的效用就大大降低,甚至不再具有实际意义。在会计确认、计量和报告过程中贯彻及时性,一是要求及时收集会计信息,即在经济交易或者事项发生后,及时收集整理各种原始单据或者凭证;二是要求及时处理会计信息,即按照会计准则的规定,及时对经济交易或者事项进行确认或者计量,并编制财务报告;三是要求及时传递会计信息,即按照国家规定的有关时限,及时地将编制的财务报告传递给财务报告使用者,便于其及时使用和决策。

第六节 会计方法

会计方法是指用来核算和监督会计内容,实现会计目标的重要手段。会计方法包括会计核算方法、会计分析方法、会计预测方法、会计决策方法和会计检查方法等。其中会计核算方法是最基本的环节,其他方法是在核算基础上利用核算提供的资料进行的。本章主要介绍会计核算方法,其他方法将在后续的财务管理、管理会计、审计等课程中陆续介绍。

会计核算方法是指将经济信息加工成会计信息的方法,也就是进行会计确认、计量、记录、计算、分类汇总和对外报告,以提供全面、连续、系统、综合会计信息的业务技术方法。会计核算方法包括设置会计科目和账户、复式记账、填制和审核凭证、登记账簿、成本计算、财产清查和编制报表等。

1. 设置会计科目及账户

设置会计科目及账户是对会计对象具体内容进行分类核算的方法,即根据会计对象具体内容的不同特点和经济管理的不同要求,选择一定的标准进行分类,并事先规定分类核算的项目,并在账簿中开设相应的账户。

2. 复式记账

复式记账是对每一项经济业务,都要以相等的金额同时在两个或两个以上的相关账户中进行记录的方法,使每项经济业务涉及的两个或两个以上的账户之间产生一种平衡关系;可以了解和掌握经济业务的内容,检查会计记录的正确性;能够全面、系统地反映各项经济业务之间的联系,反映经济活动的全貌。

3. 填制和审核凭证

填制和审核凭证为会计记录提供了完整、真实的原始资料,保证账簿记录正确、完整。会计凭证是记录经济业务和明确经济责任的书面证明,是登记账簿的依据,分为原始凭证和记账凭证。对于已经发生的经济业务,由经办人或单位填制原始凭证,并签名盖章。原始凭证经过会计部门和其他有关部门审核并认为是正确无误后才能作为填制记账凭证和登记账簿的依据。

4. 登记账簿

登记账簿是将记账凭证中所反映的经济业务分别记入有关账户并在账簿上进行全面、连续、系统记录的方法。登记账簿要以记账凭证为依据,按照规定的会计科目开设账户,并将记账凭证中所反映的经济业务分别记入有关账户。登记账簿是会计核算的主要方法。

5. 成本计算

成本计算是一种会计计量活动,解决会计核算对象的货币计价问题,即对应计入一定对象上的全部费用进行归集、计算,并确定各核算对象的总成本和单位成本的会计方法。通过成本计算可以正确地对会计核算对象进行计价,可以考核经济活动过程中物化劳动和活劳动的耗费程度,为在经营管理中正确计算盈亏提供数据资料。

6. 财产清查

财产清查是通过实物盘点、往来款项的核对来检查财产和资金实有数额的方法。在财产清查中发现财产、资金账面数额与实存数额不符时,应及时调整账簿记录,使账存数与实存数保持一致,并查明账实不符的原因,明确责任;发现积压或残损物资以及往来账款中的呆账、坏账时,要积极清理和加强财产管理。财产清查保证会计核算资料真实、正确。

7.编制财务报表

编制财务报表是在账簿记录基础上对会计核算资料的进一步加工整理,即在日常账簿记录的数据资料基础上,采用一定的表格形式,概括地、综合地反映各单位在一定时期内经济活动的过程和结果。财务报表提供的资料是进行会计分析、会计检查的重要依据。

会计信息使用者所需要的信息归纳起来主要是两方面:一方面在某一特定时期内,企业的经营成果和盈利能力;另一方面在某一特定日期,企业的财务状况。为此,企业的会计人员对大量的经济业务通过确认、计量和报告等工作,向会计信息使用者提供利润表和资产负债表来满足会计信息使用者的需要。

会计核算的各种方法相互联系、密切配合,构成了一个完整的会计核算方法体系,缺一不可。这种相互联系表现为:在单位组织的经济业务发生时,要根据业务的内容取得或填制会计凭证并加以审核,同时,按规定的会计科目,在账簿中开设账户,并根据审核无误的记账凭证,运用复式记账法登记账簿。对于生产经营过程中发生的各项费用,以及各种需要确定成本构成的业务进行成本计算,对凭证、账簿的记录要通过财产清查加以核实,保证账簿记录的正确性,在上述工作均已完成后,依据确认的各种数据编制会计报表。

从填制会计凭证到登记账簿,再根据账簿记录编制出财务报表,一个会计期间的会计核算工作即告结束,然后按照上述程序进入新的会计期间,如此循环往复,直至企业停业清算。会计记录的上述七种方法相互配合、互为依存的条件,构成了相互联系、相互配合、缺一不可,但又各具特色的方法体系。在上述七种方法中,主要是填制和审核会计凭证、登记账簿和编制会计报表。这三项活动周而复始、循环往复,构成了我们一般称谓的会计循环。

【本章小结】

会计是以货币为主要计量单位,通过一系列专门方法,对企业、行政事业单位的经济活动进行连续、系统、全面、综合地核算和监督,并在此基础上对经济活动进行分析、考核和检查,以提高经济效益的一项管理活动。会计职能是指会计在经济管理中所具有的功能或能够发挥的作用,是会计的固有功能。会计具有会计核算和监督两个基本职能。会计的具体目标:①应当向信息使用者提供与企业财务状况、经营成果和现金流量有关的会计信息。信息使用者包括投资者、债权人、政府及其有关部门和社会公众等。②反映企业管理层受托责任的履行情况,有助于使用者做出经济决策。会计基本假设包括会计主体、持续经营、会计分期和货币计量。企业会计的确认、计量和报告应当以权责发生制为基础。会计信息质量要求包括可靠性、相关性、可理解性、可比性、实质重于形式、重要性、谨慎性和及时性等。会计要素按照其性质分为资产、负债、所有者权益、收入、费用和利润,其中,资产、负债和所有者权益要素侧重于反映企业的财务状况,收入、费用和利润要素侧重于反映企业的经营成果。会计计量属性反映的是会计要素金额的确定基础,主要包括历史成本、重置成本、可变现净值、现值和公允价值等。会计方法是指用来核算和监督会计内容,实现会计目标的重要手段。会计方法包括会计核算方法、会计分析方法、会计预测方法、会计决策方法和会计检查方法等。会计核算方法包括设置会计科目和账户、复式记账、填制和审核会计凭证、登记账簿、成本计算、财产清查和编制会计报表等。

【关键名词】

会计 会计主体 复式记账 权责发生制 收付实现制 谨慎性原则 资产 负债 实质重于形式原则 所有者权益 收入 费用 利润 历史成本 公允价值

【思考题】

1.会计职能有哪些？

2.会计的基本假设有哪些？

3.会计信息质量要求的原则有哪些？

4.会计方法有哪些？

5.会计的计量属性有哪些？如何应用？

6.会计核算方法有哪些？它们是怎样相互联系的？

第二章　会计科目与账户

学习目标

通过本章的学习,了解会计准则中列示的统一会计科目表的内容,熟练掌握设置会计科目和账户的基本原理。

课程导入

前面介绍了会计的具体对象,也就是资产、负债、所有者权益、收入、费用、利润等六要素。在经济活动中会计要素总是处于不断变化之中,在核算和管理中要求对要素中重要的内容进行分类管理和核算,因此要求我们将要素进一步细化为若干项目。那么,它们分别是怎么划分的,又是通过什么载体反映经济活动导致要素增减变动的? 这些就是本章要探讨的问题。

第一节　会计科目

一、会计科目的意义

企业在生产经营过程中,会发生大量的经济业务。这些经济业务的发生,必然会引起资产、负债、所有者权益、收入、费用和利润等会计要素的增减变动。对这些变动进行记录和反映是会计核算工作的基础,是会计实现对再生产过程反映和监督的前提。为了全面、系统地反映和控制各项经济业务的发生情况,就需要对各会计要素所包括的具体内容进行科学的分类,并赋予每一类的内容一个专用的名称。会计科目就是对会计对象的具体内容进行分类核算的项目。对会计对象的分类为会计要素,也就是会计对象的具体内容,包括资产、负债、所有者权益、收入、费用和利润;对会计要素进一步分类为会计科目。

通过设置和运用会计科目,可以正确地记录某项经济业务的发生引起会计要素中的哪些内容发生了变化,变动的数额是多少;同时,由于每一类别都用特定的名称,记录的结果将易于区分和归类,使核算资料具有系统性和相对独立性。例如,机器设备、原材料、辅助材料、现金、银行存款等都属于企业的资产,但是,这些资产的特点不尽相同,在经济管理上的要求和方法也有区别。为了分别反映与控制这些资产的增减变动情况,就要对它们进行分类,并用一个简单的名字来概括。在上述资产中,机器设备属于企业的劳动资料,它在企业生产中能较长期地发挥作用而不改变自己的实物形态,只有经过多次反复的使用,直到丧失了其使用价值,才需要进行更新。根据这些特征可将劳动资料归为一类,并用一个简单的名称——"固定资产"来表示。原材料、辅助材料等都属于劳动对象,它们都是用来制造产品的材料,并且一经投入生产过程,即会改变自己原来的实物形态。根据这些共性可将它们归为一类,并用一个简单的名称——"原材料"来表示。库存现金和银行存款都属于企业的货币资金,但由于它们分布、存在的形态不同,管理要求也不相同,为了分别反映和控制它们的增减变动情况,应将库存现金与银行存款划分为两个类别,分别称为"库存现金"和"银行存款"。这样,当企业购进机器设备,人们即可知道企业的"固定资产"增加了;当生产车间从仓库领用某种原材料或辅助材料时,人们即可知道企业的原材料减少了;当企业从银行提取现金时,人们即可知道企业的银行存款减少了,而库存现金增加了。由此可见,只有在对会计要素的具体内容进行分类的基础上,会计才有可能对因经济业务的发生所引起的各个会计要素具体内容的增减变动情况,做出正确而恰当的记录,这是提供系统的会计信息资料的前提。

二、设置会计科目的原则

在实际工作中,会计科目是预先通过会计制度规定的,它是设置账户、进行账务处理的基础,是正确组织会计核算的一个重要条件。为了提供科学、完整、系统的会计信息,会计主体在设置会计科目时,必须遵循以下原则。

1.会计科目的设置必须结合会计对象的特点

会计科目作为会计核算对象的具体内容进行分类的依据和核算的项目,提供会计核算的指标。不同的会计主体的经济活动和经济业务的内容千差万别,会计要素的具体项目也不尽相同。会计主体应根据其自身经济活动和经济业务的内容和特点,设置会计科目。例如,工业企业是制造工业产品的单位,根据其业务特点,必须设置反映和监督生产过程中生产耗费和财务成果的会计科目;而商品流通企业的基本经济活动是购进和销售商品,没有制造产品的业务,就不必设置反映和监督生产过程的会计科目,而应设置反映商品采购、销售、结存情况及各环节发生的各项费用的会计科目;行政事业单位既不进行产品的生产,也不从事商品的流通,而是由国家拨付预算资金,单位加以利用,因此就需要设置反映和监督经费收入与经费支出情况的会计科目。

2.会计科目的设置必须能够全面反映企业的经济活动,满足经济管理的要求

会计核算的目标是满足会计信息使用者对会计信息的需求,因此设置会计科目要能够全面核算企业经济业务的过程和结果,为会计信息的内外部使用者提供对决策有用的会计信息。例如,根据国家经济管理的要求和财政、财务制度规定,企业的固定资产必须计提折旧,并同时反映其原始价值和折余价值,企业就必须相应设置"固定资产"和"累计折旧"科目。

3.会计科目的设置要做到统一性与灵活性相结合

所谓统一性,是为了规范会计主体的会计科目,便于会计指标的对比和汇总,财政部统一制定的会计科目,规定了会计科目的名称、编号和核算内容。各会计主体必须按照国家

统一规定,设置和使用会计科目,组织会计核算。所谓灵活性,是在不影响会计核算要求和会计指标汇总,以及对外提供统一会计报表的前提下,会计主体可以根据自身的具体情况和经济管理要求,对统一规定的会计科目作必要的增减或合并。例如,统一规定的会计科目,未设置"废品损失"和"停工损失"科目,企业如果需要单独核算废品损失和停工损失,可以增设"废品损失"和"停工损失"科目。

4.会计科目的设置要保持相对稳定

会计科目的名称、内容和数量一经确定,要保持相对稳定,不得随意变动,以保证会计核算指标的可比性。相对稳定并不意味着会计科目一成不变,当社会经济环境发生较大变化,进行了会计改革或者发生了企业合并、转产等情况时,会计科目必然随之相应地发生调整或更新。

5.会计科目的名称要概念清楚、通俗易懂

概念清楚是指会计科目的名称与其核算的内容相一致,一看名称就了解该科目核算的内容。通俗易懂是指会计科目使用的文字是人们日常通用的文字,避免使用晦涩难懂的文字,以免产生误解。

三、会计科目的分类与分级

1.会计科目的分类

在我国,会计科目及其核算内容是由财政部统一规定的。根据会计科目所反映的经济内容不同,可以将会计科目分为不同的类别。我国《企业会计准则》将企业的会计科目分为六大类,即资产类、负债类、共同类、所有者权益类、成本类和损益类。本教材仅介绍五类常用会计科目,具体内容如表 2-1 所示。

表 2-1　会计科目的具体内容

序　号	编　号	会计科目名称	序　号	编　号	会计科目名称
一、资产类			二、负债类		
1	1001	库存现金	45	2001	短期借款
2	1002	银行存款	46	2101	交易性金融负债
3	1003	其他货币资金	47	2201	应付票据
4	1011	交易性金融资产	48	2202	应付账款
5	1121	应收票据	49	2205	预收账款
6	1122	应收账款	50	2211	应付职工薪酬
7	1123	预付账款	51	2221	应交税费
8	1131	应收股利	52	2231	应付股利
9	1132	应收利息	53	2232	应付利息
10	1231	其他应收款	54	2241	其他应付款
11	1241	坏账准备	55	2401	预提费用
12	1401	材料采购	56	2411	预计负债

续表

序 号	编 号	会计科目名称	序 号	编 号	会计科目名称
13	1402	在途物资	57	2501	递延收益
14	1403	原材料	58	2601	长期借款
15	1405	材料成本差异	59	2602	长期债券
16	1406	库存商品	60	2801	长期应付款
17	1407	发出商品	61	2802	未确认融资费用
18	1410	商品进销差价	62	2901	递延所得税负债
19	1411	委托加工物资	三、所有者权益类		
20	1412	包装物及低值易耗品	63	4001	实收资本
21	1431	周转材料	64	4002	资本公积
22	1461	存货跌价准备	65	4101	盈余公积
23	1501	待摊费用	66	4103	本年利润
24	1521	持有至到期投资	67	4104	利润分配
25	1522	持有至到期投资减值准备	68	4201	库存股
26	1523	可供出售金融资产	四、成本类		
27	1524	长期股权投资	69	5001	生产成本
28	1525	长期股权投资减值准备	70	5101	制造费用
29	1526	投资性房地产	五、损益类		
30	1531	长期应收款	71	6001	主营业务收入
31	1541	未实现融资收益	72	6051	其他业务收入
32	1601	固定资产	73	6101	公允价值变动损益
33	1602	累计折旧		6111	投资收益
34	1603	固定资产减值准备	74	6301	营业外收入
35	1604	在建工程	75	6401	主营业务成本
36	1605	工程物资	76	6402	其他业务成本
37	1606	固定资产清理	77	6405	营业税金及附加
38	1701	无形资产	78	6601	销售费用
39	1702	累计摊销	79	6602	管理费用
40	1703	无形资产减值准备	80	6603	财务费用
41	1711	商誉	81	6701	资产减值损失
42	1801	长期待摊费用	82	6711	营业外支出
43	1811	递延所得税资产	83	6801	所得税
44	1901	待处理财产损溢	84	6901	以前年度损益调整

注:本表仅列出一般工、商企业常用会计科目,共同类科目未列示。

在企业会计准则中,除规定了会计科目的编号与名称之外,还对各个会计科目所核算的具体内容进行了比较详细的规定。有了这些对会计科目具体内容的规定,我们就可以据此确定发生的经济业务应记入会计科目的名称。

2.会计科目的分级

各个会计科目并不是彼此孤立的,而是相互联系、相互补充地组成了一个完整的会计科目体系。通过这些会计科目,可以全面、系统、分类地反映和监督会计要素的增减变动情况及其结果,为经济管理提供所需要的一系列核算指标。在生产经营过程中,由于经济管理的要求不同,所需要的核算指标的详细程度也就不同。根据经济管理的要求,既需要设置提供总括核算资料的一级科目,又需要设置提供详细核算资料的二级科目和三级科目等。

(1)一级科目。一级科目即总分类科目,也称总账科目,是指对会计要素的具体内容进行总括分类的会计科目,是进行总分类核算的依据。为了满足国家宏观经济管理的需要,一级科目原则上由国家统一规定。表 2-1 中列示了企业的一级会计科目。

(2)二级科目。二级科目即二级明细分类科目,也称子目,是指在一级科目的基础上,对一级科目所反映的经济内容进行较为详细分类的会计科目。例如,在"原材料"科目下,按材料类别开设"原料及主要材料"、"辅助材料"、"燃料"等二级科目。二级科目依据国家统一规定的会计科目和要求,并根据经营管理的需要,由企业自行设置。

(3)三级科目。三级科目即明细科目,也称细目,是指在二级科目的基础上,对二级科目所反映的经济内容进一步详细分类的会计科目。例如,在"原料及主要材料"二级科目下,按材料的品种、规格开设明细科目。明细科目也由企业依据国家统一规定的会计科目和要求,根据经营管理的需要自行设置。

综上所述,一级科目是最高层次的会计科目,控制或统驭着二级科目和明细科目;二级科目是对一级科目的补充说明,控制或统驭着明细科目,是介于一级科目和明细科目之间起沟通作用的会计科目;明细科目是对二级科目或一级科目更为详细的补充说明。应当说明的是,并不是所有的一级科目都需分设二级和三级科目,根据信息使用者所需不同信息的详细程度,有些只需设一级科目,有些只需设一级和明细科目,而不需要设置二级科目。

3.会计科目的编号

为了便于会计账务处理,适应会计信息处理电算化的需要,加快会计核算速度,提高会计信息的质量,每个会计科目都要编制固定号码。会计科目的编号要讲究科学性,一方面要能够起区分会计科目的作用,另一方面要便于专业人员的识别和计算机的输入。现行的企业会计制度对会计科目的编号采用的是"四位数制",以千位数数码代表会计科目按会计要素区分的类别,分为六个数码:"1"为资产类、"2"为负债类、"3"为共同类、"4"为所有者权益类、"5"为成本类、"6"为损益类;百位数数码代表每大类会计科目下较为详细的类别,可根据实际需要取数;十位和个位上的数码一般代表会计科目的顺序号,为便于会计科目增减,在顺序号中一般都要留有间隔。

第二节　账　户

一、账户的概念和作用

会计科目是对会计要素具体内容进行分类的项目,但各单位发生的各种经济业务是十分纷繁复杂的,为了系统、连续地把各种经济业务发生情况和由此而引起各项资金变化情况分门别类地进行反映和监督,还必须根据规定的会计科目在账簿中开设账户。设置账户是会计核算的一种专门方法。

在会计工作中,要设置各种账户进行会计核算,来体现系统反映主体经济活动的要求。账户是根据会计科目开设的,具有一定的结构,用来系统、连续地记录各个会计科目所反映的经济内容的记账实体。

账户在会计核算中的作用主要表现在以下几个方面:

(1)核算经济业务。通过每类账户可以记录每笔经济业务和每类经纪业务所引起的资金运动和变动情况。

(2)储存会计信息。账户记录经济活动引起会计要素的增减变化,同时对这些变化内容分类反映到了有关账户中,从而使每个账户储存了丰富的会计信息。

(3)提供会计信息。根据每个账户储存的会计信息,按照企业管理的要求,向有关方面提供各种会计信息。

二、账户的结构

账户的结构就是指账户的格式。为了全面、清晰地记录各项经济业务,每一个账户既要有明确的经济内容,又必须有一定的结构。由于经济业务发生所引起的各项会计要素的变动,从数量上看不外乎是增加和减少两种情况,因此,账户结构也相应地分为两个基本部分:一部分反映数额的增加,另一部分反映数额的减少。通常在账户上划分为左右两方。一方登记增加数额,另一方登记减少数额,增减相抵后的差额,称为账户的余额。至于在账户的左右两方中,哪一方登记增加,哪一方登记减少,则取决于所采用的记账方法和所记录的经济业务内容。每个账户在一定时期内(月、年)增减变动的金额合计称为本期发生额,本期增加发生额与本期减少发生额相抵后的余额称为期末余额,本期期末余额即为下期的期初余额。期初余额、本期增加发生额、本期减少发生额和期末余额的关系可用下式表示:

期末余额＝期初余额＋本期增加发生额－本期减少发生额

在实际工作中,账户的格式尽管有多种多样,但一般情况下,任何一种格式的账户,通常都应包括下列内容:

(1)账户名称,即会计科目;

(2)日期和摘要(记录经济业务的日期和概括说明经济业务的内容);

(3)增加和减少的金额及余额;

(4)凭证号数(说明账户记录的依据)。

账户的一般格式如表 2-2 所示。

表 2-2　账户的一般格式

年		凭证号数	摘要	增加	减少	余额
月	日					

在教学实践和教材中,为了便于说明问题,通常将上述账户的结构简化为"T"字账户(或称为"丁"字账户),只保留左右两方,略去其他部分,余额写在账户的下面。常用的"T"字账户的格式如图 2-1 所示。

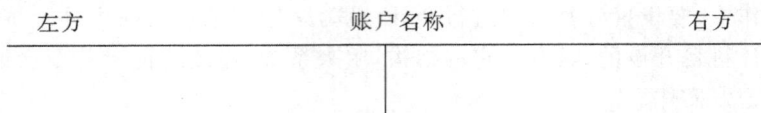

左方　　　　　　　　　　　　账户名称　　　　　　　　　　　　右方

图 2-1　"T"字账户的格式

三、账户的设置

账户是根据事先确定的会计科目设置的,会计科目的级次也就决定了账户的级次。

1. 总分类账户的设置

根据总分类科目(一级科目、总账科目)在总分类账中开设账户,叫总分类账户,总分类账户的名称就是总分类科目的名称。如根据"原材料"总分类科目设置"原材料"总分类账户,提供全部原材料收入、发出、结存的总括指标。

2. 明细分类账户的设置

根据总分类科目所属的明细分类科目(二级科目或三级科目)在明细分类账中开设账户,叫明细分类账,明细分类账账户的名称就是明细分类科目的名称。如根据"原材料及主要材料"、"辅助材料"等明细分类科目设置明细分类账户,提供各类材料收入、发出、结存的详细核算资料。

对某项经济业务,通过总分类账户进行的核算,称为总分类核算;通过有关明细分类账户进行的核算,称为明细分类核算。

四、会计科目和账户的关系

账户与会计科目既相联系,又有所区别。账户是对会计事项进行分类核算的工具,每个账户都应反映一定的经济内容,账户与会计科目所反映的经济内容是相同的,账户的名称就是会计科目。

然而从理论上分析,账户与科目也有一定的区别。会计科目只表明某项经济内容,而账户不仅表明相同的经济内容,且账户必须具备一定的结构格式,用以反映经济业务事项所引起的数量增减变化及其结果的情况。

在实际工作中,会计科目和账户往往被认为是一致的。

【本章小结】

　　会计科目就是对会计对象的具体内容进行分类核算的项目,对会计对象的分类为会计要素,也就是会计对象具体内容,包括资产、负债、所有者权益、收入、费用和利润,对会计要素的分类为会计科目;设置会计科目应遵循必须结合会计对象的特点、满足经济管理的要求、统一性与灵活性相结合、保持相对稳定、名称要概念清楚、通俗易懂等原则;根据会计科目所反映的经济内容不同,可以将会计科目分为不同的类别。我国《会计准则》将企业的会计科目分为六大类,即资产类、负债类、共同类、所有者权益类、成本类和损益类;根据经济管理的要求,既需要设置提供总括核算资料的一级科目,又需要设置提供详细核算资料的二级科目和三级科目等;账户是根据会计科目开设的,具有一定的结构,用来系统、连续地记录各个会计科目所反映的经济内容的记账实体;账户是根据事先确定的会计科目设置的,会计科目的级次也就决定了账户的级次。

【关键名词】

会计科目　账户　会计科目级次　总分类账户　明细分类账户

【思考题】

1.什么是会计科目? 它同会计对象、会计要素是什么关系?

2.什么是账户? 它同会计科目有何异同?

3.设置会计科目的意义是什么?

4.设置会计科目的原则是什么?

5.会计科目的分类同会计要素的分类是否一致?

6.账户的基本结构是什么?

第三章 复式记账

学习目标

通过本章的学习,理解复式记账法的基本原理并掌握复式记账法的特点,重点掌握借贷记账法的基本内容,包括记账符号及账户结构、记账规则、账户的对应关系和会计分录、试算平衡;能够深刻理解和熟练掌握账户和借贷记账法,为以后各章的学习打好基础。

课程导入

对于企业发生的大量的交易和事项所引起的会计要素的增减变化,仅仅通过大脑记忆是不够的,这样就需要运用专门的方法在专门的载体中对其进行记录。本章将对这一问题进行阐述。

第一节 会计等式

一、会计等式概述

会计等式也叫会计方程式或会计平衡方程式,是利用数学等式对会计要素各项目之间的内在经济联系所做的科学预测。会计要素各项目在数量上存在特定的平衡关系,可以用公式表示,通常称为"会计等式",也称为"会计恒等式"。

1.静态会计等式

企业从事生产经营活动,必须拥有一定数量的能满足其业务活动需要的经济资源,如流动资金、厂房、设备等资产,在会计上称为资金的占用。企业一定数量的资产总有其特定的来源,企业资产的提供者不会将资产无偿赠送给企业,他们会向企业提出种种要求权,会计上称为权益。资产和权益是同一事物的两个方面,即一方面是归会计主体所拥有或支配的各项资产(资金的占用),另一方面是经济资源提供者对企业资产的一系列要求权。从价值角度上看,资金的占用必然等于资金的来源。用公式表示为

　　　　资产＝权益

权益一般由两部分组成:一部分权益是投资者投入的,投资者作为企业的所有者,对企

业的净资产(全部资产－全部负债)具有索赔权,有参与企业管理和分享利润的权利,因此这部分权益属于所有者权益,是企业资产的主要来源。另一部分是由债权人提供的,如借款、应付账款、应付票据、应付债券等,这类权益都有约定的支付期限,凡向企业借款的称为企业的债权人,因此这部分权益属于债权人权益,企业为债务人,即形成负债,负债在未偿还之前,企业可以自由运用,形成购置企业资产的一种来源。

债权人权益和所有者权益虽然都是权益,但两者具有本质的区别。债权人将资产提供给企业后,一般要求企业到期偿还本金,并按规定的形式支付利息。而所有者将资产提供给企业,供企业长期使用,并不规定偿还期限,也不规定应定期支付的投资报酬。投资的目的是希望分享企业的利润,获取较高的报酬。所有者权益在数量上等于所有者投入企业的资本、资本公积和留存收益,也就是企业的全部资产减去全部负债后的余额,即企业的净资产。因此会计等式又可表示为

$$资产＝债权人权益＋所有者权益 \tag{3-1}$$

$$资产＝负债＋所有者权益 \tag{3-2}$$

会计等式(会计平衡等式)反映了会计主体在某一时日资产与权益之间的数量恒等关系,也称为静态会计等式,是复式记账、试算平衡、编制资产负债表等的理论依据。会计等式的平衡关系,可以用一张简明的资产负债表来反映。某企业资产负债表如表 3-1 所示。

表 3-1　资产负债表(简式)

201×年 12 月 31 日　　　　　　　　　　　　　　　　　　单位:元

资　　产	金　　额	负债及所有者权益	金　　额
现　　金	10000	短期借款	300000
银行存款	300000	应付账款	150000
应收账款	100000	实收资本	1400000
原材料	100000	盈余公积	200000
产成品	80000	未分配利润	40000
固定资产	1500000		
资产总计	2090000	负债及所有者权益总计	2090000

2.动态会计等式

企业利用各种经济资源进行生产经营活动。企业销售产品取得营业收入,同时生产产品时必然还要发生一定的耗费,如产品耗用的材料、支付工人的工资、广告费等,一定期间的收入和费用相比较,收入大于费用的差额称为利润;反之,收入小于费用的差额称为亏损。用公式表示为

$$收入－费用＝利润 \tag{3-3}$$

上述等式是从动态考察企业某个时期的经营成果的恒等关系,称为动态会计等式。其是企业计算确定经营成果、设计和编制损益表的理论依据。

二、会计等式的转化形式

在企业生产经营过程中,收入的发生会导致资产的增加或负债的减少,费用的发生会导致资产的流出或负债的增加,利润的变化则是企业资产流入和流出的结果,因此利润的增加一方面使企业增加新的资产,另一方面这些新增加的资产又归企业的所有者所有,必

然会增加企业的所有者权益。反之,则导致所有者权益减少。因此,企业资产、负债、所有者权益、收入、费用和利润之间的数量存在一种内在的联系,将上述两个基本等式综合在一起,可表示为

$$资产=负债+所有者权益+(收入-费用) \qquad (3\text{-}4)$$

将式(3-4)变形为

$$资产+费用=负债+所有者权益+收入 \qquad (3\text{-}5)$$

式(3-5)综合反映了会计六要素之间的数量关系。表示的意思是会计期间任一时日(不必是期初或期末)全部会计要素之间的恒等关系。此时,利润正在形成过程中,还未进行分配,因此等式中包含了收入、费用要素。该等式可看作是经营资金静态和动态相结合的反映,是会计等式的日常一般形式。

在会计期初资产、负债、所有者权益平衡的基础上,经过某一期间的经营,发生了收入和费用并得到了利润。收入可视为增加了企业的资产;相反,费用可视为企业资产的转化形式;利润因归所有者所有,则可视为增加了所有者权益。这样在会计期末资产、负债、所有者权益间建立了一种新的平衡关系:

$$\triangle 资产=\triangle 负债+\triangle 所有者权益(\triangle 表示与期初的数量不同) \qquad (3\text{-}6)$$

可见,式(3-6)是会计等式的最通用形式,也称为会计恒等式。

在会计期间任一时日全部要素的平衡关系,此时,"利润"已经实现并已分配完毕,在数量关系上已通过资产、负债和所有者权益三个要素的数量变化来体现,因此在形式上已看不到收入、费用和利润三要素,但会计期末与会计期初虽在形式上保持了"资产=负债+所有者权益"的恒等关系,但恒等的数量基础已发生变化,因为期末的会计等式已经包含了本会计期间实现的利润(或亏损)及其分配因素。因此,不论什么时候资产与负债和所有者权益的数量总是保持平衡关系。

三、经济业务类型及对会计等式的影响

经济业务,也称会计事项,是指企业在生产过程中发生的能以货币计量的,并能引起会计要素发生增减变化的事项。企业在生产经营过程中会发生大量的经济业务,如向银行借款、向供应单位购货、向客户销货、领用材料、发放工资等。任何一项经济业务都必然引起会计要素发生增减变化。尽管企业的经济业务类型多种多样,但对会计等式的影响不外乎以下四种类型:

1.引起等式两边会计要素同时增加的经济业务

经济业务的发生引起等式两边会计要素同时增加,而且数额相等,但不影响会计等式的平衡。

【例3-1】 企业从银行取得借款100000元,款项存入银行。

该项业务使企业资产方的银行存款增加100000元,同时也使企业负债方的借款增加100000元,等式两边增加数额相等,等式保持平衡。

【例3-2】 企业收到国家投入资本1000000元,存入银行。

该项经济业务发生后,一方面使企业资产方的银行存款增加1000000元,另一方面使企业的所有者权益方的实收资本也增加了1000000元,会计等式两边同时增加1000000元,等式保持平衡。

【例 3-3】 企业销售产成品 1000 件,每件售价 10 元,取得销售收入 10000 元,款项已存入银行。

该项经济业务发生后,一方面使企业的银行存款增加 10000 元,另一方面也使企业收入项目的产品销售收入增加 10000 元,等式两边同时增加 10000 元,等式保持平衡。

2.引起等式两边会计要素同时减少的经济业务

经济业务发生后,引起会计等式两边会计要素同时减少,而且数额相等,不影响会计等式的平衡。

【例 3-4】 企业由银行存款偿还前欠购货款 50000 元。

该项经济业务引起企业资产方的银行存款减少 50000 元,同时负债方的应付账款也减少 50000 元,等式两边减少数额相等,等式保持平衡。

3.引起等式左边会计要素发生增减的经济业务

经济业务发生后,只会引起等式左边会计要素内部一个项目的增加,另一个项目的减少,增减的数额相等,不影响会计等式的平衡。

【例 3-5】 企业支付银行存款 50000 元,购买原材料。

该项经济业务引起企业资产方的原材料增加 50000 元,同时资产方的银行存款减少 50000 元,等式左边一项资产转化成另一项资产,增减数额相等,等式保持平衡。

4.引起等式右边会计要素发生增减,或会计要素内部一个项目的增加,另一个项目的减少的经济业务

经济业务发生后,只会引起会计等式右边会计要素一增一减的变化,或引起会计要素内部一个项目增加,另一个项目减少,增减数额相等,同样不影响会计等式的平衡。

【例 3-6】 企业将所欠外单位货款 50000 元转作对本企业的投入资本。

该项经济业务发生后,一方面使负债方的应付账款减少 50000 元,另一方面所有者权益方的实收资本增加 50000 元,等式右边一项要素增加,另一项要素减少,增减金额相等,等式保持平衡。

【例 3-7】 企业从银行取得借款偿还前欠购货款 60000 元。

该项经济业务引起企业负债方的借款项目增加 60000 元,同时另一个负债项目应付账款减少 60000 元,负债要素内部一个项目增加,另一个项目减少,数额相等,等式保持平衡。

【例 3-8】 企业用投资人投入的资金 15000 元归还银行借款。

该项经济业务发生后,一方面使企业所有者权益(实收资本)增加了 15000 元,另一方面企业的负债减少了 15000 元。等式右边一项要素增加,另一项要素减少,增减金额相等,等式保持平衡。

涉及经济业务的四种类型对会计等式的影响,如图 3-1 所示。

综上所述,无论引起会计等式中诸要素发生怎样的变化,会计等式等号两边的数额始终相等,不会破坏会计等式的平衡关系。它是设置会计科目和账户、进行复式记账以及编制资产负债表的理论依据。

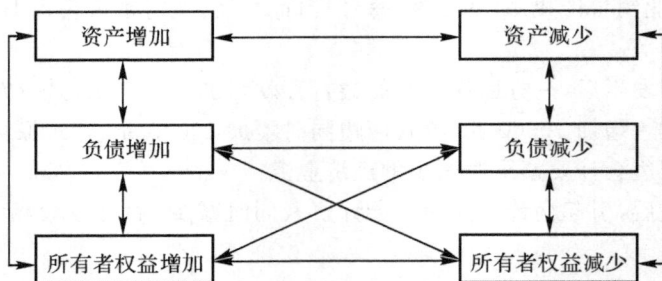

图 3-1 资产、权益变动的经济业务对会计等式的影响

第二节 复式记账原理

在会计工作中,为了有效地核算和监督会计对象,除了按规定的会计科目设置会计账户外,对生产经营过程中发生的大量经济业务及所引起的会计要素的增减变动及结果加以记录,这就要运用一定的记账方法解决按什么方式记录经济业务的问题,即按照一定的规则,使用一定的符号,在账户中登记经济业务,将这种方法称为记账方法。

一、记账方法的种类

记账方法随着会计的产生和发展,经历了一个逐渐完善的过程。最早出现的是单式记账法。随着社会经济的发展和人们实践与总结,单式记账法逐步改进,演变成复式记账法。

1. 单式记账法

单式记账法是一种比较简单、不完整的记账方法,是指对发生的每一笔经济业务只在一个账户中登记。这种方法大都是以钱财、欠人、人欠为记账对象。例如,企业用现金 100元支付办公费用,只记现金减少 100 元,至于具体用于哪一项费用就省略不记了。因此,单式记账法不能全面反映经济业务的来龙去脉,不便于检查账户记录的正确性。其只适用于经济业务非常简单的单位,目前已很少使用。

2. 复式记账法

所谓复式记账法,是指对任何一项经济业务,都必须用相等的金额在两个或两个以上的有关账户中进行登记,借以反映会计对象具体内容增减变化的一种记账方法。如前例,企业除了要在现金账户中作减少 100 元的登记外,还要在有关费用账户中作增加 100 元的记录。这样登记的结果表明,企业现金的支付同费用的发生两者之间是相互联系的,将该项业务的来龙去脉表述清楚。

由此可见,复式记账法是一种科学的记账方法。其特点是每一项经济业务,要求同时在两个或两个以上相互联系的账户中以相等的金额进行记录,达到全面、系统、连续、综合地反映经济活动的目的。因此被广泛采用。

基础会计学

二、复式记账的客观依据

复式记账的理论依据是资金运动和会计等式。会计的对象是资金运动,而企业经营过程中所发生的每一项经济业务,都是资金运动的具体过程,只有对企业所有经济业务全部进行核算,才能完整地反映出企业资金运动的全貌,从而为经营管理提供其所需要的全部核算资料。

企业发生的所有经济业务无非就是涉及会计要素增加和减少两个方面,一部分资金的减少或增加,总有另一部分资金的增减变动作为其变化的原因。这就要求会计在记账时,必须要把每项经济业务所涉及的资金增减变化的原因和结果都记录下来,从而完整、全面地反映经济业务活动。

三、复式记账法的种类

复式记账法按采用的记账符号和记账规则不同,可分为借贷记账法、收付记账法和增减记账法。

（1）借贷记账法,是最早产生的复式记账法,也是当今世界各国通用的复式记账法。

（2）增减记账法,是我国在 20 世纪 60 年代以后开始在商业企业中运用的一种复式记账法。

（3）收付记账法,是我国传统的记账方法。其又分为资金收付记账法、现金收付记账法和财产收付记账法。

在上述复式记账法中,借贷记账法是最科学、最完善的复式记账法。为了适应改革开放的需要,与国际惯例保持一致,我国于 1992 年颁布的《企业会计准则》第 8 条规定:"会计采用借贷记账法。"其于 1993 年 7 月 1 日起施行后,借贷记账法成为我国各行各业广泛采用的记账方法。

第三节　借贷记账法

一、借贷记账法的起源

借贷记账法起源于 13 世纪的意大利。当时意大利出现了资本主义萌芽,商品经济已经发展到相当程度,由于商品交换的需要,在有些地方出现了一种从事货币借贷业务和兑换不同货币的"银钱"行业的借贷资本家,"借"、"贷"两字的含义最初是从借贷资本家的角度解释的。借贷资本家以经营货币为主要业务,对于收进来的存款,记在贷主（creditor）的名下,表示自身的债务,即欠人的增加。对于付出去的放款,则记在借主（debtor）的名下,表示自身的债权,即人欠的增加。这样,"借"、"贷"两字分别表示借贷资本家的债权（人欠）、债务（欠人）及其增减变化。随着商品经济的发展,非借贷行业也开始使用借贷记账法进行记账,则会计所记录的经济业务不再仅限于货币资金的借贷,而是逐渐扩展到财产物资、资本、成本费用、经营损益等的增减变化,这样"借"、"贷"两字就很快失去了本来的含义,而变成了纯粹的记账符号。

二、借贷记账法的内容

借贷记账法是以"资产＝负债＋所有者权益"为基本会计等式,以"借"、"贷"为记账符号的一种复式记账法。

1.记账符号

借贷记账法以"借"、"贷"为记账符号,以"借方"、"贷方"来称谓账户的左方、右方。"借"、"贷"作为记账符号,它所表示的增加、减少含义不确定,而是取决于账户的经济性质。由于增减相反意义应作方向不同的反映,所以某账户的借方表示增加,则贷方一定表示减少,反之亦然。具体地说,"借"字对应会计等式左边的资产、费用类账户表示增加,对应会计等式右边的负债、所有者权益和收入类账户则表示减少;"贷"字对应会计等式左边资产、费用类账户表示减少,对应等式右边的负债、所有者权益和收入类账户则表示增加。

借贷记账法的科学性也就在于利用"借"和"贷"这一对立的记账符号,恰当、全面地表示了会计对象运动的方向和过程,使不同性质账户的增减变动内容得到反映。

2.账户结构

在借贷记账法中,任何账户都分为借方和贷方,记账时,同一个账户的借贷两方必须作相反的记录,即一方用来登记增加,另一方则用来登记减少。究竟哪一方来登记增加额,哪一方登记减少额,这就要根据账户所反映的经济内容,也就是根据账户的性质来决定。

(1)资产类账户的结构

反映各项资产的账户称为资产类账户。资产类账户的结构是:账户的借方登记资产的增加额,贷方登记资产的减少额;在一定的会计期间(月、季、年)内,借方登记的增加数额的合计数称为借方发生额,贷方登记的减少数额的合计数称为贷方发生额。在每一会计期末,将借、贷方合计数额相比较,其差额称作期末余额,由于资产的减少额不可能大于它的期初余额与本期增加额之和,所以这类账户期末如有余额,必定在借方。本期的期末余额结转下期,即为下期的期初余额。

资产类账户的结构如图3-2所示。

借方	资产类账户	贷方
期初余额　××× 本期增加额　×××		本期减少额　×××
本期借方发生额　×××		本期贷方发生额　×××
期末余额　×××		

图3-2　资产类账户的结构

资产类账户的期末余额计算公式如下:

资产类账户期末余额＝借方期初余额＋借方本期发生额－贷方本期发生额

企业在生产经营过程中所发生的各种成本,在抵消收入之前,可将其看成是资产的转化形式,因此成本类账户的结构与资产类账户的结构基本相同,可以比照资产类账户进行登记。但有些成本类账户,如"制造费用"在费用转出后,没有期末余额,即借、贷方发生额相同。

（2）负债及所有者权益账户的结构

根据会计平衡等式"资产＝负债＋所有者权益"，负债及所有者权益账户的结构与资产类账户正好相反，即其贷方登记负债及所有者权益的增加额，借方登记负债及所有者权益的减少额，在一定的会计期间（月、季、年）内，贷方登记的增加数额的合计数称为贷方发生额，借方登记的减少数额的合计数称为借方发生额。在每一会计期末，将借、贷方合计数额相比较，其差额称为期末余额，由于负债及所有者权益的增加额与期初余额之和，通常也要大于其本期减少额，所以这类账户期末如有余额，必定在贷方。本期的期末余额结转到下期，即为下期的期初余额。

负债及所有者权益账户的结构如图 3-3 所示。

借方	负债及所有者权益	贷方
本期减少额　×××	期初余额　××× 本期增加额　×××	
本期借方发生额　×××	本期贷方发生额　×××	
	期末余额　×××	

图 3-3　负债及所有者权益账户的结构

负债及所有者权益类账户期末余额计算公式如下：

$$\text{负债及所有者权益类账户期末余额} = \text{贷方期初余额}＋\text{本期贷方发生额}－\text{本期借方发生额}$$

（3）损益类账户的结构

损益类账户按反映的具体内容不同，可分为反映各项收入的账户和反映各项费用支出的账户。企业在生产经营过程中要不断地取得各种收入，为了取得收入，必然要发生各种费用支出。将一定期间的收入与费用支出相配比，就可以计算企业实现的利润。收入是企业资产的一个来源，可以增加企业的利润，企业形成的利润在未分配之前，可以将其看成所有者权益的增加，因此，收入、利润账户的结构与所有者权益账户的结构基本相同，贷方登记收入、利润的增加额，借方登记收入、利润的转出额（减少额）。由于贷方登记的收入增加额期末一般都是从借方转出，以便确定一定期间的利润，因此，收入账户期末通常没有余额。利润账户平时有贷方余额，但在年末利润要转入分配，因此，利润账户年末没有余额。

企业在生产经营过程中发生的各种耗费，在抵消之前，也可将其看成是资产的转化形式，所以费用类账户的结构与资产类账户基本相同，账户的借方登记费用支出的增加额，贷方登记费用支出的减少（转销）额。由于借方登记的费用增加额一般都要通过贷方转出，以便确定一定期间的利润，所以该类账户通常没有期末余额。

收入类账户、费用类账户、利润类账户的结构如图 3-4、图 3-5 和图 3-6 所示。

借方	收入类账户	贷方
本期转出额　×××		本期增加额　×××
本期发生额　×××		本期发生额　×××
		期末余额　　0

图 3-4　收入类账户的结构

借方	费用类账户	贷方
本期增加额　×××		本期减少(转销)额　×××
本期发生额　×××		本期发生额　×××
期末余额　　0		

图 3-5　费用类账户的结构

借方	利润类账户	贷方
期初余额　×××　本期减少额　×××		期初余额(年初无余额)×××　本期增加额　×××
本期发生额　×××		本期发生额　×××
		期末余额(年末无余额)　×××

图 3-6　利润类账户的结构

利润类账户期末余额计算公式如下：

期末余额＝期初余额＋本期贷方发生额－本期借方发生额

由上可见,借贷记账法下各账户的期末余额都在记录增加额的一方,即资产类账户期末余额在借方,负债及所有者权益类账户的期末余额在贷方。因此,根据账户余额的方向,也可确定账户的性质,即账户若为借方余额,则为资产类账户;账户若为贷方余额,则为负债或所有者权益类账户。借贷记账法的这一特点,决定了它可以设置双重性质的账户。

(4)双重性质账户的结构

双重性质账户是指既可以用来核算资产、费用,又可以用来核算负债、所有者权益和收入的账户,常见的有表示往来结算的账户,其具体结构可以债权、债务类账户为例进行说明,借方登记债权的增加及债务的减少,贷方登记债务的增加及债权的减少。期末余额如果在借方,表示是企业的债权;期末余额如果在贷方,则表示是企业的一项债务。双重性质账户的结构如图 3-7 所示。

借方	债权、债务类账户	贷方
期初余额(债权类)××　本期债权增加额×××　本期债务减少额×××		期初余额(债务类)×××　本期债务增加额×××　本期债权减少额×××
本期发生额　×××		本期发生额　×××
期末余额(表示债权)××		期末余额(表示债务)××

图 3-7　债权、债务类账户的结构

基础会计学

综合以上对各类账户结构的说明,将全部账户借方和贷方所记录的经济业务内容加以归纳,如图 3-8 所示。

借方	账户名称(会计科目)	贷方
资产的增加		负债的增加
成本的增加		所有者权益的增加
费用支出的增加		收入的增加
负债的减少		资产的减少
所有者权益的减少		成本的减少
收入的转销		费用支出的转销
期末余额:资产或成本余额		期末余额:负债或所有者权益余额

图 3-8　借贷记账法账户结构汇总

3.记账规则

记账规则是指运用记账方法记录经济业务应当遵守的规律。借贷记账法的记账规则通常概括为"有借必有贷,借贷必相等"。具体含义是对于任何一项经济业务在采用借贷记账法时,在记入一个账户的贷方的同时,必然记入另一个(或几个)账户的借方;反之,在记入一个账户的贷方的同时,必然记入另一个(或几个)账户的借方,记入借方账户的金额与记入贷方账户的金额必然相等。

上述记账规则是由会计恒等式、复式记账原理和借贷记账法下账户的结构三个要素共同决定的。企业在生产经营过程中发生的经济业务虽然千差万别,但归纳起来不外乎以下四种类型,现以这四种类型的经济业务为例来说明借贷记账法的记账规则。

第一种类型:引起等式两边会计要素同时增加的经济业务。

【例 3-9】　A 企业购买原材料 5000 元,货款尚未支付。

购买原材料应记入"原材料"账户,该账户属于资产类,增加时应记入"原材料"账户的借方。货款未付应记入"应付账款"账户,该账户属于负债类账户,增加时应记入"应付账款"账户的贷方。如图 3-9 所示。

借方	应付账款	贷方		借方	原材料	贷方
		5000	←→		5000	

图 3-9

第二种类型:引起等式两边会计要素同时减少的经济业务。

【例 3-10】　A 企业以银行存款 20000 元偿还短期借款 10000 元和前欠某单位购货款 10000 元。

以银行存款归还短期借款使企业银行存款这项资产减少,在"银行存款"账户的贷方登记,同时也使企业的短期借款和应付账款这两项负债减少,应在"短期借款"和"应付账款"账户的借方登记。如图 3-10 所示。

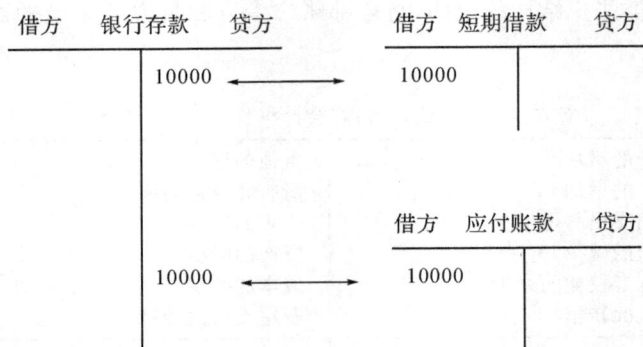

```
借方    银行存款    贷方        借方    短期借款    贷方
          10000   ←——→    10000

                              借方    应付账款    贷方
          10000   ←——→    10000
```

图 3-10

第三种类型：引起等式左边会计要素发生增减的经济业务。

【例 3-11】 A企业收回应收账款 10000 元，存入银行。

应收账款的收回表明该项债权减少，即该项资产减少，应在"应收账款"账户的贷方登记，同时款项存入银行，又使银行存款这项资产增加，应在"银行存款"借方登记。如图3-11所示。

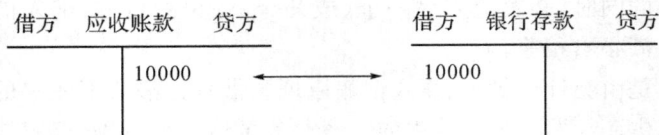

```
借方    应收账款    贷方        借方    银行存款    贷方
          10000   ←——→    10000
```

图 3-11

第四种类型：引起等式右边会计要素发生增减，或会计要素内部一个项目的增加、另一个项目的减少的经济业务。

【例 3-12】 A企业向银行借款 50000 元偿还前欠货款。

该项经济业务的发生，涉及企业负债要素中两个项目的转化，一方面使企业的短期借款增加了 50000 元，在"短期借款"账户的贷方登记；另一方面使应付账款减少 50000 元，在"应付账款"账户的借方登记。如图 3-12 所示。

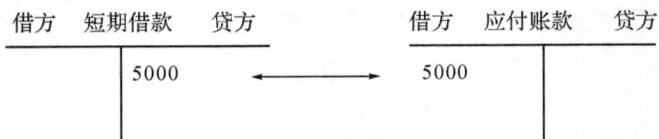

```
借方    短期借款    贷方        借方    应付账款    贷方
          5000    ←——→    5000
```

图 3-12

从以上四种类型的经济业务举例可以看出，每一项经济业务发生后，都要以相等的金额同时记入有关账户的借方和贷方，因此使借贷记账法下的"有借必有贷，借贷必相等"记账规则成为必然。

三、试算平衡

借贷记账法下的试算平衡，是指根据会计等式的平衡原理，按照记账规则的要求，通过

基础会计学

汇总、计算和比较，来检查账户记录的正确性和完整性。

经济业务发生后，运用借贷记账法的记账规则，对每一项发生的经济业务分别记入有关账户的借方和贷方，借贷两方的发生额必然相等，因此全部账户的借方发生额合计与贷方发生额合计也必然相等。因而，全部账户的借方期末余额合计数与贷方期末余额合计数也必然相等。这就形成了一系列平衡关系，主要包括以下三个方面：

（1）全部账户期初借方余额合计数＝全部账户期初贷方余额合计数

（2）全部账户本期借方发生额合计数＝全部账户本期贷方发生额合计数

（3）全部账户期末借方余额合计数＝全部账户期末贷方余额合计数

期末可以依据上述等式编制总分类账户期末余额试算平衡表和本期发生额试算平衡表，或合并编制总分类账户的期初、期末余额和本期发生额试算平衡表，进行试算平衡，以此来检查账户记录的正确性。

假设某企业有关账户的期初余额如表 3-2 所示，本期发生额可参见本节例题。

表 3-2　账户期初余额表　　　　　　　　　　　　　　单位：元

账户名称	借方余额	账户名称	贷方余额
现　　金	5000	短期借款	60000
银行存款	100000	应付账款	60000
应收账款	20000	实收资本	250000
原材料	66000	盈余公积	5000
产成品	34000		
固定资产	150000		
合　　计	375000	合　　计	375000

为了编制试算平衡表，可先将本期发生的经济业务记入有关账户，并计算出各账户的期末余额，如表 3-3 所示。

表 3-3　有关账户发生额及余额

原材料			应付账款	
期初余额 60000			50000	期初余额 60000
5000			10000	5000
期末余额 71000				期末余额 5000

银行存款	
期初余额 100000	
10000	20000
期末余额 90000	

短期借款		应收账款	
10000	期初余额 60000	期初余额 20000	10000
	50000		
	期末余额 100000	期末余额 10000	

根据以上资料编制总分类账户发生额、余额试算平衡表，如表 3-4 和表 3-5 所示。

表 3-4　总分类账户发生额试算平衡表

××年×月×日　　　　　　　　　　　　　　　　　　　单位:元

账户名称	本期发生额	
	借　方	贷　方
银行存款	10000	20000
应收账款		10000
原材料	5000	
短期借款	10000	50000
应付账款	60000	5000
合　计	85000	85000

表 3-5　总分类账户余额试算平衡表

××年×月×日　　　　　　　　　　　　　　　　　　　单位:元

账户名称	期末余额	
	借　方	贷　方
现　金	5000	
银行存款	90000	
应收账款	10000	
原材料	71000	
产成品	34000	
固定资产	150000	
短期借款		100000
应付账款		5000
实收资本		250000
盈余公积		5000
合　计	360000	360000

基础会计学

　　在实际工作中,还可以将总分类账户发生额试算平衡表和总分类账户余额试算平衡表合并在一起,并结合各账户的期初余额,编制总分类账户发生额及余额试算平衡表(见表 3-6)。在一张表上既可以进行总分类账户借贷发生额平衡的试算,又能进行总分类账户借贷余额平衡的试算。

表 3-6 总分类账户发生额及余额试算平衡表

××年×月×日
单位:元

账户名称	期初余额		本期发生额		期末余额	
	借 方	贷 方	借 方	贷 方	借 方	贷 方
现 金	5000				5000	
银行存款	100000		10000	20000	90000	
应收账款	20000			10000	10000	
原材料	66000		5000		71000	
产成品	34000				34000	
固定资产	150000				150000	
短期借款		60000	10000	50000		100000
应付账款		60000	60000	5000		5000
实收资本		250000				250000
盈余公积		5000				5000
合 计	375000	375000	85000	85000	360000	360000

必须指出,如果发生额或余额借贷方金额不等,则表明账户记录有错误。但即使发生额或余额借贷方金额相等,也不足以说明账户记录完全正确,因为如果出现漏记或重记某项经济业务、借贷方向颠倒等情况,不能通过试算平衡发现。因此,根据试算平衡的结果只能确认账户记录的基本正确。

第四节 账户对应关系及会计分录

一、账户对应关系

账户对应关系是指采用借贷记账法时,各项经济业务发生后所登记的账户之间存在一种相互对立而又相互依存的关系,具体表现为所涉及的两个或两个以上账户的应借、应贷关系。发生对应关系的账户称为对应账户。从一个账户的角度来说,与之相对的账户也称为对方账户。如企业购买原材料货款未付时,登记在"原材料"账户的借方与"应付账款"账户的贷方,因此"原材料"与"应付账款"即为相互对应的账户。"原材料"账户的对方账户是"应付账款"账户;"应付账款"账户的对方账户是"原材料"账户。

确定账户对应关系的意义在于:如实反映经济业务内容,检查经济业务会计记录的正确性及其合法、合规性。

二、会计分录

为了清晰反映账户之间的对应关系,防止记账的差错,在每项经济业务登入账户之前要编制会计分录(简称分录)。会计分录是对每项经济业务确定登记的账户名称、记账方向(借或贷)和金额的一种记录形式。

编制会计分录一般按下列步骤进行：

(1)考虑经济业务的发生引起了哪几个会计要素的增减变化。

(2)分析具体涉及哪几个账户，并确定哪个账户增加，哪个账户减少，是同时增加还是同时减少。

(3)根据前两步的分析结果和借贷记账法下账户结构的要求，确定记账方向是记入账户的借方还是贷方，并确定金额是多少，编制会计分录。

(4)用"有借必有贷，借贷必相等"的记账规则对编制的会计分录进行检验。

下面以第三节经济业务为例，分别编制会计分录。

【例 3-13】　借：原材料　　　　　　　　　　　　5000
　　　　　　　　贷：应付账款　　　　　　　　　　5000

【例 3-14】　借：短期借款　　　　　　　　　　　10000
　　　　　　　　　应付账款　　　　　　　　　　　10000
　　　　　　　　贷：银行存款　　20000

【例 3-15】　借：银行存款　　　　　　　　　　　10000
　　　　　　　　贷：应收账款　　　　　　　　　　10000

【例 3-16】　借：应付账款　　　　　　　　　　　50000
　　　　　　　　贷：短期借款　　　　　　　　　　50000

由以上例题可以看出，会计分录有简单会计分录和复合会计分录之分。简单会计分录是指由一个账户的借方与另一账户的贷方相对应组成的会计分录，即"一借一贷"的会计分录。复合会计分录是指由一个账户的借方(或贷方)与另几个账户的贷方(或借方)相对应组成的会计分录。如例 3-15 中，有"一借多贷"和"一贷多借"两种形式。上述例 3-15 还可以分解为两个简单会计分录：

　　　借：短期借款　　　　　　　　　　　　　　10000
　　　　　贷：银行存款　　　　　　　　　　　　　10000
　　　借：应付账款　　　　　　　　　　　　　　10000
　　　　　贷：银行存款　　　　　　　　　　　　　10000

实际上每个复合会计分录都是由几个简单分录合并而成的。简单会计分录形式简单，易于理解。复合会计分录可以集中、全面地反映某项经济业务的发生情况，同时还可以简化会计分录的编制工作，提高会计人员的记账效率。需要指出的是，一般不编制"多借多贷"的复合会计分录，对于复杂的经济业务在进行账务处理时可能会出现"多借多贷"的复合会计分录，这也是允许的。但不允许将不同类型的经济业务混合在一起编制"多借多贷"的复合会计分录。

在实际工作中，会计分录是通过编制记账凭证来进行的。具体方法将在本书第五章中介绍。

【本章小结】

会计等式也叫会计方程式或会计平衡方程式，是利用数学等式对会计要素各项目之间的内在经济联系所做的科学预测。会计要素各项目在数量上存在特定的平衡关系用公式，通常称为"会计等式"，也称为"会计恒等式"，即：资产＝负债＋所有者权益。无论会计等式中诸要素发生怎样的变化,会计等式等号两边的数额始终相等,不会破坏会计等式的平衡关系。它是设置会计科目和账户、进行复式记账以及编制资产负债表的理论依据。复式记账法是指对任何一项经济业务,都必须用相等的金额在两个或两个以上的有关账户中进行登记,借以反映会计对象具体内容增减变化的一种记账方法。借贷记账法是以"资产＝负债＋所有者权益"为基本会计等式,以"借"、"贷"为记账符号的一种复式记账法。在借贷记账法下,任何账户都分为借方和贷方,记账时,同一个账户的借贷两方必须作相反的记录,即一方用来登记增加,另一方则用来登记减少。究竟哪一方登记增加额,哪一方登记减少额,这就要根据账户所反映的经济内容,也就是根据账户的性质来决定。资产类账户的结构是:账户的借方登记资产的增加额,贷方登记资产的减少额。负债及所有者权益账户的结构与资产类账户正好相反,即其贷方登记负债及所有者权益的增加额,借方登记负债及所有者权益的减少额;借贷记账法下的试算平衡,是指根据会计等式的平衡原理,按照记账规则的要求,通过汇总、计算和比较,来检查账户记录的正确性和完整性。

【关键名词】

复式记账法　账户对应关系　会计分录　借贷记账法　试算平衡

【思考题】

1.复式记账法的特点是什么?

2.试述借贷记账法的账户结构。

3.借贷记账法的规则是怎样的?

4.简述借贷记账法的优点。

5.试述会计分录及其种类。

6.按照经济业务事项对会计要素的影响,经济业务事项有哪些基本类型?

7.某企业201×年12月发生下列经济业务事项:

(1)以银行存款80000元购入机器设备一台。

(2)投资者投入资本5000000元。

(3)购入材料20000元,货款未付。

(4)职工张明预借差旅费5000元。

(5)以银行存款偿还短期借款30000元。

(6)从银行提取现金500元。

(7)以银行存款10000元偿还前欠的购货款。

(8)预收货款25000元。

(9)向银行借入款项35000元。

(10)收到某公司前欠的货款30000元,存入银行。

要求:根据上述经济业务事项,分别判断其经济业务事项的类型。

第四章 账户和借贷记账法的应用

📖 学习目标

在第二章和第三章,我们比较详细地阐述了会计科目、账户和借贷记账法的基本原理,在此基础上,本章将通过工业企业主要经济业务的核算,较详细地阐述账户和借贷记账法的应用。目的在于借助企业资金筹集、生产准备、产品生产、产品销售、财务成果等业务的总分类核算,进一步理解与掌握账户和借贷记账法的原理及具体应用。

🔍 课程导入

王盂同学大学毕业应聘到卓达服装厂做会计,明天就要去报到了。晚上躺在床上,王盂辗转反侧难以入眠,心里忐忑不安,一直在想:这个企业的主要经济业务有哪些?这些业务之间存在怎样的联系?各项业务包括哪些主要内容?经济业务发生后,应怎样编写会计分录?核算这些业务又应设置哪些账户?本章我们就来介绍这方面的内容。

第一节 工业企业主要经济业务概述

工业企业的生产经营过程,由供应过程、生产过程和销售过程构成。企业为了进行生产经营活动,首先必须通过一定的渠道筹集相应的资金,以满足生产经营的需要。这些资金在企业生产经营活动中被具体运用,表现为不同的占用形态,并不断转化,周而复始,形成资金的循环与周转。

企业从各种渠道筹集的资金,首先主要表现为货币资金。

在供应过程中,企业用现金或银行存款等货币资金建造厂房、购买机器设备和各种材料物资,为进行生产准备必要的生产资料,这时资金就由货币资金形态转化为固定资金形态和储备资金形态。

生产过程既是产品的生产过程,也是各种物化劳动和活劳动的耗费过程。在生产过程中,劳动者借助于劳动手段作用于劳动对象之上,创造出新的产品。生产过程既是产品的生产过程,也是各种物化劳动和活劳动的耗费过程。在这一过程中,企业要发生各种材料消耗、工资支付、固定资产损耗、水电动力费用的支付等业务。这些费用都需要按照产品的种类进行归集和分配,计算产品的生产成本。这时资金就从固定资金、储备货币资金转化为生产资金形态。

随着产品制成和验收入库,资金又从生产资金形态转化为成品资金形态。

销售过程是企业将自己生产出来的产品作为商品投放市场,获得货币资金的过程。在销售过程中,企业将产品销售给购买单位,要收取货款,这时成品资金又转化为货币资金。同时,企业又要支付包装、运输、广告等销售费用,还要根据税法的规定缴纳各种税金。

企业除进行产品生产以外,还会发生一些其他经营业务,如对外进行短期和长期投资等,也会取得收入和支付费用。

将企业一定期间所取得的全部收入与全部费用支出相抵后的差额,即为企业的财务成果(利润或亏损)。对于实现的利润,应按国家规定的分配程序进行分配;对于发生的亏损,还要进行弥补。在企业交纳所得税后,一部分作为留存收益形成盈余公积,继续参与资金的循环与周转;另一部分则按投资比例分配给企业的投资者,资金退出企业。

因此,资金筹集业务、生产准备业务、产品生产业务、产品销售业务以及财务成果的形成和分配业务,共同构成工业企业的主要经济业务。

为了全面、连续、系统地反映和监督以上企业的主要经济业务,在会计工作中必须设置一系列账户,并运用借贷记账法,进行账务处理。下面我们将分节研究各类主要经济业务的核算及相关成本的计算问题。

第二节　资金筹集业务的核算

一、资金筹集业务核算的内容

资金是企业生存和发展的前提,资金筹集是企业资金运动的起点。企业筹集资金的渠道主要有两方面,一是企业所有者投入的资金,它形成企业的永久性资本,所有者承担企业经营过程中可能遇到的风险,同时享受经营收益,这部分资金形成企业的所有者权益,通常称之为实收资本(或股本);二是企业向债权人借入的资金,其有明确的还本付息期限,并受法律保护,这部分资金构成企业的负债。

二、投入资本的核算

《中华人民共和国公司法》规定,设立企业必须有法定资本。它是保证企业正常经营的必要条件。投入资本是由投资者认缴的,经工商行政管理部门核准的投资总额,它是企业所有者权益的基本组成部分。企业的投入资本按照投资主体不同,可分为国家投入资本、法人投入资本、个人投入资本和外商投入资本四种;按照投入资本的不同物质形态,可分为货币投资、实物投资、证券投资和无形资产投资等。

投入资本应按实际投资数额入账。以货币资金投资的,应按实际收到的款项确定;以非货币财产作价投资的,应当按照投资合同或协议约定的价值确定。投资者按照出资比例或者合同、章程的规定,分享企业的利润并承担风险及亏损。

投资者投入的资本应当保全,除法律、法规另有规定者外,不得抽回。

企业在生产经营过程中所取得的收入和收益、所发生的费用和损失,不得直接增减投入资本。

1.投入资本核算的账户设置

为了核算投资者投入资本的增减变动及其结余情况,应设置"实收资本"账户(股份有限公司设置"股本"账户)。"实收资本"账户属于所有者权益类账户,其贷方登记所有者投入资本的增加额;借方登记投入资本的减少额。但是,由于所有者的投资是一种永久性资本,所以借方一般很少有发生额;期末余额在贷方,表示期末投入资本的实有数。本账户可按投资者进行明细核算。"实收资本"账户的结构如图4-1所示。

借方	实收资本(股本)	贷方
投入资本的减少	收到投资者投入资本	
	余额:期末投入资本的实有数额	

图4-1 "实收资本"账户的结构

2.投入资本的总分类核算

【例4-1】 企业收到国家投入资本200000元,款项存入银行。

这项经济业务的发生,引起资产和所有者权益两个会计要素发生变化。一方面使企业的银行存款增加200000元,另一方面使国家对企业的投入资本也增加200000元。因此,这项经济业务涉及"银行存款"和"实收资本"两个账户。银行存款的增加是资产的增加,应记入"银行存款"账户的借方;国家对企业投资的增加是所有者权益的增加,应记入"实收资本"账户的贷方。这项经济业务应编制如下会计分录:

借:银行存款   200000
  贷:实收资本   200000

【例4-2】 企业收到东方公司投入全新设备一套,价值100000元(未提供增值税专用发票)。

这项经济业务的发生,引起资产和所有者权益两个会计要素发生变化。一方面使企业的固定资产原值增加100000元,另一方面使东方公司对企业的投入资本也增加100000元。因此,这项经济业务涉及"固定资产"和"实收资本"两个账户。固定资产的增加是资产的增加,应记入"固定资产"账户的借方;东方公司对企业投资的增加是所有者权益的增加,应记入"实收资本"账户的贷方。这项经济业务应编制如下会计分录:

借:固定资产   100000
  贷:实收资本   100000

【例4-3】 江南公司以一项专利权对企业进行投资,经评估,该项专利权价值为80000元。

这项经济业务的发生,引起资产和所有者权益两个会计要素发生变化。一方面使企业的无形资产增加80000元,另一方面使江南公司对企业的投入资本也增加80000元。因此,这项经济业务涉及"无形资产"和"实收资本"两个账户。无形资产的增加是资产的增加,应记入"无形资产"账户的借方;江南公司对企业投资的增加是所有者权益的增加,应记入"实收资本"账户的贷方。这项经济业务应编制如下会计分录:

借:无形资产   80000
  贷:实收资本   80000

三、短期借款的核算

企业在生产经营过程中,由于多种原因,经常需要向银行或其他非银行金融机构借款,以补充资金的不足。偿还期限在一年以下(含一年)的各种借款为短期借款;偿还期限在一年以上的各种借款为长期借款。企业借入的各种款项必须按照规定用途使用,按期还本付息。在这里,我们主要介绍短期借款的核算问题。

1. 短期借款核算的账户设置

为了反映和监督短期借款的取得、归还和结欠情况,应设置"短期借款"账户。该账户属于流动负债账户,其贷方登记企业借入的短期借款数额,借方登记企业归还的短期借款数额,期末余额在贷方,表示期末尚未归还的短期借款。本账户可按借款种类、贷款人和币种进行明细核算。"短期借款"账户的结构如图 4-2 所示。

借方	短期借款	贷方
归还的短期借款	借入的短期借款数额	
	余额:期末尚未归还的短期借款	

图 4-2　"短期借款"账户的结构

2. 短期借款的总分类核算

【例 4-4】　由于季节性资金需求,企业向银行借入期限为 3 个月、年利率为 7.8% 的短期借款 50000 元,所得款项存入银行。

这项经济业务的发生,引起资产和负债两个会计要素发生变化。一方面使企业的银行存款增加 50000 元,另一方面使企业的短期借款也增加 50000 元。因此,这项经济业务涉及"银行存款"和"短期借款"两个账户。银行存款的增加是资产的增加,应记入"银行存款"账户的借方;短期借款的增加是负债的增加,应记入"短期借款"账户的贷方。这项经济业务应编制如下会计分录:

借:银行存款　　　　　　　　　　　　　50000
　贷:短期借款　　　　　　　　　　　　　50000

上述有关资金筹集业务的会计分录登记总账结果如图 4-3 所示。

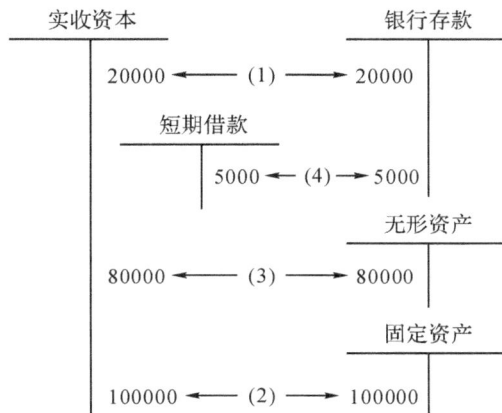

图 4-3　筹资业务流程

第三节   生产准备业务的核算

一、生产准备业务核算的主要内容

供应过程是工业企业经营过程的第一个阶段,是生产的准备阶段。为了进行产品生产,企业必须建造厂房等建筑物,购置机器设备并进行材料采购。因此,生产准备业务核算的主要内容如下:

(1)固定资产购入业务的核算,包括不需安装的固定资产的核算和需要安装的固定资产的核算。

(2)材料采购业务的核算,包括:①遵照经济合同和结算制度的规定,与供应单位进行货款结算,支付材料买价和各种采购费用;②核算购入材料应交增值税进项税额;③计算材料采购成本并结转入库材料成本。

二、固定资产购入业务的核算

固定资产,是指同时具有下列特征的有形资产:①为生产商品、提供劳务、出租或经营管理而持有的;②使用寿命超过一个会计年度。固定资产应按取得时的实际成本(即原始价值)入账。固定资产的实际成本是指为购建某项固定资产达到预定可使用状态前所发生的一切合理、必要的支出,包括买价、运杂费、包装费、安装成本和税金及其他支出等。

1. 固定资产购入业务核算的账户设置

为了反映和监督企业固定资产原值的增减变动和结存情况,应设置"固定资产"账户。该账户属于资产类账户,其借方登记固定资产原值的增加数额;贷方登记企业固定资产原值的减少数额;期末余额在借方,表示企业现有固定资产的原值。该账户可按固定资产的类别进行明细核算。"固定资产"账户的结构如图4-4所示。

借方	固定资产	贷方
增加的固定资产原值		减少的固定资产原值
余额:期末现有固定资产原值		

图 4-4   "固定资产"账户的结构

2. 固定资产购入业务的总分类核算

(1)购入不需要安装的固定资产的核算

购入不需要安装的固定资产,应按实际支付的买价以及使固定资产达到预定可使用状态前所发生的可归属于该项资产的运输费、装卸费和专业人员服务费等,作为固定资产成本,借记"固定资产"账户,按取得的增值税扣税凭证上注明的增值税税额或者依据增值税扣税凭证计算的增值税税额计入"应交税费——应交增值税(进项税额)"账户的借方,按实际支付或应付金额,贷记"银行存款"等账户。

【例 4-5】　企业购入一台不需要安装的设备,价款 30000 元,增值税专用发票上注明进项税额 5100 元,运杂费 6000 元,全部价款已用银行存款支付。

这项经济业务的发生,一方面使企业的固定资产增加 36000 元,增值税进项税额增加 5100 元,另一方面使企业的银行存款减少 41100 元。因此,这项经济业务涉及"固定资产"、"应交税费——应交增值税(进项税额)"和"银行存款"三个账户。固定资产的增加是资产的增加,应记入"固定资产"账户的借方;增值税进项税额增加是负债的减少,应记入"应交税费——应交增值税(进项税额)"账户的借方;银行存款的减少是资产的减少,应记入"银行存款"账户的贷方。这项经济业务应编制如下会计分录:

借:固定资产　　　　　　　　　　　　　　36000
　应交税费——应交增值税(进项税额)　　　5100
　贷:银行存款　　　　　　　　　　　　　41100

(2)购入需要安装的固定资产的核算

企业购入需要安装的固定资产时,应按购进时支付的买价、包装费、运输费、保险费等,借记"在建工程"账户,按增值税专用发票注明的进项税额借记"应交税费——应交增值税(进项税额)"账户,按实际支付或应付金额,贷记"银行存款"等账户;支付安装费用时,借记"在建工程"账户,贷记"原材料"、"应付职工薪酬"等账户;在安装完交付使用时,再按其全部成本即原始价值,借记"固定资产"账户,贷记"在建工程"账户。

【例 4-6】　企业购入需要安装的设备一台,以银行存款支付买价 20000 元,增值税进项税额 3400 元,运杂费 4000 元。在安装过程中,领用原材料 500 元,耗用人工 100 元。安装完毕,经验收合格,交付生产使用。

这项经济业务包括:

①固定资产的购入。这项经济业务的发生,一方面使企业的在建工程增加 24000 元,增值税进项税额增加 3400 元,另一方面使企业的银行存款减少 27400 元。因此,这项经济业务涉及"在建工程"、"应交税费——应交增值税(进项税额)"、"银行存款"三个账户。在建工程的增加是资产的增加,应记入"在建工程"账户的借方;增值税进项税额的增加是负债的减少,应记入"应交税费——应交增值税(进项税额)"账户的借方;银行存款的减少是资产的减少,应记入"银行存款"账户的贷方。这项经济业务应编制如下会计分录:

借:在建工程　　　　　　　　　　　　　　24000
　应交税费——应交增值税(进项税额)　　　3400
　贷:银行存款　　　　　　　　　　　　　27400

②固定资产的安装。这项经济业务的发生,一方面使企业的在建工程增加 600 元,另一方面使企业的库存材料减少 500 元,应付职工薪酬增加 100 元;交付使用时,一方面使企业的固定资产增加 24600 元,另一方面企业的在建工程减少 24600 元;因此,这项经济业务涉及"在建工程"、"原材料"和"应付职工薪酬"三个账户。在建工程的增加是资产的增加,应记入"在建工程"账户的借方;原材料的减少是资产的减少,应记入"原材料"账户的贷方;应付职工薪酬的增加是负债的增加,应记入"应付职工薪酬"账户的贷方。这项经济业务应编制如下会计分录:

借:在建工程   600
　贷:原材料   500
　　应付职工薪酬   100

③固定资产交付使用。这项经济业务的发生,一方面使企业的固定资产增加24600元,另一方面使企业的在建工程减少24600元。因此,这项经济业务涉及"在建工程"、"固定资产"两个账户。固定资产的增加是资产的增加,应记入"固定资产"账户的借方;在建工程的减少是资产的减少,应记入"在建工程"账户的贷方。这项经济业务应编制如下会计分录:

借:固定资产   24600
　贷:在建工程   24600

上述有关固定资产的购入和安装业务的会计分录登记总账结果如图4-5所示。

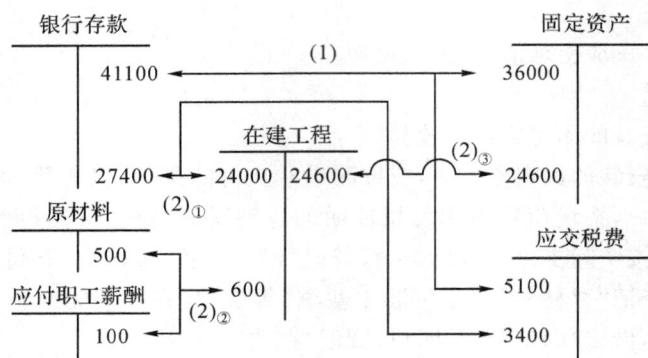

图4-5　固定资产购置业务流程

三、材料采购业务的核算

供应过程的主要经济活动是以货币资金采购原材料,作为生产的储备,以保证生产的需要。在原材料的采购过程中,企业一方面从供应单位购进材料物资,另一方面必须按照购货合同和其他有关规定确定支付原材料的价税款和各种采购费用,包括原材料的买价,增值税进项税额,采购过程中发生的运输费、装卸费、包装费、储存保险费和入库前的挑选整理费以及其他费用。企业购进的原材料,经验收入库后,即为可供生产领用的库存材料。原材料的买价加上采购费用,构成原材料的采购成本。

1. 材料采购业务的账户设置

为了反映和监督原材料的采购业务,加强采购业务的管理,确定材料采购成本,需要设置以下账户:

(1)"材料采购"账户。该账户是资产类账户,用以核算企业外购材料的买价和采购费用,计算确定材料实际采购成本的账户。其借方登记购入原材料的买价和采购费用;贷方登记已验收入库按实际采购成本转入"原材料"账户借方的数额;期末如有余额在借方,反映期末尚未到达或尚未验收入库的在途材料的实际成本。该账户可按供应单位和材料品种进行明细核算。"材料采购"账户的结构如图4-6所示。

借方	材料采购	贷方
购入材料物资的买价和采购费用	验收入库材料物资的实际成本	
余额：期末在途材料的实际成本		

图 4-6 "材料采购"账户的结构

（2）"原材料"账户。该账户是用来核算企业库存材料的收入、发出和结存情况的账户。该账户属于资产类账户，其借方登记已验收入库材料的实际采购成本；贷方登记发出材料的实际成本；期末余额在借方，表示库存材料的实际成本。该账户可按照材料的保管地点和材料的类别、品种、规格等进行明细核算。"原材料"账户的结构如图 4-7 所示。

借方	原材料	贷方
验收入库材料的实际采购成本	发出材料的实际成本	
余额：期末库存材料的实际成本		

图 4-7 "原材料"账户的结构

（3）"应付账款"账户。该账户是用来核算企业因购买材料、物资和接受劳务等经营活动而应支付给供应单位款项的账户。该账户属于负债类账户，其贷方登记应付而未付的数额；借方登记实际归还的数额；期末余额一般在贷方，表示期末尚未归还给供应单位款项的数额。该账户可按债权人进行明细核算。"应付账款"账户的结构如图 4-8 所示。

借方	应付账款	贷方
本期归还的应付款	本期增加的应付账款	
	余额：期末尚未归还的应付账款	

图 4-8 "应付账款"账户的结构

（4）"应付票据"账户。当企业购买材料、物资是采用商业汇票（商业承兑汇票或银行承兑汇票）结算方式来结算供应单位货款时，应相应地开设"应付票据"账户，用来反映和监督与供应单位结算债务的情况。该账户属于负债类账户，企业开出商业汇票时，记入该账户的贷方；偿还到期的应付票据时，记入该账户的借方；期末如有余额在贷方，表示期末尚未到期的商业汇票的票面金额。该账户可按债权人进行明细核算。"应付票据"账户的结构如图 4-9 所示。

借方	应付票据	贷方
本期偿付的应付票据	本期增加的应付票据	
	余额：期末尚未到期的应付票据	

图 4-9 "应付票据"账户的结构

（5）"预付账款"账户。该账户用来核算企业按购货合同预付给供应单位的货款及其结算情况。该账户属于资产类账户，其借方登记预付或补付的预付账款的金额；贷方登记所购货物金额及退回多付货款的金额；期末余额一般在借方，表示尚未结算的预付款项。该账户可按供货单位进行明细核算。"预付账款"账户的结构如图4-10所示。

借方	预付账款	贷方
向供应单位预付的货款及补付的货款	核销的预付货款及退回多付的货款	
	余额：期末尚未结算的预付货款	

图4-10 "预付账款"账户的结构

（6）"应交税费"账户。该账户是用来核算企业应交和实交税金增减变动情况的账户，主要包括增值税、消费税、营业税、所得税、资源税、土地增值税、城市维护建设税、房产税、土地使用税、车船使用税、教育费附加、矿产资源补偿费等税费，以及在上缴国家之前由企业代扣代缴的个人所得税等。该账户属于负债类账户，其借方登记实际交纳的税费；贷方登记应交纳的各种税费；期末余额在贷方，表示企业尚未交纳的税费；期末余额在借方，表示多交或尚未抵扣的税费。该账户可按应交的税费项目进行明细核算。"应交税费——应交增值税"账户是用来反映和监督企业应交和实交增值税结算情况的账户，企业购买材料物资时交纳的增值税进项税额记入该账户的借方；企业销售产品时向购买单位收取的增值税销项税额记入该账户的贷方。"应交税费"账户的结构如图4-11所示。

借方	应交税费	贷方
实际交纳的各种税费	应交纳的各种税费	
余额：多交或尚未抵扣的税费	余额：期末尚未交纳的税费	

图4-11 "应交税费"账户的结构

2.材料采购业务的总分类核算

【例4-7】 企业从光华公司购入甲材料一批，买价总计50000元，增值税进项税额为8500元。材料已经收到并验收入库，价税款已通过银行支付，另以现金支付运杂费200元。

这项经济业务的发生，一方面使材料采购支出增加58700元，其中材料买价50000元，运杂费200元，增值税进项税额8500元；另一方面使企业银行存款减少58500元，现金减少200元。因此，这项经济业务涉及"材料采购"、"应交税费——应交增值税"、"现金"和"银行存款"四个账户。材料价款支出记入"材料采购"账户的借方，增值税进项税额记入"应交税费——应交增值税"账户的借方，现金和银行存款的减少分别记入"现金"和"银行存款"账户的贷方。此项经济业务应编制如下会计分录：

借：材料采购   50200

  应交税费——应交增值税（进项税额） 8500

  贷：银行存款   58500

    库存现金   200

基础会计学

【例 4-8】　企业向新华公司购入甲材料 100 千克,单价 180 元,乙材料 200 千克,单价 100 元。购入两种材料的运杂费 600 元,增值税进项税额 6460 元。材料已运达企业,并已验收入库,款项均未支付。

这项经济业务的发生,一方面使材料采购支出增加 45060 元,其中材料买价 38000 元,增值税进项税额 6460 元,采购费用 600 元;另一方面使企业应付账款增加 45060 元。因此,这项经济业务涉及"材料采购"、"应交税费——应交增值税"和"应付账款"三个账户。材料价款支出和运杂费记入"材料采购"账户的借方,增值税进项税额记入"应交税费——应交增值税"账户的借方,应付账款的增加记入"应付账款"账户的贷方。此项经济业务应编制如下会计分录:

借:材料采购　　　　　　　　　　　　　　　　　38600
　　应交税费——应交增值税(进项税额)　　　　　6460
　　贷:应付账款　　　　　　　　　　　　　　　　　45060

【例 4-9】　企业以银行存款偿付前欠新华公司购货款 45060 元。

这项经济业务的发生,一方面使企业应付账款减少 45060 元;另一方面使企业银行存款减少 45060 元。因此,这项经济业务涉及"应付账款"和"银行存款"两个账户。应付账款的减少记入"应付账款"账户的借方,银行存款的减少记入"银行存款"账户的贷方。此项经济业务应编制如下会计分录:

借:应付账款　　　　　　　　　　　　　　　　　45060
　　贷:银行存款　　　　　　　　　　　　　　　　　45060

【例 4-10】　企业以银行存款预付华兴工厂购丙材料款 30000 元。

这项经济业务的发生,一方面使企业预付账款增加 30000 元,另一方面使银行存款减少 30000 元。因此,这项经济业务涉及"预付账款"和"银行存款"两个账户。预付账款的增加应记入"预付账款"账户的借方;银行存款的减少应记入"银行存款"账户的贷方。此项经济业务应编制如下会计分录:

借:预付账款　　　　　　　　　　　　　　　　　30000
　　贷:银行存款　　　　　　　　　　　　　　　　　30000

【例 4-11】　企业从长江工厂购买丁材料 4000 千克,单价 1.00 元,增值税进项税额 680 元,企业开出并承兑三个月的商业承兑汇票一张,但材料尚未运达企业。

这项经济业务的发生,一方面使材料采购支出增加 4680 元,其中材料买价 4000 元,增值税进项税额 680 元;另一方面使企业应付票据款增加 4680 元。因此,这项经济业务涉及"材料采购"、"应交税费——应交增值税"和"应付票据"三个账户。材料价款支出记入"材料采购"账户的借方,增值税进项税额记入"应交税费——应交增值税"账户的借方,应付票据的增加记入"应付票据"账户的贷方。此项经济业务应编制如下会计分录:

借:材料采购　　　　　　　　　　　　　　　　　4000
　　应交税费——应交增值税(进项税额)　　　　　680
　　贷:应付票据　　　　　　　　　　　　　　　　　4680

【例 4-12】　企业收到华兴工厂发来的、预付货款的丙材料,并验收入库。该批材料的买价 30000 元,运杂费 400 元,增值税进项税额 5100 元,不足货款以银行存款支付。

这项经济业务的发生,一方面使材料采购支出增加 35500 元,其中材料买价 30000 元,运杂费 400 元,增值税进项税额 5100 元;另一方面除冲销原预付账款 30000 元外,同时不足货款以银行存款补付 5500 元。因此,这项经济业务涉及"材料采购"、"应交税费——应交增值税"、"预付账款"和"银行存款"四个账户。材料价款和运杂费支出记入"材料采购"账户的借方,增值税进项税额记入"应交税费——应交增值税"账户的借方,预付账款的减少记入"预付账款"账户的贷方,银行存款的减少记入"银行存款"账户的贷方。此项经济业务应编制如下会计分录:

　　借:材料采购　　　　　　　　　　　　　　　30400
　　　应交税费——应交增值税(进项税额)　　　5100
　　　贷:预付账款　　　　　　　　　　　　　　30000
　　　　银行存款　　　　　　　　　　　　　　 5500

【例 4-13】　上述甲、乙、丙三种材料已采购完成,结转其实际采购成本。

已验收入库材料的实际采购成本 = 50200 + 38600 + 30400 = 119200(元)

尚未运达企业的在途材料的采购成本为 4000 元。

这项经济业务的发生,一方面使库存材料增加 119200 元,另一方面使企业材料采购成本减少 119200 元。因此,这项经济业务涉及"原材料"和"材料采购"两个账户。库存材料的增加应记入"原材料"账户的借方,材料采购成本的减少应记入"材料采购"账户的贷方。此项经济业务应编制如下会计分录:

　　借:原材料　　　　　　　　　　　　　　　　119200
　　　贷:材料采购　　　　　　　　　　　　　　119200

上述有关材料采购业务的会计分录登记总账的结果如图 4-12 所示。

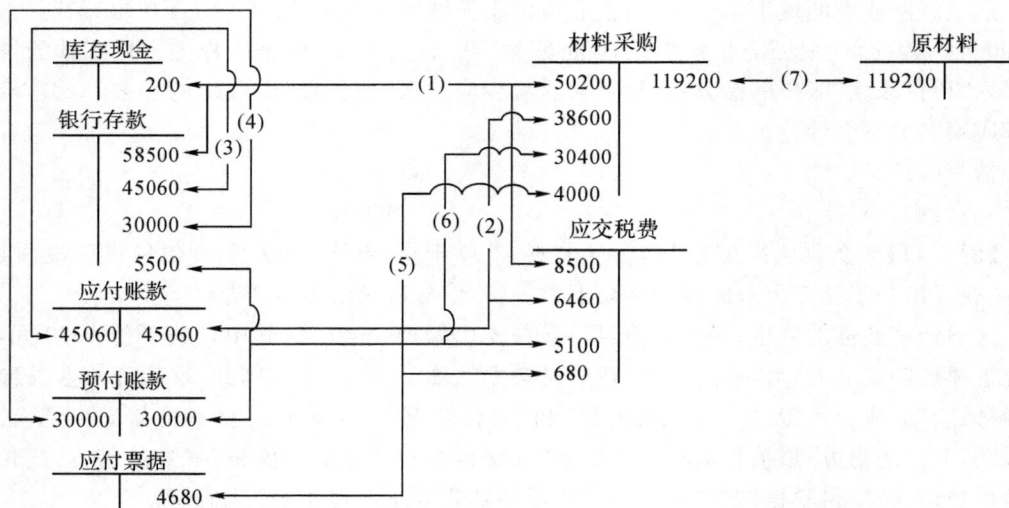

图 4-12　材料采购业务流程

四、材料采购成本的确定与计算

1.材料采购成本的确定

材料采购的实际成本一般包括以下几个方面的内容：

(1)买价。是指进货发票账单上所开列的货款金额。

(2)运杂费。包括由供应单位运至企业所在地的运输费、装卸费、包装费、保险费和仓储费等。

(3)运输途中的合理损耗。

(4)入库前的挑选整理费用。

上述材料采购实际成本的构成内容中，买价、运杂费、运输途中的合理损耗和入库前的挑选整理费用，称为材料的采购费用。因此，材料的实际采购成本，也可以说由买价和采购费用构成。

2.材料采购成本的计算

材料采购成本的计算就是将企业采购材料所支付的买价和采购费用，按照购入材料的品种和类别加以归类，计算各种材料的采购总成本和单位成本。

一般而言，上述费用中，凡是能够分清是为哪种材料的采购所支付的费用，应直接计入该种材料的采购成本；凡是不能分清应由哪种材料负担的费用，应采用合理的分配标准，分配之后记入各种材料的采购成本，如为采购多种材料所支付的运输费用，可以各种材料的重量或买价比例，分配之后计入各种材料的采购成本。计算公式如下：

采购费用分配率＝采购费用总金额÷分配标准总额

某种材料应分配的采购费用＝该种材料的分配标准数×采购费用分配率

现以前述供应过程的总分类核算业务为例，说明材料采购成本的计算方法。根据例4-8，企业向新华公司购入甲、乙两种材料，材料的买价可以直接计入甲、乙两种材料的采购成本；支付的运杂费600元，需要采用适当的标准，分配计入甲、乙两种材料的采购成本中。假定按重量比例进行分配，则：

(1)计算材料采购费用分配率，即计算采购每千克材料应负担的采购费用。

费用分配率＝600/(100＋200)＝2(元/千克)

(2)确定各种材料应分配的采购费用，编制采购费用分配表。

甲材料应分配的运杂费＝100×2＝200(元)

乙材料应分配的运杂费＝200×2＝400(元)

编制材料费用分配表如表 4-1 所示。

表 4-1　材料采购费用分配表　　　　　　　　　　　单位:元

材料名称	分配标准(千克)	分配率	分配金额
甲材料	100	2	200
乙材料	200	2	400
合　计	300		600

根据材料采购费用分配表，登记甲、乙两种材料明细账。

材料采购总成本和单位成本的计算,是根据"材料采购"明细分类账的记录,通过编制成本计算单来完成的。材料采购成本计算单的格式及编制方法,如表 4-2 所示。

表 4-2　材料采购成本计算单　　　　　　　　　　　　　单位:元

项　目	甲材料		乙材料	
	总成本(100 千克)	单位成本	总成本(200 千克)	单位成本
买　价	18000	180	20000	200
运杂费	200	2	400	2
合　计	18200	182	20400	202

第四节　产品生产业务的核算

一、产品生产业务核算的主要内容

生产过程是制造业最具特色的阶段,是企业生产经营过程的中心环节,是从投入材料到产品完工并验收入库的全过程。在这一过程中,一方面劳动者借助于劳动资料对劳动对象进行加工制造,生产出可供销售的产品;另一方面同为生产产品,必然要发生各种耗费。工业企业在一定时期内为生产产品而发生的各种耗费,称为生产费用。生产费用是为生产产品而发生的,应当先进行归集,然后再计入产品制造成本中去。企业为生产一定种类和数量的产品所发生的生产费用的总和就构成了产品的生产成本,即产品的制造成本。因此,产品生产业务核算的主要内容应为:①核算企业材料的领用情况;②核算企业职工工资及福利费的计提情况;③核算固定资产的折旧费和其他制造费用;④计算产品的生产成本并结转产成品生产成本。

二、产品生产业务核算应设置的主要账户

为了记录和反映生产过程中发生的各种费用,计算产品的制造成本,应设置以下账户。

1."生产成本"账户

"生产成本"账户是用来归集生产过程中所发生的应计入产品制造成本的全部费用,并计算确定产品实际制造成本的账户。该账户属于成本类账户,借方登记产品生产过程中发生的全部生产费用;贷方登记已完工并验收入库产品的实际生产成本;期末余额在借方,表示尚未完工的在产品的实际成本。该账户可按照基本生产成本产品和辅助生产成本产品的种类进行明细核算。"生产成本"账户的结构如图 4-13 所示。

借方	生产成本	贷方
为生产产品所发生的各种费用，包括直接材料、直接人工和分配的制造费用	完工入库产品的生产成本	
余额：期末在产品成本		

图 4-13 "生产成本"账户的结构

2．"制造费用"账户

"制造费用"账户是用来归集和分配企业为生产产品和提供劳务而发生的各项间接费用的账户。该账户属于成本类账户，借方登记企业为生产产品和提供劳务而发生的各项间接费用，包括车间管理人员的工资和福利费、机器设备及车间厂房等固定资产的折旧费和修理费、车间办公费、机器物料消耗、劳动保护费、季节性和修理期间的停工损失以及其他不能直接计入产品生产成本的生产费用；贷方登记分配转入生产成本账户借方，由各种产品负担的制造费用的数额；该账户期末一般无余额。该账户应按车间、部门和费用项目进行明细核算。"制造费用"账户的结构如图 4-14 所示。

借方	制造费用	贷方
本期发生的各种制造费用	分配计入各种产品生产成本转入"生产成本"账户借方的制造费用	

图 4-14 "制造费用"账户的结构

3．"应付职工薪酬"账户

"应付职工薪酬"账户是用来核算企业根据有关规定应付给职工的各种薪酬的提取、结算、使用等情况的账户。该账户属于负债类账户，其贷方登记已分配计入有关成本费用项目的职工薪酬的数额；借方登记企业实际发放职工薪酬的数额。期末贷方余额表示应付未付的职工薪酬。该账户可按"工资"、"职工福利"、"社会保险费"、"住房公积金"、"工会经费"、"职工教育经费"、"非货币性福利"、"辞退福利"、"股份支付"等进行明细核算。"应付职工薪酬"账户的结构如图 4-15 所示。

借方	应付职工薪酬	贷方
本期实际发放职工薪酬的数额	本期已分配计入有关成本费用项目的职工薪酬的数额	
	余额：应付未付的职工薪酬	

图 4-15 "应付职工薪酬"账户的结构

4．"累计折旧"账户

"累计折旧"账户是"固定资产"账户的抵减账户，用来核算固定资产因损耗而减少的价值。固定资产在使用过程中，虽然能够始终保持原有的实物形态，但其价值在逐渐损耗。因此，会计核算中，不仅要设置"固定资产"账户反映固定资产的原始价值，同时还要设置累计折旧账户来反映固定资产价值的耗损。固定资产因损耗而转移到成本费用中的那一部分价值，叫作固定资产折旧。固定资产折旧应按固定资产的原始价值和核定的折旧率按月计算,并计入间接费用或期间费用。该账户属于资产类账户,其贷方登记计提的固定资产的折旧额;借方登记因出售、报废和毁损的固定资产而相应减少的折旧额;期末余额在贷方,表示现有固定资产的累计折旧额。将"累计折旧"账户的贷方余额抵减"固定资产"账户的借方余额,即可求得固定资产的净值。"累计折旧"账户的结构如图 4-16 所示。

借方	累计折旧	贷方
固定资产折旧的减少额	固定资产折旧的增加额	
	余额:现有固定资产的累计折旧	

图 4-16 "累计折旧"账户的结构

5."库存商品"账户

"库存商品"账户是用来核算企业生产完工并验收入库的,可供销售的产成品的收入、发出和结存情况。该账户属于资产类账户,其借方登记已完工验收入库的各种产品的实际生产成本;贷方登记发出各种产品的实际生产成本;期末余额在借方,表示期末库存产品的实际生产成本。该账户可按库存商品的种类、品种和规格进行明细核算。"库存商品"账户的结构如图 4-17 所示。

借方	库存商品	贷方
完工入库产品的实际生产成本	发出产品的实际成本	
余额:期末库存产品的实际成本		

图 4-17 "库存商品"账户的结构

三、产品生产业务的总分类核算

【例 4-14】 根据本月领料单汇总表,仓库发出的材料及用途如表 4-3 所示。

表 4-3 材料耗用汇总表

项 目	A 材料		B 材料		C 材料		合 计
	数量（千克）	金额（元）	数量（千克）	金额（元）	数量（千克）	金额（元）	
生产耗用	1600	16000	5000	2500	200	1000	19500
其中:甲产品	1000	10000	3000	1500	160	800	12300
乙产品	600	6000	2000	1000	40	200	7200
车间一般耗用			1000	500	100	500	1000
合 计	1600	16000	6000	3000	300	1500	20500

这项经济业务的发生,一方面使企业库存材料减少 20500 元,另一方面使成本费用增加 20500 元,其中,直接用于生产甲、乙产品的直接费用为 19500 元,应记入产品的生产成本;用于车间一般耗用的间接费用为 1000 元,应记入制造费用。因此,这项经济业务涉及"原材料"、"生产成本"和"制造费用"三个账户。原材料的减少是资产的减少,应记入"原材料"账户的贷方;生产耗用和车间一般耗用的增加,是成本的增加,应分别记入"生产成本"和"制

造费用"的借方。此项经济业务应编制如下会计分录：

借：生产成本　　　　　　　　　　　　　　　19500
　　制造费用　　　　　　　　　　　　　　　1000
　　贷：原材料　　　　　　　　　　　　　　20500

【例 4-15】　月末，结算本月应付职工的工资 15000 元。其中甲产品生产人员的工资 8000 元，乙产品生产人员的工资 5000 元，车间管理人员工资 2000 元。

这项经济业务的发生，一方面使企业应付职工薪酬增加 15000 元，另一方面使成本费用增加 15000 元，其中，生产工人的工资 13000 元，应记入产品的生产成本；车间管理人员的工资为 2000 元，应记入制造费用。因此，这项经济业务涉及"应付职工薪酬"、"生产成本"和"制造费用"三个账户。应付职工薪酬的增加是负债的增加，应记入"应付职工薪酬"账户的贷方；工资费用的增加是成本的增加，应分别记入"生产成本"和"制造费用"的借方。此项经济业务应编制如下会计分录：

借：生产成本　　　　　　　　　　　　　　　13000
　　制造费用　　　　　　　　　　　　　　　2000
　　贷：应付职工薪酬　　　　　　　　　　　15000

【例 4-16】　从银行提取现金 15000 元，准备发放工资。

这项经济业务的发生，一方面使企业现金增加 15000 元，另一方面使企业银行存款减少 15000 元。因此，这项经济业务涉及"库存现金"和"银行存款"两个账户。现金的增加是资产的增加，应记入"库存现金"账户的借方；银行存款的减少是资产的减少，应记入"银行存款"账户的贷方。此项经济业务应编制如下会计分录：

借：库存现金　　　　　　　　　　　　　　　15000
　　贷：银行存款　　　　　　　　　　　　　15000

【例 4-17】　以现金发放职工工资 15000 元。

这项经济业务的发生，一方面使企业现金减少 15000 元，另一方面使应付职工薪酬减少 15000 元。因此，这项经济业务涉及"库存现金"和"应付职工薪酬"两个账户。现金的减少是资产的减少，应记入"库存现金"账户的贷方；应付职工薪酬的减少是负债的减少，应记入"应付职工薪酬"账户的借方。此项经济业务应编制如下会计分录：

借：应付职工薪酬　　　　　　　　　　　　　15000
　　贷：库存现金　　　　　　　　　　　　　15000

【例 4-18】　按工资总额的 14% 计提职工福利费。

这项经济业务的发生，一方面使企业应付福利费增加 2100 元，另一方面使企业生产费用增加 2100 元，其中，按生产工人工资总额计提的职工福利费 1820 元，应计入产品的生产成本，按车间管理人员的工资总额计提的福利费 280 元，应计入制造费用。因此，这项经济业务涉及"生产成本"、"制造费用"和"应付职工薪酬"三个账户。应付福利费的增加是负债的增加，应记入"应付职工薪酬"账户的贷方；生产费用的增加是成本的增加，应分别记入"生产成本"和"制造费用"的借方。此项经济业务应编制如下会计分录：

借：生产成本　　　　　　　　　　　　　　　1820
　　制造费用　　　　　　　　　　　　　　　280
　　贷：应付职工薪酬　　　　　　　　　　　2100

【例 4-19】 计提本月生产部门使用的固定资产折旧 1000 元。

这项经济业务的发生，一方面使企业生产费用中的折旧费增加 1000 元，另一方面使企业生产用固定资产的价值因损耗而减少 1000 元，也就是累计折旧增加 1000 元。这项经济业务涉及"制造费用"和"累计折旧"两个账户。累计折旧的增加实际是固定资产价值的减少，应记入"累计折旧"账户的贷方；折旧费用的增加是间接生产费用的增加，应记入"制造费用"账户的借方。此项经济业务应编制如下会计分录：

  借：制造费用   1000

    贷：累计折旧   1000

【例 4-20】 以银行存款支付车间办公费、水电费 1360 元。

这项经济业务的发生，一方面使企业制造费用增加 1360 元，另一方面使企业银行存款减少 1360 元。因此，这项经济业务涉及"制造费用"和"银行存款"两个账户。制造费用的增加是生产费用的增加，应记入"制造费用"账户的借方；银行存款的减少是资产的减少，应记入"银行存款"账户的贷方。此项经济业务应编制如下会计分录：

  借：制造费用   1360

    贷：银行存款   1360

【例 4-21】 将本月发生的制造费用 5640 元全部分配转入甲、乙两种产品的生产成本。

这项经济业务的发生，一方面使企业产品生产成本增加 5640 元，另一方面使企业制造费用减少 5640 元。因此，这项经济业务涉及"生产成本"和"制造费用"两个账户。生产成本的增加应记入"生产成本"账户的借方；制造费用的减少应记入"制造费用"账户的贷方。此项经济业务应编制如下会计分录：

  借：生产成本   5640

    贷：制造费用   5640

【例 4-22】 本月甲产品 100 件全部生产完工，并已验收入库，其实际生产成本共计 24890.77 元；乙产品尚未完工。结转已完工入库的甲产品实际生产成本。

这项经济业务的发生，一方面使企业产品生产成本减少 24890.77 元，另一方面使企业库存产成品增加 24890.77 元。因此，这项经济业务涉及"库存商品"和"生产成本"两个账户。库存产品成本的增加应记入"库存商品"账户的借方；生产成本的减少应记入"生产成本"账户的贷方。此项经济业务应编制如下会计分录：

  借：库存商品   24890.77

    贷：生产成本   24890.77

另外，由于乙产品尚未生产完工，因此月末"生产成本"账户的借方余额 15069.23 元为乙产品的在产品生产成本。

上述有关产品生产业务的会计分录登记总账的结果如图 4-18 所示。

原材料
20500 ← (1)

应付职工薪酬
15000 | 15000 ← (2)
2100 ← (5)

累计折旧
1000 ← (6)

银行存款
15000
1360 ← (7)

库存现金
15000 | 15000

生产成本
→ 19500 24890.77 ← (9) → 24890.77
→ 13000
→ 1820
→ 5640
(8) 15069.23

库存商品
24890.77

制造费用
1000   5640 ← (6)
2000
280
1000
1360

(4)
(3)

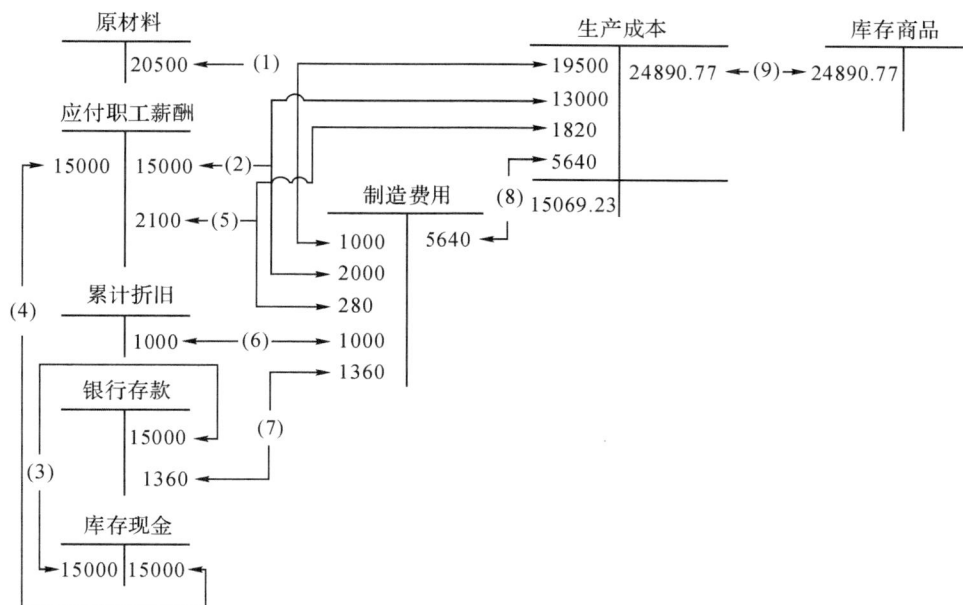

图 4-18 产品生产业务流程

四、产品生产成本的计算

产品生产成本的计算,就是将生产过程中发生的各种生产费用,按照产品的品种(即成本计算对象)和成本项目进行归集和分配,计算各种产品的总成本和单位成本。

计算产品的生产成本,一般按如下程序进行。

1.确定成本计算对象

进行成本计算,首先要确定成本计算对象。所谓成本计算对象,就是指生产费用的归属对象。成本计算对象的确定,是设置产品成本明细账、归集生产费用、正确计算产品成本的前提。

成本计算对象的确定要适应企业生产组织的特点和管理的要求,生产特点不同和管理要求不同,成本计算对象也不一样。

工业企业的生产,按照生产组织可以划分为大量生产、成批生产和单件生产三种类型。

按照工艺技术过程可以划分为单步骤生产和多步骤生产,多步骤生产又分为装配式生产和连续式生产两种类型。单步骤生产一般为大量生产,要以产品品种为成本计算对象。多步骤装配式生产有大量生产、大批生产和单件生产,属于大量大批的生产,以产品及其所经过的步骤为成本计算对象;属于单件小批的生产,以产品批别为成本计算对象。多步骤连续式生产一般为大量生产,应以产品的品种和生产步骤为成本计算对象。

根据成本计算对象不同,产品成本计算的基本方法可分为品种法、分批法和分步法三种。不同的成本计算对象又决定了不同成本计算方法的特点。但是,不论采用哪种计算方法,最终都要按照产品品种计算出产品成本,因而,品种法是产品成本计算的最基本方法。

2.按成本项目归集和分配生产费用

企业在生产过程中发生的各项费用,按其用途和产品成本的构成进行分类的项目,称为成本项目。工业企业一般应设立以下三个成本项目：

（1）直接材料，是指企业在生产产品和提供劳务过程中所消耗的直接用于产品生产并构成产品实体的原料、主要材料、外购半成品以及有助于产品形成的辅助材料。

（2）直接人工，是指企业在生产产品和提供劳务的过程中，直接参加产品生产的工人工资以及其他各种形式的职工薪酬。

（3）制造费用，是指基本生产车间为组织和管理生产活动而发生的各项间接费用。如生产车间管理人员的工资等职工薪酬、折旧费和修理费、办公费、水电费、机器物料消耗、劳动保护费、季节性和修理期间的停工损失等。

产品成本明细账就是按照上述成本项目设置专栏或专行来归集应计入各种产品的生产费用的。在只生产一种产品的企业或车间中，成本计算对象只有一个，所发生的全部生产费用都是直接计入费用，可以直接计入产品成本明细账，不存在在各种成本计算对象之间分配生产费用的问题。但在生产多种产品的企业或车间里，由于成本计算对象有多个，需要按产品的品种分别设置明细账，所发生的生产费用，凡是能够分清是为哪种产品的生产而发生的，属于直接计入费用，应直接计入该种产品成本明细账，如直接材料、直接人工；凡是为生产多种产品而共同发生的费用，属于间接计入费用，应按一定标准在这几种产品之间分配，然后计入各种产品成本明细账，如制造费用。

间接计入费用的分配方法有多种，但通常采用按照生产工人工资比例和生产工时比例进行分配。分配时，可先计算分配率，然后据以计算每种产品应分配的间接计入费用。计算公式如下：

分配率＝间接计入费用总额÷生产工人工资总额（或生产工人工时总额）

某种产品应分配的间接计入费用＝该种产品工人工资（或生产工人工时）×分配率

现以上述举例来说明制造费用的分配方法：

①计算制造费用分配率，即计算每元工资应负担的制造费用。

分配率＝5640/（8000＋5000）＝0.4338

②确定各种产品应分配的制造费用，编制制造费用分配表，如表4-4所示。

表4-4　制造费用分配表

产品名称	分配标准 （生产工人工资）	分配率	分配金额
甲产品	8000	0.4338	3470.77
乙产品	5000	0.4338	2169.23
合　计	13000		5640

根据上述举例资料，将有关甲、乙两种产品的直接费用和间接费用，记入甲、乙两种产品生产成本明细账，如表4-5和表4-6所示。

表 4-5 甲产品生产成本明细账

产品名称:甲产品

| 年 | | 凭证号数 | 摘 要 | 借 方 | | | | 贷 方 | 借或贷 | 余 额 |
月	日			直接材料	直接人工	制造费用	合 计			
		1	生产领用材料	12300			12300		借	12300
		2	生产工人工资		8000		8000		借	20300
		5	职工福利费		1120		1120		借	21420
		11	分配制造费用			3470.77	3470.77		借	25198.46
		12	结转完工产品成本					24890.77	平	0
			本期发生额及期末余额	12300	9120	3470.77	24890.77	24890.77	平	0

表 4-6 乙产品生产成本明细账

产品名称:乙产品

| 年 | | 凭证号数 | 摘 要 | 借 方 | | | | 贷 方 | 借或贷 | 余 额 |
月	日			直接材料	直接人工	制造费用	合 计			
		1	生产领用材料	7200			7200		借	7200
		2	生产工人工资		5000		5000		借	12200
		5	职工福利费		700		700		借	12900
		11	分配制造费用			2169.23	2169.23		借	15069.23
			本期发生额及期末余额	7200	5700	2169.23	15069.23			15069.23

3.计算产品生产成本

产品生产总成本和单位成本的计算,是根据"生产成本"明细账户的借方记录,通过编制"产品成本计算表"来完成的。

如果月末某种产品全部完工,该种产品成本明细账所归集的生产费用总额,就是该种完工产品的总成本除以该种产品总产量,即为单位成本;如果月末某种产品全部未完工,则该种产品成本明细账上所归集的生产费用,就是该种产品在产品的总成本;如果月末某种产品既有完工产品又有在产品,那么,该种产品成本明细账上所归集的生产费用总额,还应采用适当的方法在完工产品和在产品之间进行分配,然后才能计算出完工产品的总成本和单位成本。生产费用在完工产品和在产品之间进行分配的方法,将在成本会计中详细论述。

根据甲产品生产成本明细账户的资料,编制产品生产成本计算表,如表 4-7 所示。

表 4-7 产品成本计算表　　　　　　　　　　单位:元

成本项目	A 产品	
	总成本(100 件)	单位成本
直接材料	12300	123
直接人工	9120	91.2
制造费用	3470.77	34.71
合 计	24890.77	248.91

第五节　产品销售业务的核算

一、产品销售业务核算的主要内容

销售过程是企业生产经营的最后阶段,是企业产品进入流通领域,实现产品价值的过程。在销售过程中,企业要将制造完工的产成品及时地销售给购买单位,按销售价格收取货款,形成产品销售收入,同时,为了销售产品还会发生一定的产品销售费用。此外,在销售过程中,企业还应按照国家税法的规定计算并缴纳销售税金。企业的产品销售收入扣除产品销售成本、产品销售费用和产品销售税金及附加后的差额,即为产品销售利润或亏损。因此,销售过程核算的主要内容是:①确认产品销售收入的实现,与购买单位办理结算,收回货款;②支付产品的销售费用;③计算并缴纳产品销售税金及附加;④计算并结转产品销售成本;⑤确定产品销售利润或亏损。

二、产品销售业务核算应设置的主要账户

1.“主营业务收入”账户

“主营业务收入”账户是用来核算企业销售商品、产品、自制半成品和提供工业性劳务等主营业务所取得的收入的账户,该账户属于损益类账户,其贷方登记企业本期实现的销售收入;借方登记发生的销售退回或销售折扣与折让等冲减的销售收入;月末将本账户的贷方余额全部转入“本年利润”账户的贷方,结转后本账户应无余额。本账户可按主营业务的种类进行明细核算。“主营业务收入”账户的结构如图 4-19 所示。

借方	主营业务收入	贷方
(1)销售退回或销售折扣与折让 　　冲减的主营业务收入 (2)期末转入“本年利润”账户贷 　　方的主营业务收入		本期取得的主营业务收入

图 4-19　“主营业务收入”账户的结构

2.“主营业务成本”账户

“主营业务成本”账户是用来核算企业确认销售商品、产品、自制半成品和提供工业性劳务等主营业务收入时应结转的成本的账户。该账户属于损益类账户,其借方登记应结转的本期销售各种商品、产品、自制半成品和提供工业性劳务等主营业务的成本;贷方登记发生的销售退回应冲减的成本;月末将本账户的借方余额全部转入“本年利润”账户的借方,结转后本账户应无余额。本账户可按主营业务的种类进行明细核算。“主营业务成本”账户的结构如图 4-20 所示。

借方	主营业务成本	贷方
本期销售商品、产品、自制半成品和提供工业性劳务等主营业务而发生的实际成本	(1)销售退回冲减的主营业务成本 (2)期末转入"本年利润"账户借方的主营业务成本	

图 4-20　"主营业务成本"账户的结构

3. "营业税金及附加"账户

"营业税金及附加"账户是用来核算企业经营活动发生的营业税、消费税、城市维护建设税、资源税、土地增值税和教育费附加等相关税费的账户。该账户属于损益类账户,其借方登记企业按照规定计算确定的与经营活动相关的税费;月末将本账户的借方余额全部转入"本年利润"账户的借方,结转后本账户应无余额。"营业税金及附加"账户的结构如图 4-21 所示。

借方	营业税金及附加	贷方
本期经营活动应负担的相关税费	期末转入"本年利润"账户借方的营业税金及附加	

图 4-21　"营业税金及附加"账户的结构

4. "销售费用"账户

"销售费用"账户用来核算企业销售商品和材料、提供劳务的过程中发生的各种费用,包括保险费、包装费、展览费和广告费、商品维修费、预计产品质量保证损失、运输费、装卸费等以及为销售本企业商品而专设的销售机构(含销售网点、售后服务网点等)的职工薪酬、业务费、折旧费等经营费用。该账户属于损益类账户,其借方登记企业销售商品过程中发生的各种费用;月末将本账户的借方余额全部转入"本年利润"账户的借方,结转后本账户应无余额。本账户可按费用项目进行明细核算。"销售费用"账户的结构如图 4-22 所示。

借方	销售费用	贷方
本期发生的销售费用	期末转入"本年利润"账户借方的销售费用	

图 4-22　"销售费用"账户的结构

5. "应收票据"账户

"应收票据"账户用来核算企业因销售商品、产品、提供劳务等而收到的商业汇票,包括银行承兑汇票和商业承兑汇票。该账户属于资产类账户,其借方登记收到的商业汇票的票面金额;贷方登记商业汇票到期实际收回的票面金额;期末余额在借方,表示企业持有的商业汇票的票面金额。"应收票据"账户的结构如图 4-23 所示。

借方	应收票据	贷方
本期收到的商业汇票的票面金额	本期收回商业汇票的票面金额	
余额:期末持有的商业汇票票面金额		

图 4-23　"应收票据"账户的结构

6."应收账款"账户

"应收账款"该账户用来核算企业因销售商品、产品、提供劳务等,应向购货单位或接受劳务单位收取的款项。该账户属于资产类账户,其借方登记发生的应收账款;贷方登记已收回的应收账款;期末余额一般在借方,表示尚未收回的应收账款。本账户可按债务人进行明细核算。"应收账款"账户的结构如图 4-24 所示。

借方	应收账款	贷方
本期发生的应收账款	已收回的应收账款	
余额:期末尚未收回的应收账款		

图 4-24 "应收账款"账户的结构

7."预收账款"账户

"预收账款"账户是用来核算企业按合同规定向购货单位预收的货款。该账户属于负债类账户,其贷方登记向购货单位预收的款项;借方登记发货后与购货单位结算的款项;期末余额在贷方,表示尚未结算的预收款项。预收账款不多的企业,也可以将预收的款项直接记入"应收账款"账户的贷方,不设本账户。本账户可按购货单位进行明细核算。"预收账款"账户的结构如图 4-25 所示。

借方	预收账款	贷方
本期用产品或劳务偿付的预收款项	本期预收的款项	
	余额:期末尚未结算预收款项	

图 4-25 "预收账款"账户的结构

三、销售过程的总分类核算

假定企业本月发生下列销售业务:

【例 4-23】 向科星公司销售甲产品 1000 件,每件售价 300 元,价款共计 300000 元,增值税率为 17%。货款已收到,存入银行。

这项经济业务的发生,一方面使企业银行存款增加 351000 元,另一方面使企业的产品销售收入增加 300000 元,应交增值税销项税额增加 51000 元。因此,这项经济业务涉及"银行存款"、"主营业务收入"和"应交税费"三个账户。银行存款的增加是资产的增加,应记入"银行存款"账户的借方;产品销售收入的增加是收入的增加,应记入"主营业务收入"账户的贷方;应交税费的增加是负债的增加,应记入"应交税费"账户的贷方。这项经济业务应编制如下会计分录:

借:银行存款　　　　　　　　　　　　　　　351000
　　贷:主营业务收入　　　　　　　　　　　　300000
　　　　应交税费——应交增值税(销项税额)　　51000

【例 4-24】　向红星工厂发出甲产品 200 件,每件售价 300 元,价款共计 60000 元,增值税税率为 17％,另以银行存款代垫运费 500 元,但款项均未收到。

这项经济业务的发生,一方面使企业应收账款增加 70700 元,另一方面使企业的产品销售收入增加 60000 元,应交增值税销项税额增加 10200 元,银行存款减少 500 元。因此,这项经济业务涉及"应收账款"、"银行存款"、"主营业务收入"和"应交税费"四个账户。应收账款的增加是资产的增加,应记入"应收账款"账户的借方;产品销售收入的增加是收入的增加,应记入"主营业务收入"账户的贷方;应交税费的增加是负债的增加,应记入"应交税费"账户的贷方;银行存款的减少是资产的减少,应记入"银行存款"账户的贷方。这项经济业务应编制如下会计分录:

```
借:应收账款                            70700
    贷:主营业务收入                        60000
        应交税费——应交增值税(销项税额)      10200
        银行存款                             500
```

【例 4-25】　向安信公司发出乙产品 500 件,每件售价 150 元,价款共计 75000 元,增值税率为 17％,收到安信公司开出并承兑的期限为 3 个月的商业汇票一张。

这项经济业务的发生,一方面使企业应收票据增加 87750 元,另一方面使企业的产品销售收入增加 75000 元,应交增值税销项税额增加 12750 元。因此,这项经济业务涉及"应收票据"、"主营业务收入"和"应交税费"三个账户。应收票据的增加是资产的增加,应记入"应收票据"账户的借方;产品销售收入的增加是收入的增加,应记入"主营业务收入"账户的贷方;应交税费的增加是负债的增加,应记入"应交税费"账户的贷方。这项经济业务应编制如下会计分录:

```
借:应收票据                            87750
    贷:主营业务收入                        75000
        应交税费——应交增值税(销项税额)      12750
```

【例 4-26】　收到汇华公司预付购买甲产品货款 40000 元,存入银行。

这项经济业务的发生,一方面使企业银行存款增加 40000 元,另一方面使企业的预收款项增加 40000 元。因此,这项经济业务涉及"银行存款"和"预收账款"两个账户。银行存款的增加是资产的增加,应记入"银行存款"账户的借方;预收款项的增加是负债的增加,应记入"预收账款"账户的贷方。这项经济业务应编制如下会计分录:

```
借:银行存款                            40000
    贷:预收账款                            40000
```

【例 4-27】　以银行存款支付广告费 3000 元。

这项经济业务的发生,一方面使企业产品销售费用增加 3000 元,另一方面使企业的银行存款减少 3000 元。因此,这项经济业务涉及"银行存款"和"销售费用"两个账户。产品销售费用的增加,记入"销售费用"账户的借方;银行存款的减少是资产的减少,应记入"银行存款"账户的贷方。这项经济业务应编制如下会计分录:

```
借:销售费用                            3000
    贷:银行存款                            3000
```

【例 4-28】 向汇华公司发出甲产品 100 件,每件售价 300 元,增值税率为 17%,价税款合计为 35100 元,冲销原预收货款,余款退回。

这项经济业务的发生,一方面使企业预收账款减少 35100 元,另一方面使企业的产品销售收入增加 30000 元,应交增值税销项税额增加 5100 元。另外,企业退回多收的货款,一方面使企业预收账款减少 4900,另一方面使企业银行存款减少 4900 元。因此,这项经济业务涉及"预收账款"、"主营业务收入"、"应交税费"和"银行存款"四个账户。预收账款的减少是负债的减少,应记入"预收账款"账户的借方;产品销售收入的增加是收入的增加,应记入"主营业务收入"账户的贷方;应交税费的增加是负债的增加,应记入"应交税费"账户的贷方;银行存款的减少是资产的减少,应记入"银行存款"账户的贷方。这项经济业务应编制如下会计分录:

```
借:预收账款                    40000
    贷:主营业务收入                30000
        应交税费——应交增值税(销项税额)   5100
        银行存款                    4900
```

【例 4-29】 收到销售给红星工厂甲产品的货款、税款及代垫运费共计 70700 元,存入银行。

这项经济业务的发生,一方面使企业银行存款增加 70700 元,另一方面使企业的应收账款减少 70700 元。因此,这项经济业务涉及"银行存款"和"应收账款"两个账户。银行存款的增加是资产的增加,应记入"银行存款"账户的借方;应收账款的减少是资产的减少,应记入"应收账款"账户的贷方。这项经济业务应编制如下会计分录:

```
借:银行存款                    70700
    贷:应收账款                    70700
```

【例 4-30】 按规定计算本月已售产品应负担的消费税、城市维护建设税等税费,共计 1320 元。

这项经济业务的发生,一方面使企业负担的产品销售税金增加 1320 元,另一方面使企业的应交税费增加 1320 元。因此,这项经济业务涉及"营业税金及附加"和"应交税费"两个账户。产品销售税金的增加是费用的增加,应记入"营业税金及附加"账户的借方;应交税费的增加是负债的增加,应记入"应交税费"账户的贷方。这项经济业务应编制如下会计分录:

```
借:营业税金及附加                1320
    贷:应交税费                    1320
```

【例 4-31】 计算并结转本月已售产品的生产成本 372600 元。

这项经济业务的发生,一方面使企业已售产品销售成本增加 372600 元,另一方面使企业的库存产品减少 372600 元。因此,这项经济业务涉及"主营业务成本"和"库存商品"两个账户。产品销售成本的增加是费用的增加,应记入"主营业务成本"账户的借方;库存商品的减少是资产的减少,应记入"库存商品"账户的贷方。这项经济业务应编制如下会计分录:

```
借:主营业务成本                372600
    贷:库存商品                    372600
```

　　本月销售的产品不一定都是本月生产的。由于各个月份生产的同一种产品的单位生产成本可能不相同,所以与确定仓库发出材料的实际成本一样,要计算本月销售产品的实际生产成本,就必须采用一定的存货计价方法,如先进先出法、加权平均法等,有关内容将在财务会计中详细介绍。

　　产品销售利润的确定,可按下列公式计算:

$$主营业务利润＝主营业务收入－主营业务成本－营业税金及附加$$
$$＝465000－372600－1320＝91080(元)$$

　　上述有关产品销售业务的会计分录登记总账的结果如图 4-26 所示。

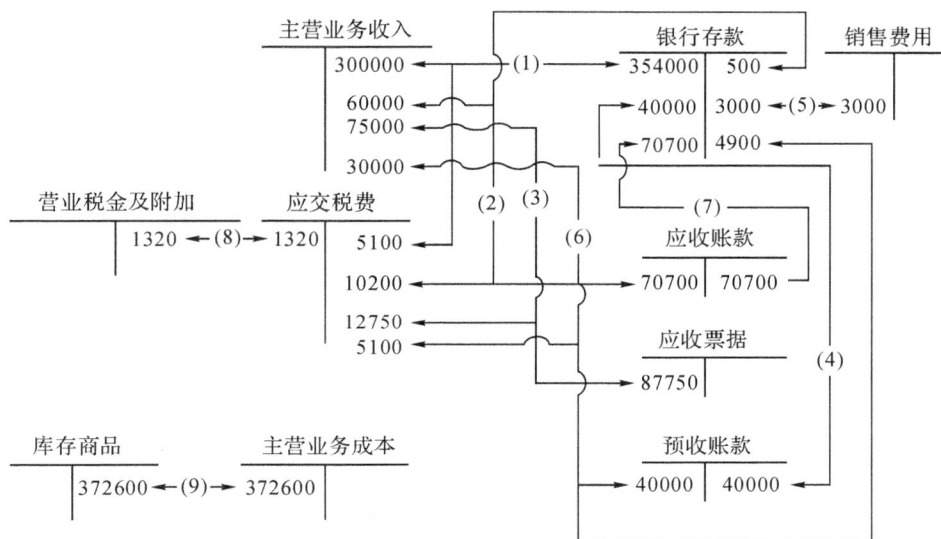

图 4-26　产品销售业务流程

第六节　财务成果业务的核算

一、财务成果业务核算的主要内容

　　财务成果是企业在一定会计期间生产经营活动的最终成果,是收入扣减费用后的净额。如果收入大于费用,净剩余为正,形成利润;反之,则为亏损。利润是综合反映企业工作质量的一项财务指标,按其构成层次可分为营业利润、利润总额和净利润。

$$营业利润＝营业收入－营业成本－营业税金及附加－销售费用－管理费用－$$
$$财务费用±投资收益±公允价值变动损益－资产减值损失$$
$$利润总额＝营业利润＋营业外收入－营业外支出$$
$$净利润＝利润总额－所得税费用$$

企业实现的净利润,除国家另有规定者外,应按照下列顺序进行分配:①提取法定盈余公积;②向投资者分配利润;③其他。

因此,企业财务成果业务核算的主要内容包括利润形成的核算和利润分配的核算两部分。

二、利润形成的核算

1. 期间费用的核算

期间费用是指虽与本期收入的取得密切相关,但不能直接归属于某个特定对象的各种费用。期间费用是企业当期发生的费用中重要的组成部分,包括销售费用、管理费用和财务费用。销售费用的核算已在本章第一节进行了介绍,这里仅介绍管理费用和财务费用的核算。

(1)期间费用核算的账户设置

①"管理费用"账户。该账户是用来核算企业为组织和管理企业生产经营活动而发生的管理费用的账户。该账户属于损益类账户,其借方登记本期发生的各项管理费用,包括企业在筹建期间内发生的开办费、董事会和行政管理部门在企业经营管理中发生的或者应由企业统一负担的公司经费(包括行政管理部门职工工资及福利费、物料消耗、低值易耗品摊销、办公费和差旅费等)、工会经费、董事会费、聘请中介机构费、咨询费、诉讼费、业务招待费、房产税、车船使用税、土地使用税、印花税、技术转让费、矿产资源补偿费、研究费用、排污费等;贷方登记期末转入"本年利润"账户借方的数额,结转后该账户应无余额。本账户可按费用项目进行明细核算。"管理费用"账户的结构如图4-27所示。

借方	管理费用	贷方
本期发生的各项管理费用		期末转入"本年利润"账户的数额

图4-27 "管理费用"账户的结构

②"财务费用"账户。该账户是用来核算企业为筹集生产经营活动所需资金等而发生的筹资费用的账户。财务费用包括利息支出(减利息收入)、汇兑损益以及相关的手续费、企业发生的现金折扣或收到的现金折扣等。该账户属于损益类账户,其借方登记本期发生的各项财务费用;贷方登记期末转入"本年利润"账户借方的数额,结转后该账户应无余额。本账户可按费用项目进行明细核算。"财务费用"账户的结构如图4-28所示。

借方	财务费用	贷方
本期发生的各项财务费用		期末转入"本年利润"账户的数额

图4-28 "财务费用"账户的结构

(2)期间费用的总分类核算

【例4-32】 以银行存款240元购买办公用品。

这项经济业务的发生,一方面使管理费用增加240元,另一方面使企业银行存款减少240元。因此,这项经济业务涉及"管理费用"和"银行存款"两个账户。管理费用的增加是费用的增加,应记入"管理费用"账户的借方;银行存款的减少是资产的减少,应记入"银行存款"账户的贷方。这项经济业务应编制如下会计分录:

借：管理费用　　　　　　　　　　　　　　　240

　　贷：银行存款　　　　　　　　　　　　　　240

【例 4-33】　计提本月行政管理部门使用的固定资产折旧 1200 元。

这项经济业务的发生，一方面使管理费用增加 1200 元，另一方面使固定资产累计折旧额增加 1200 元。因此，这项经济业务涉及"管理费用"和"累计折旧"两个账户。管理费用的增加是费用的增加，应记入"管理费用"账户的借方；累计折旧的增加，实际上是固定资产价值的减少，应记入"累计折旧"账户的贷方。这项经济业务应编制如下会计分录：

借：管理费用　　　　　　　　　　　　　　　1200

　　贷：累计折旧　　　　　　　　　　　　　　1200

【例 4-34】　分配本月应付行政管理人员工资 4000 元，应提取的职工福利费 560 元。

这项经济业务的发生，一方面使管理费用增加 4560 元，另一方面使应付职工薪酬增加 4560 元。因此，这项经济业务涉及"管理费用"和"应付职工薪酬"两个账户。管理费用的增加是费用的增加，应记入"管理费用"账户的借方；应付职工薪酬的增加是负债的增加，应记入"应付职工薪酬"账户的贷方。这项经济业务应编制如下会计分录：

借：管理费用　　　　　　　　　　　　　　　4560

　　贷：应付职工薪酬　　　　　　　　　　　　4560

【例 4-35】　预提本月负担的银行借款利息 200 元。

这项经济业务的发生，一方面使财务费用增加 200 元，另一方面使应付利息增加 200 元。因此，这项经济业务涉及"财务费用"和"应付利息"两个账户。财务费用的增加是费用的增加，应记入"财务费用"账户的借方；应付利息的增加是负债的增加，应记入"应付利息"账户的贷方。这项经济业务应编制如下会计分录：

借：财务费用　　　　　　　　　　　　　　　200

　　贷：应付利息　　　　　　　　　　　　　　200

【例 4-36】　职工刘芳报销差旅费 420 元，支付其现金 20 元（原借款 400 元）。

这项经济业务的发生，一方面使管理费用增加 420 元，另一方面使企业现金减少 20 元，其他应收款减少 400 元。因此，这项经济业务涉及"管理费用"、"其他应收款"和"库存现金"三个账户。管理费用的增加是费用的增加，应记入"管理费用"账户的借方；现金和其他应收款的减少是资产的减少，应分别记入"库存现金"和"其他应收款"账户的贷方。这项经济业务应编制如下会计分录：

借：管理费用　　　　　　　　　　　　　　　420

　　贷：库存现金　　　　　　　　　　　　　　20

　　　其他应收款　　　　　　　　　　　　　400

【例 4-37】　以现金 1000 元支付研究费用。

这项经济业务的发生，一方面使管理费用增加 1200 元，另一方面使企业现金减少 1200 元。因此，这项经济业务涉及"管理费用"和"库存现金"两个账户。管理费用的增加是费用的增加，应记入"管理费用"账户的借方；现金的减少是资产的减少，应记入"库存现金"账户的贷方。这项经济业务应编制如下会计分录：

借：管理费用　　　　　　　　　　　　　　　1200

　　贷：库存现金　　　　　　　　　　　　　　1200

2.营业外收支的核算

(1)营业外收支核算的账户设置

①"营业外收入"账户。该账户是用来核算企业发生的与日常活动无直接关系的各项利得的账户。该账户属于损益类账户,其贷方登记本期取得的各项营业外收入,包括非流动资产处置利得、非货币性资产交换利得、债务重组利得、政府补助、盘盈利得、捐赠利得等;借方登记期末转入"本年利润"账户贷方的数额,结转后该账户应无余额。本账户可按营业外收入项目进行明细核算。"营业外收入"账户的结构如图4-29所示。

借方	营业外收入	贷方
期末转入"本年利润"账户的数额		本期取得的各项营业外收入的数额

图4-29 "营业外收入"账户的结构

②"营业外支出"账户。该账户是用来核算企业发生的与日常活动无直接关系的各项损失的账户。该账户属于损益类账户,其借方登记本期发生的各项营业外支出,包括非流动资产处置损失、非货币性资产交换损失、债务重组损失、公益性捐赠损失、非常损失、盘亏损失等;贷方登记期末转入"本年利润"账户借方的数额,结转后该账户应无余额。本账户可按支出项目进行明细核算。"营业外支出"账户的结构如图4-30所示。

借方	营业外支出	贷方
本期发生的各项营业外支出的数额		期末转入"本年利润"账户的数额

图4-30 "营业外支出"账户的结构

(2)营业外收支的总分类核算

【例4-38】 企业原欠北方公司一笔货款2000元,因北方公司撤销已无法偿还,转为营业外收入。

这项经济业务的发生,一方面使企业的营业外收入增加2000元,另一方面使企业的应付账款减少2000元。因此,这项经济业务涉及"应收账款"和"营业外收入"两个账户。营业外收入的增加是收入的增加,应记入"营业外收入"账户的贷方;应付账款的减少是负债的减少,应记入"应付账款"账户的借方。这项经济业务应编制如下会计分录:

借:应付账款 2000
    贷:营业外收入 2000

【例4-39】 企业进行公益性捐赠货币资金1000元,以银行存款转账支付。

这项经济业务的发生,一方面使营业外支出增加1000元,另一方面使企业银行存款减少1000元。因此,这项经济业务涉及"营业外支出"和"银行存款"两个账户。营业外支出的增加是费用的增加,应记入"营业外支出"账户的借方;银行存款的减少是资产的减少,应记入"银行存款"账户的贷方。这项经济业务应编制如下会计分录:

借:营业外支出 1000
    贷:银行存款 1000

3.所得税费用核算

所得税是根据企业应纳税所得额的一定比例上交的一种税金。企业在计算确定当期所得税以及递延所得税费用（或收益）的基础上，应将两者之和确认为利润表中的所得税费用（或收益）。公式如下：

所得税费用（或收益）＝当期所得税＋递延所得税费用（－递延所得税收益）

递延所得税费用＝递延所得税负债增加额＋递延所得税资产减少额

递延所得税收益＝递延所得税负债减少额＋递延所得税资产增加额

（1）当期所得税的计量

应纳税所得额是在企业税前会计利润（即利润总额）的基础上调整确定的。计算公式为：

应纳税所得额＝税前会计利润＋纳税调整增加额－纳税调整减少额

纳税调整增加额主要包括税法规定允许扣除项目中，企业已计入当期费用但超过税法规定扣除标准的金额（如超过税法规定标准的工资支出、业务招待费支出），以及企业已计入当期损失但税法规定不允许扣除项目的金额（如税收滞纳金、罚款、罚金）。

纳税调整减少额主要包括税法规定弥补的亏损和准予免税的项目，如前五年内未弥补的亏损和国债利息收入等。

企业当期所得税的计算公式：

应交所得税＝应纳税所得额×所得税税率

（2）所得税费用核算的账户设置

"所得税费用"账户是用来核算企业确认的应从当期利润总额中扣除的所得税费用的账户。该账户属于损益类账户，其借方登记按规定计算的本期应交所得税；贷方登记期末转入"本年利润"账户借方的数额，结转后该账户应无余额。本账户可按"当期所得税费用"、"递延所得税费用"进行明细核算。"所得税费用"账户的结构如图4-31所示。

借方	所得税费用	贷方
应计入本期损益的所得税费用		期末转入"本年利润"账户的数额

图4-31　"所得税费用"账户的结构

（3）所得税费用的总分类核算

【例4-40】　按本月实现利润的33%计算应交所得税26815.80元。

这项经济业务的发生，一方面使企业的所得税费用增加26815.80元，另一方面使企业应交税费增加26815.80元。因此，这项经济业务涉及"所得税费用"和"应交税费"两个账户。所得税费用的增加是费用的增加，应记入"所得税费用"账户的借方；应交税费的增加是负债的增加，应记入"应交税费"账户的贷方。这项经济业务应编制如下会计分录：

借：所得税费用　　　　　　　　　　26815.80

　　贷：应交税费　　　　　　　　　　　26815.80

4.利润形成核算的账户设置

（1）利润形成核算的账户设置

"本年利润"账户是用来核算企业当期实现的净利润（或发生的净亏损）的账户。该账户属于所有者权益类账户,其贷方登记期末由各收入账户转入的本期实现的各种收入;借方登记由各费用账户转入的本期发生的各种费用;将收入与费用相抵后,如果收入大于费用,即为贷方余额,表示本期实现的净利润;如果费用大于收入,即为借方余额,表示本期发生的净亏损。在年度中间,该账户的余额不予结转,表示截至本期本年度累计实现的净利润或发生的净亏损。年度终了,应将本账户余额转入"利润分配"账户,结转后该账户应无余额。"本年利润"账户的结构如图 4-32 所示。

借方	本年利润	贷方
期末从有关账户转入的各种费用支出		期末从有关账户转入的各种收入

图 4-32 "本年利润"账户的结构

(2)利润形成的总分类核算

【例 4-41】 期末结转本月发生的各项收入共计 467000 元。其中,主营业务收入 465000 元;营业外收入 2000 元。

这项经济业务的发生,一方面使企业本年利润增加 467000 元,另一方面使主营业务收入和营业外收入分别减少 465000 元和 2000 元。因此,这项经济业务涉及"本年利润"、"主营业务收入"和"营业外收入"三个账户。将各项收入转入"本年利润"账户的贷方,应编制如下会计分录:

```
借:主营业务收入                    465000
   营业外收入                       2000
贷:本年利润                         467000
```

【例 4-42】 期末结转本月发生的各项费用共计 385740 元。其中,主营业务成本 372600 元;销售费用 3000 元;营业税金及附加 1320 元;管理费用 7620 元;财务费用 200 元;营业外支出 1000 元。

这项经济业务的发生,一方面使企业本年利润减少 385740 元,另一方面使主营业务成本、销售费用、营业税金及附加、管理费用、财务费用和营业外支出分别减少 372600 元、3000 元、1320 元、7620 元和 200 元。因此,这项经济业务涉及"本年利润"、"主营业务成本"、"销售费用"、"营业税金及附加"、"管理费用"、"财务费用"和"营业外支出"七个账户。将各项支出转入"本年利润"账户的借方,应编制如下会计分录:

```
借:本年利润                       385740
贷:主营业务成本                    372600
   销售费用                        3000
   营业税金及附加                   1320
   管理费用                        7620
   财务费用                        200
   营业外支出                       1000
```

【例 4-43】 将本月的所得税费用转入"本年利润"账户。

这项经济业务的发生,一方面使企业的所得税费用减少 26815.80 元,另一方面使企业本年利润减少 26815.80 元。因此,这项经济业务涉及"所得税费用"和"本年利润"两个账户。所得税费用的减少是费用的减少,应记入"所得税费用"账户的贷方;本年利润的减少是所有者权益的减少,应记入"本年利润"账户的借方。这项经济业务应编制如下会计分录:

借:本年利润　　　　　　　　　　　　26815.80
　贷:所得税费用　　　　　　　　　　　26815.80

上述利润形成业务的会计分录登记总账的结果如图 4-33 所示。

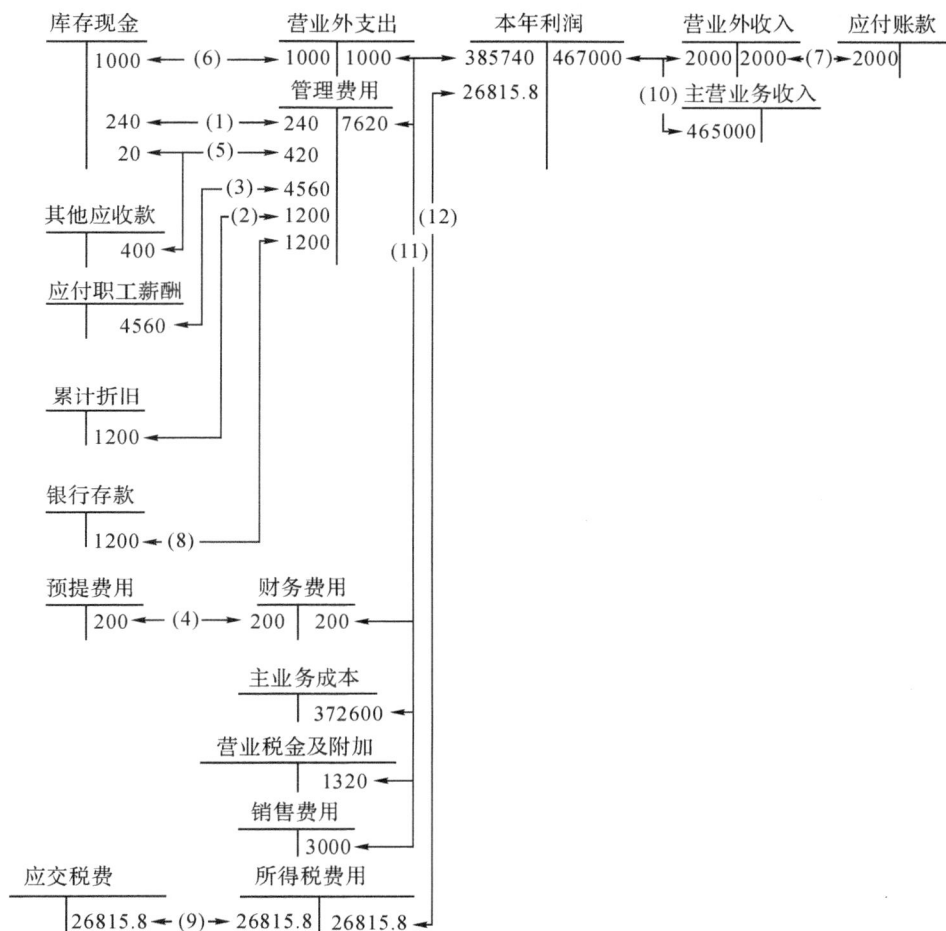

图 4-33　财务成果核算业务流程

二、利润分配的核算

企业实现的净利润应按规定的程序进行分配。企业如果发生亏损,可以用以后年度实现的利润弥补,也可以用以前年度提取的盈余公积金弥补。有关这方面的内容将在财务会计中详细介绍。

1.利润分配核算的账户设置

为了反映和监督企业利润的分配情况,应设置以下账户。

（1）"利润分配"账户

"利润分配"账户是用来核算企业利润的分配（或亏损的弥补）和历年分配（或弥补）后的积存余额的账户。该账户属于所有者权益类账户，其贷方登记年末由"本年利润"账户转来的全年实现的净利润额和用盈余公积弥补的亏损数；借方登记企业按规定实际分配的利润数和年末由"本年利润"账户转来的本年累计发生的亏损数；余额如果在贷方，表示年末未分配的利润数额，余额如果在借方，表示年末尚未弥补的亏损。该账户应按利润分配项目，如"提取法定盈余公积"、"提取任意盈余公积"、"应付现金股利或利润"、"转作股本的股利"、"盈余公积补亏"和"未分配利润"等进行明细核算。"利润分配"账户的结构如图 4-34 所示。

借方　　　　利润分配　　　　贷方	
年末从"本年利润"账户转入的本年累计发生的亏损数及实际分配的利润数	年末从"本年利润"账户转入的全年实现的净利润及用盈余公积补亏数
余额：期末尚未弥补的亏损数	余额：期末尚未分配的利润数

图 4-34　"利润分配"账户的结构

（2）"盈余公积"账户

"盈余公积"账户是用来核算企业从净利润中提取的盈余公积的账户。该账户属于所有者权益类账户，其贷方登记企业按规定从净利润中提取的盈余公积；借方登记盈余公积的使用数；期末余额在贷方，表示盈余公积的结余数。"盈余公积"账户的结构如图 4-35 所示。

借方　　　　盈余公积　　　　贷方	
盈余公积的使用数	盈余公积的提取数
	余额：盈余公积的结存数

图 4-35　"盈余公积"账户的结构

（3）"应付股利"账户

"应付股利"账户是用来核算企业分配的现金股利或利润的账户。该账户属于负债类账户，其贷方登记企业计算出的应付的现金股利或利润；借方登记实际支付的现金股利或利润；期末余额如果在贷方，表示企业应付未付的现金股利或利润。该账户应按投资者进行明细核算。"应付股利"账户的结构如图 4-36 所示。

借方　　　　应付股利　　　　贷方	
实际支付给投资者的利润	计算出的应付的现金股利或利润
	余额：尚未支付的现金股利或利润

图 4-36　"应付股利"账户的结构

2.利润分配的总分类核算

【例 4-44】　按净利润 81260 元的 10％计算提取盈余公积。

这项经济业务的发生,一方面使企业的盈余公积增加 8126 元,另一方面使利润分配增加 8126 元。因此,这项经济业务涉及"利润分配"和"盈余公积"两个账户。由于"利润分配"账户是"本年利润"账户的抵减账户,所以利润分配的增加使所有者权益中的利润减少,应记入"利润分配"账户的借方;盈余公积的增加是所有者权益的增加,应记入"盈余公积"账户的贷方。这项经济业务应编制如下会计分录:

　　借:利润分配　　　　　　　　　　　　　　　　　8126
　　　贷:盈余公积　　　　　　　　　　　　　　　　8126

【例 4-45】　企业根据利润分配方案,向投资者分配利润 56882 元。

这项经济业务的发生,一方面使企业的应付股利增加 56882 元,另一方面使利润分配增加 56882 元。因此,这项经济业务涉及"利润分配"和"应付股利"两个账户。由于"利润分配"账户是"本年利润"账户的抵减账户,所以利润分配的增加使所有者权益中的利润减少,应记入"利润分配"账户的借方;应付股利的增加是负债的增加,应记入"应付股利"账户的贷方。这项经济业务应编制如下会计分录:

　　借:利润分配　　　　　　　　　　　　　　　　　56882
　　　贷:应付股利　　　　　　　　　　　　　　　　56882

【例 4-46】　年末结转全年实现的净利润 81260 元。

年度终了,企业应将本年实现的利润或发生的亏损总额,由"本年利润"账户转入"利润分配"账户,利润总额由"本年利润"账户的借方转入"利润分配"账户的贷方;亏损总额由"本年利润"账户的贷方转入"利润分配"账户的借方;结转后,"本年利润"账户无余额。因此,这项经济业务应编制如下会计分录:

　　借:本年利润　　　　　　　　　　　　　　　　　81260
　　　贷:利润分配　　　　　　　　　　　　　　　　81260

以上利润分配业务的会计分录登记总账的结果如图 4-37 所示。

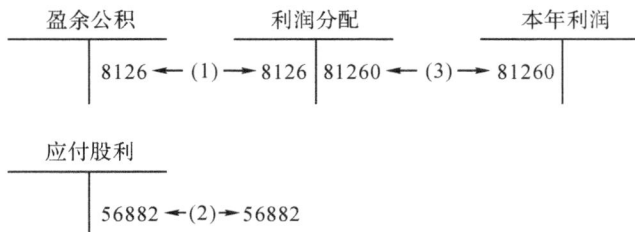

图 4-37　利润分配业务流程

【本章小结】

资金的筹集业务、生产准备业务、产品生产业务、产品销售业务以及财务成果的形成和分配业务,共同构成了工业企业的主要经济业务。

资金筹集是企业资金运动的起点。企业筹集资金的渠道主要有两方面,一是企业所有者投入的资金,形成企业的所有者权益;二是企业向债权人借入的资金,构成企业的负债。主要设置"实收资本"和"短期借款"账户进行核算。

生产准备业务主要包括固定资产购入业务和材料采购业务。固定资产购入业务核算包括不需安装的固定资产的核算和需要安装的固定资产的核算，主要设置"固定资产"和"在建工程"两个账户。固定资产应按取得时的实际成本入账。固定资产的实际成本是指为购建某项固定资产达到预定可使用状态前所发生的一切合理、必要的支出，包括买价、运杂费、包装费、安装成本和税金及其他支出等；材料采购业务的核算包括与供应单位进行货款和增值税进项税额结算、材料采购成本计算及入库材料成本的结转等，主要设置"材料采购"、"应交税费——应交增值税（进项税额）"、"应付账款"、"应付票据"、"预付账款"和"原材料"等账户进行核算。材料采购的实际成本一般由买价和采购费用（包括运杂费、运输途中的合理损耗和入库前的挑选整理费用）构成。

产品生产业务的主要内容包括原材料的领用、职工工资及福利费的计提、固定资产折旧费和其他制造费用的发生、产品的生产成本计算与结转等。产品生产业务核算主要设置"生产成本"、"制造费用"、"应付职工薪酬"、"累计折旧"和"库存商品"等账户。制造费用是指基本生产车间为组织和管理生产活动而发生的各项间接费用，如生产车间管理人员的工资等职工薪酬、折旧费和修理费、办公费、水电费、机器物料消耗、劳动保护费、季节性和修理期间的停工损失等。产品生产成本的计算一般按如下程序进行：①确定成本计算对象；②按成本项目归集和分配生产费用；③计算产品生产成本。成本项目是企业在生产过程中发生的各项费用按其用途和产品成本的构成进行分类的项目，工业企业产品成本核算一般设直接材料、直接人工和制造费用三个成本项目。

产品销售业务的主要内容包括产品销售收入实现的确认、与购买单位办理货款和增值税销项税额结算、支付产品的销售费用、计算并缴纳产品销售税金及附加、计算并结转产品销售成本、确定产品销售利润或亏损。产品销售业务核算主要设置"主营业务收入"、"主营业务成本"、"营业税金及附加"、"销售费用"、"应收票据"、"应收账款"、"预收账款"、"应交税费——应交增值税（销项税额）"等账户。产品销售利润可按"主营业务利润＝主营业务收入－主营业务成本－营业税金及附加"公式计算。

财务成果业务包括利润形成业务和利润分配业务两部分。利润按其构成层次可分为营业利润、利润总额和净利润，其计算公式分别是：①营业利润＝营业收入－营业成本－营业税金及附加－销售费用－管理费用－财务费用＋投资收益；②利润总额＝营业利润＋营业外收入－营业外支出；③净利润＝利润总额－所得税费用。企业实现的净利润，除国家另有规定者外，应按照下列顺序进行分配：①提取法定盈余公积；②向投资者分配利润；③其他。财务成果的核算主要设置"管理费用"、"财务费用"、"营业外收入"、"营业外支出"、"所得税费用"、"本年利润"、"利润分配"、"应付股利"、"盈余公积"等账户。期间费用是指虽与本期收入的取得密切相关，但不能直接归属于某个特定对象的各种费用，包括销售费用、管理费用和财务费用。营业外收支是指企业发生的与日常活动无直接关系的各项利得或损失。

【关键名词】

实收资本　固定资产原始价值　采购成本　采购费用　成本计算对象　产品成本项目
制造费用　累计折旧　营业外收入　营业外支出　所得税费用　期间费用　管理费用
财务费用　销售费用　产品销售成本　营业利润　利润总额　净利润　未分配利润

【思考题】

1.工业企业的经济业务主要包括哪些？为了反映和监督经济业务的变动情况应开设哪些账户？这些账户之间的联系是什么？

2.如何在账户中反映资金筹集业务？

3.说明材料采购业务核算的主要内容、"材料采购"账户的用途和结构特点,以及与相关账户的对应关系是什么？

4.进行产品生产业务核算,为什么要分别开设"生产成本"和"制造费用"账户？核算的主要内容和相应的会计分录都包括哪些？

5.简要说明产品成本核算的一般程序和产品成本计算的方法。

6.说明产品销售业务核算中,收入账户与费用账户之间的关系。

7.财务成果核算的主要内容包括什么？企业利润的构成内容及各项指标的关系是什么？

8.说明"本年利润"账户与"利润分配"账户的用途和登记方法,以及两个账户之间的关系。

9.简要回答利润分配的程序。

10.营业外收入和营业外支出各包括哪些内容？

第五章 账户体系与分类

学习目标

通过本章学习,明确账户分类的意义,熟练掌握账户在以经济内容为分类标志和以用途结构为分类标志下账户的内容,把握账户的正确使用方法。

课程导入

全面掌握会计科目体系的内容是一件比较困难的事情,仅会计准则上列出的账户就有上百个,如果不对它们进行系统的分类,它们就会显得杂乱无章,很难掌握。通过按照一定的标准对其进行科学的分类,就可使得杂乱的内容系统化与条理化,便于记忆和把握,加深对这些账户的内容和用途的认识。本章将介绍理清账户思路并加深记忆的基本知识。

第一节 建立账户体系的意义及方式

一、建立账户体系的意义

根据前面的学习,我们知道企业所用会计账户众多,如果不加以区别和分类研究,很可能会导致会计人员核算工作量大,而且核算出来的会计信息并不能充分体现企业的经营情况。所以,了解各类账户的性质和用法的规律性,根据各个企业的实际情况在会计科目表中有针对性地选择一些账户适应各个企业的会计核算,建立每个企业的会计核算账户体系,对于从实践操作上了解账户的内容、用途和结构有着十分重要的意义。

同时,由于经济业务内容的内在联系和账户在使用方法上的共同点,各账户之间是相互联系的,它们既有个性又有共性,形成了一个完整的账户体系。正确运用、建立这些账户体系,对于了解每个账户的特性,探讨账户之间的内在联系,对于从理论上了解账户的内容、用途和结构也有着十分重要的意义。

二、建立账户体系的方式

为了全面反映经济业务的增减变动,核算会计对象的具体内容,每个企业的会计都必须按照企业的行业特征及业务发生的实际情况设置账户,构成企业本身的账户体系。将账户按其反映的经济内容进行分类,对于正确区分账户的经济性质,合理运用账户,提供企业经营管理和对外报告所需要的各种核算指标,具有重要意义。但仅按经济内容对账户进行分类,还难以详细地了解各个账户的具体用途,以及如何提供管理上所需要的各种核算指标。因为按经济内容划分的账户,可能具有不同用途和结构。账户按经济内容的分类并不能代替账户按用途和结构的分类。为了正确开设和运用账户来记录经济业务,为决策人提供有用的会计信息,有必要在账户按经济内容分类的基础上进一步分类。一般来讲,建立账户体系必须掌握账户的类别规律。账户按不同的标志分为不同的类别,具体有:

(1)账户按经济内容分为资产类、负债类、所有者权益类、损益类、成本类五类。

(2)账户按用途和结构分为盘存类账户、结算账户、资本账户、跨期摊提账户、集合分配账户、成本计算账户、收入账户、费用账户、财务成果账户、暂记账户、计价对比账户。

(3)账户按提供指标的详细程度分为总分类账户和明细分类账户。

(4)账户按与会计报表的关系分为资产负债表账户和利润表账户。

其中,账户按经济内容分类是账户的基本分类,其他分类方式是在这种分类基础上的演变和发展。

第二节　账户按照经济内容分类

账户的经济内容是指账户反映的会计对象的具体内容。为了全面核算企业生产经营过程,需要设置众多的账户进行核算,使之成为一个有机的整体。同时,为了更好地掌握账户的设置和运用,有必要对各种账户进行适当分类,进而建立完善的账户体系,提供核算指标的规律性。

一、按经济内容分类的依据

由于账户是根据会计科目设置的,因此账户的分类应当与会计科目的分类一致。会计科目所反映的经济内容,就是账户所要登记的内容。它们之间的区别在于会计科目只是对会计对象具体内容的分类,本身没有什么结构,账户则有相应的结构,能够具体地反映资金运动状况。

二、按经济内容分类的内容

账户的经济内容,即账户所核算和监督的会计对象的具体内容,是账户分类的基础。账户按经济内容分为五大类,包括"资产类"、"负债类"、"所有者权益类"、"成本类"和"损益类",各大类又分为若干小类。这样分类便于从账户中取得需要的核算指标,明确每个账户的核算内容。

账户按经济内容分类如图 5-1 所示。

基础会计学

账户
├── 资产类账户
│   ├── 流动资产账户
│   │   ├── 库存现金
│   │   ├── 银行存款
│   │   ├── 短期投资
│   │   ├── 应收账款
│   │   ├── 其他应收款
│   │   ├── 待处理财产损溢
│   │   └── 原材料等
│   ├── 长期投资账户 — 长期股权投资
│   ├── 固定资产账户
│   │   ├── 固定资产
│   │   └── 累计折旧
│   └── 无形及递延资产账户
│   ├── 无形资产
│   ├── 商誉
│   ├── 长期待摊费用
│   └── 其他资产
├── 负债类账户
│   ├── 流动负债账户
│   │   ├── 短期借款
│   │   ├── 应付账款
│   │   ├── 其他应付款
│   │   ├── 应交税费
│   │   └── 应付职工薪酬
│   └── 长期负债账户
│   ├── 长期借款
│   ├── 应付债券
│   └── 长期应付款
├── 所有者权益类账户
│   ├── 实收资本
│   ├── 资本公积
│   ├── 盈余公积
│   ├── 本年利润
│   └── 利润分配
├── 成本类账户
│   ├── 生产成本
│   └── 制造费用
└── 损益类账户
    ├── 主营业务收入
    ├── 主营业务成本
    ├── 营业税金及附加
    ├── 销售费用
    ├── 管理费用
    ├── 财务费用
    ├── 其他业务收入
    ├── 其他业务支出
    ├── 营业外收入
    ├── 营业外支出
    ├── 投资收益
    └── 所得税

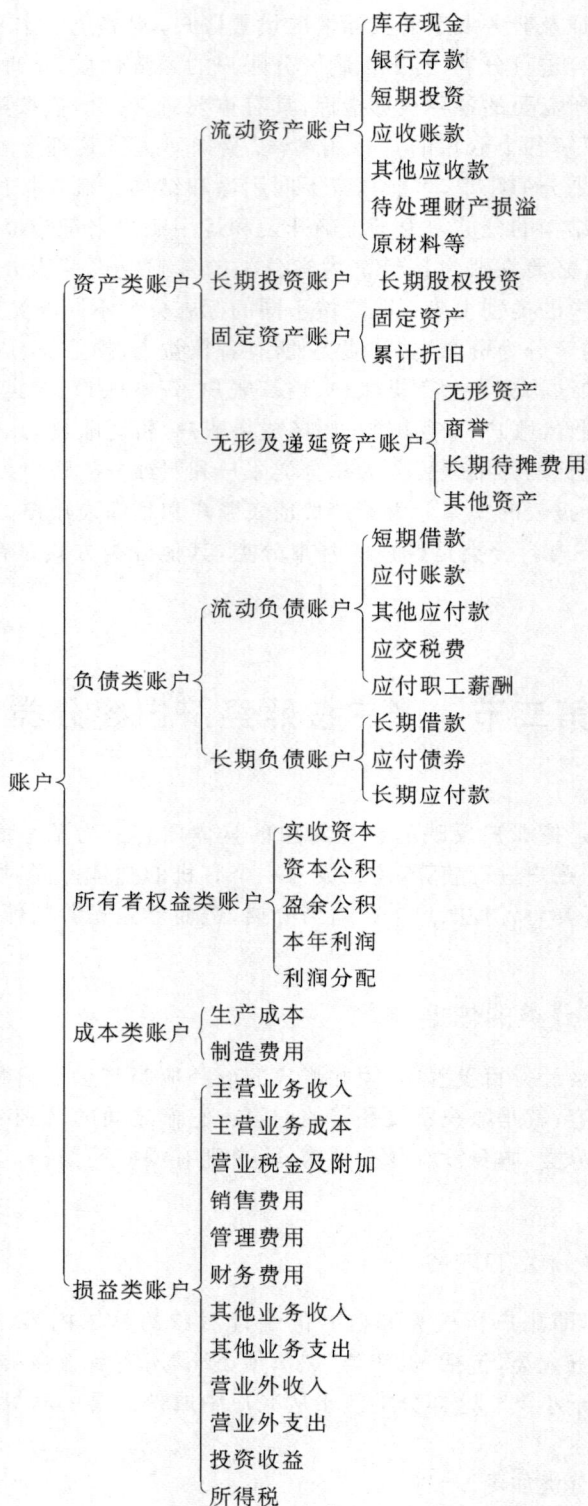

图 5-1　账户按经济内容分类

第三节　账户按照用途和结构分类

一、按照用途和结构分类的意义

所谓账户的经济用途,是指通过账户的记录能够提供什么核算指标。所谓账户的结构,是指在账户中如何提供核算指标,借方登记什么,贷方登记什么,怎样进行登记,其余额反映什么内容。按账户的经济用途和结构分类,可以使我们明确各个账户不同的使用方法和各个账户的具体作用。

二、按照用途和结构分类的内容

账户按经济用途和结构的分类,是在账户按经济内容分类的基础上,对经济用途和结构基本相同的账户进行适当的归类。账户按经济用途和结构的分类,可以分为盘存账户、结算账户、资本账户、跨期摊提账户、集合分配账户、成本计算账户、收入账户、费用账户、财务成果账户、暂记账户、计价对比账户。如图 5-2 所示。

1.盘存账户

盘存账户是用来核算和监督可以进行实物盘点的各种财产、物资和货币资金增减变动及其实有数额的账户。这类账户可以通过实物盘点方式进行财产清查,核对账实是否相符。这类账户包括企业主要的资产账户,例如“库存现金”、“银行存款”、“原材料”、“库存商品”、“固定资产”等账户。盘存账户结构的特点是:借方登记各种财产物资或货币资金的增加数;贷方登记各种财产物资或货币资金的减少数,其余额都在借方,表示各种财产物资或货币资金的实有数。盘存账户的结构如图 5-3 所示。

基础会计学

账户
- 盘存账户
  - "库存现金"账户
  - "银行存款"账户
  - "原材料"账户
  - "库存商品"账户
  - "固定资产"账户
  - "生产成本"账户（余额部分）
  - "材料采购"账户（余额部分）
  - "在建工程"账户（余额部分）
- 结算账户
  - "应收票据"账户
  - "应收账款"账户
  - "其他应收款"账户
  - "短期借款"账户
  - "应付票据"账户
  - "应付账款"账款
  - "其他应付款"账户
  - "应付职工薪酬"账户
  - "应交税费"账户
  - "其他应交款"账户
- 资本账户
  - "实收资本"账户
  - "盈余公积"账户
  - "利润分配"账户（未分配利润部分）
- 调整账户
  - "累计折旧"账户
  - "坏账准备"账户
  - "材料成本差异"账户
- 时期损益账户　"长期待摊费用"账户
- 复合分配账户　"制造费用"账户
- 成本计算账户
  - "生产成本"账户（本期发生额）
  - "材料采购"账户（本期发生额）
  - "在建工程"账户（本期发生额）
- 业务账户
  - "主营业务收入"账户
  - "其他业务收入"账户
  - "营业外收入"账户
  - "投资收益"账户
  - "主营业务成本"账户
  - "其他业务支出"账户
  - "营业税金及附加"账户
  - "管理费用"账户
  - "财务费用"账户
  - "管理费用"账户
  - "营业外支出"账户
  - "所得税"账户
- 财务成本账户　"本年利润"账户
- 暂记账户　"待处理财产损溢"账户

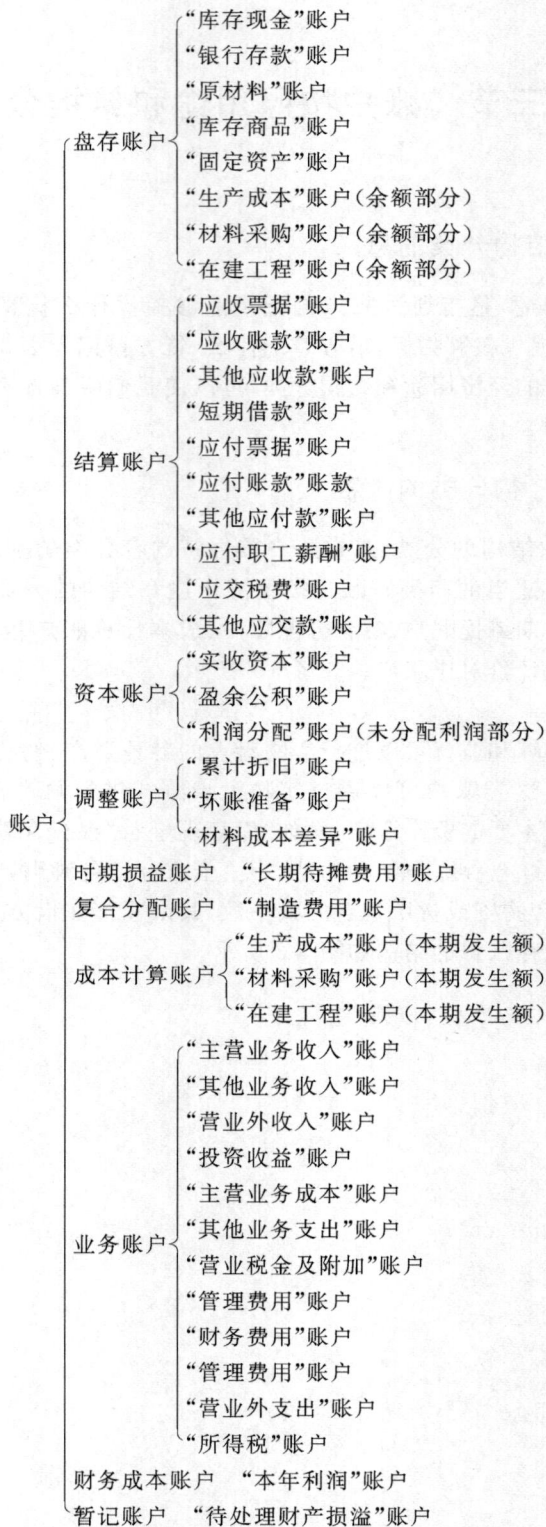

图 5-2　账户按用途和结构分类

借方	盘存	贷方
期初余额:期初各项财产物资或货币资产结存数		
发生额:本期各项财产物资或货币资产的增加额		发生额:本期各项财产物资或货币资产的减少额
期末余额:期末各项财产物资或货币资产的结存数		

图 5-3　"盘存"账户的结构

2.结算账户

结算账户是用来核算和监督企业同其他单位或个人以及企业内部各单位之间债权(应收)、债务(应付)结算关系的账户。按照其具体的经济用途和结构又可分为资产结算账户、负债结算账户和资产负债结算账户三类。

(1)资产结算账户

资产结算账户,是用来核算和监督企业的债权增减变动及实有数的账户。如"应收账款"、"应收票据"、"其他应收款"等都属于资产结算账户。这类账户结构的特点是:借方登记债权的增加额,贷方登记债权的减少额,余额在借方,表示债权的实有数额。资产结算账户的结构如图 5-4 所示。

借方	资产结算	贷方
期初余额:期初尚未收回应收款项或尚未报销的预付款项的实有数额		
发生额:本期应收款项或预付款项的增加额		发生额:本期应收款项或预付款项的减少额
期末余额:期末尚未收回应收款项或尚未报销的预付款项的实有数额		

图 5-4　"资产结算"账户的结构

(2)负债结算账户

负债结算账户是用来核算和监督企业的债务增减变动及实有数的账户。如"应付账款"、"应付票据"、"其他应付款"、"应交税费"等都属于负债结算账户。这类账户结构的特点是:贷方登记债务的增加额,借方登记债务的减少额,余额在贷方,表示债务实有数额。负债结算账户的结构如图 5-5 所示。

借方	负债结算	贷方
		期初余额:期初结欠的借入款项或尚未结算的应付款项和预收款项的实有额
发生额:本期偿还债务的减少额		发生额:本期借入款项、应付款项或预收款项的增加额
		期末余额:期末结欠的借入款项或尚未结算的应付款项和预收款项的实有额

图 5-5　"负债结算"账户的结构

（3）资产负债结算账户

资产负债结算账户是用来核算和监督企业与其他单位或个人以及企业内部之间的一般款项往来结算情况的账户，因为相互之间的往来结算的性质会经常变动，有时是企业的债权，有时则是企业的债务。如预付账款情况不多的企业，也可以将预付账款直接记入"应付账款"账户的借方，这样"应付账款"账户同时核算和监督企业应付账款和预付账款的增减变动情况，从而成为一个债权债务结算账户。同样"预收账款"不多的企业也可将预收账款直接记入"应收账款"账户的贷方。因此为了能在同一账户中反映本企业与其他单位或个人债权、债务的增减变化，可以设置资产负债双重性质的结算账户。这类账户的结构特点是：借方登记应收款项（债权）增加数或应付款项（债务）减少数，贷方登记应付款项（债务）增加数或应收款项（债权）减少数；它的余额有时在借方，有时在贷方。资产负债账户各明细账的借方余额表示应收款项（债权）的实有数；贷方余额表示应付款项（债务）的实有数。资产负债结算账户总账的借方余额为应收款项大于应付款项的差额；贷方余额为应付款项大于应收款项的差额。另外，我们还可以将"其他应收款"、"其他应付款"合并设置"其他往来"账户。同理，设置"供应单位往来"、"内部往来"等账户。这些均属于资产负债结算账户，其优点在于可以减少往来账目的对账工作量，集中反映双方的债权、债务情况；缺点是账务处理不直观，初学者不易掌握。资产负债结算账户的结构如图5-6所示。

借方	资产负债结算	贷方
期初余额：期初债权大于债务的差额		期初余额：期初债务大于债权的差额
发生额：（1）本期债权的增加额 （2）本期债务的减少额		发生额：（1）本期债权的减少额 （2）本期债务的增加额
期末余额：期末债权大于债务的差额		期末余额：期末债务大于债权的差额

图5-6 "资产负债结算"账户的结构

3.资本账户

资本账户是用来核算和监督企业资本的所有者权益账户。如"实收资本"、"资本公积"、"盈余公积"和"利润分配—未分配利润"等。资本账户结构的特点是：贷方登记各项资本的增加额；借方登记各项资本的减少额；余额在贷方，表示各项资本的实有数。资本账户的结构如图5-7所示。

借方	资本	贷方
		期初余额：期初投资或积累的实有额
发生额：本期投资或积累的减少额		发生额：本期投资或积累的增加额
		期末余额：期末投资或积累的实有额

图5-7 "资本"账户的结构

基础会计学

4.调整账户

调整账户是用来调整有关账户的账面余额而设置的账户。在会计核算中,由于管理上的需要或其他原因,对于某些资产或负债、所有者权益,有的需要用两种不同的数字,开设两个账户来进行记录反映。其中一个账户用来记录反映资产、负债的原始数字,另一个账户用来记录反映对原始数字的调整数字。记录反映原始数字的账户称为被调整账户;记录反映调整数字的账户称为调整账户。将原始数字同调整数字相加或相减,就可以求得某项指标的现有实存数字。由调整账户和被调整账户相互配合,既能全面、完整地反映同一个会计对象,又能满足管理上对不同指标的需要。

调整账户按其调整方式的不同,可以分为备抵(或称抵减)账户、附加账户和备抵附加账户三种。往往调整账户均随同被调整账户成对设置。

(1)备抵账户

备抵账户是用来抵减被调整账户的余额以求得被调整账户调整后实际余额的账户。例如,"累计折旧"账户是"固定资产"的备抵账户;"坏账准备"是"应收账款"的备抵账户;"利润分配"是"本年利润"的备抵账户。其调整方式是以被调整账户的期末余额减去调整账户的期末余额,以求得被调整账户调整后的现有实际数额。备抵账户的特点是调整账户与被调整账户的性质是相同的,两个账户的余额方向相反。例如,"固定资产"账户的期末借方余额,表示固定资产的原始价值,"累计折旧"账户的期末贷方余额,表示固定资产的累计折旧额,两者相减,即可求得固定资产的现有净值。尽管这两个账户余额的方向相反,借贷方登记增减也相反,但这两个账户是同一性质的账户。正因为它们是同一性质的账户,才可以抵减,否则不能相加减。同时也正是"固定资产"账户与"累计折旧"账户的余额方向相反,它们互相才能备抵。

根据被调整账户的性质,又可将备抵账户分为资产备抵账户(如"累计折旧"、"坏账准备")和权益备抵账户(如"利润分配")。

①资产备抵账户。该账户是用来抵减某一资产账户(被调整账户)的余额以求得该资产账户调整后实际余额的账户。例如,"累计折旧"账户就是"固定资产"账户的资产备抵账户,另外,"固定资产减值准备"账户也是"固定资产"账户的资产备抵账户。"短期投资跌价准备"账户是"短期投资"账户的资产备抵账户,"长期投资减值准备"账户是"长期股权投资"和"长期债权投资"账户的资产备抵账户,"存货跌价准备"账户是"原材料"、"包装物"、"低值易耗品"、"库存商品"等账户的资产备抵账户,"在建工程减值准备"账户是"在建工程"账户的资产备抵账户。资产备抵账户的结构如图 5-8 所示。

借方	固定资产	贷方
期末余额:固定资产的原始价值 300000		

借方	累计折旧	贷方
		期末余额:固定资产的累计折旧 70000

图 5-8　"资产备抵"账户的结构

固定资产的净值＝原值－累计折旧＝300000－70000＝230000

②权益备抵账户。该账户是用来抵减某一权益账户（被调整账户）的余额以求得该权益账户调整后实际余额的账户。例如，"利润分配"账户就是"本年利润"账户的权益备抵账户。权益备抵账户的结构如图 5-9 所示。

借方	利润分配	贷方
期末余额：已分配的净利润数 300000		

借方	本年利润	贷方
		期末余额：已实现的净利润数 600000

图 5-9 "权益备抵"账户的结构

未分配的净利润数＝已实现的净利润数－已分配的净利润数
＝600000－300000＝300000

（2）附加账户

附加账户是用来增加被调整账户的余额，以求得被调整账户调整后实际余额的账户。这类账户同备抵账户的调整方式恰好相反，是将被调整账户的期末余额与调整账户的期末余额相加，得出被调整账户调整后的实际余额。附加账户的特点是被调整的账户的性质和期末余额方向与调整账户一致。例如企业溢价发行债券，发行时按债券的票面金额贷记"应付债券—债券面值"账户，溢价金额贷记"应付债券－债券溢价"账户。"债券溢价"二级账户是"债券面值"二级账户的附加账户，两者期末贷方余额之和表示该项债券的实际余额。

目前，在实际会计工作中，一般不设立某总账的附加账户。

（3）备抵附加账户

备抵附加账户是同时具有备抵和附加两种调整职能的账户。如"材料成本差异"是备抵附加账户，当其余额与被调整账户的余额方向相同时，其调整的方式与附加账户相同；当其余额与被调整账户的余额方向相反时，其调整的方式与备抵账户相同。

如果企业的材料、物资核算采用计划成本计价，就必须设置"材料采购"、"材料成本差异"、"原材料"、"包装物"、"低值易耗品"、"工程物资"等有关账户来分别计算物资的实际采购成本和计划成本，以及实际采购成本同计划成本的差异额。通过"材料采购"账户，将物资实际采购成本大于计划成本的差额登记入"材料成本差异"及其明细账户的借方（即超支额），将物资采购实际采购成本小于计划成本的差额登记入"材料成本差异"及其明细账户的贷方（即节约额）。当月末填制会计报表时，需将"原材料"、"包装物"、"低值易耗品"、"工程物资"等账户反映的计划成本，调整为实际成本。这时"材料成本差异"及其明细账户的期末余额如在借方，则与"原材料"、"包装物"、"低值易耗品"、"工程物资"等账户的期末借方余额相加（附加账户性质）；如果"材料成本差异"及其明细账户的期末余额在贷方，则与"原材料"、"包装物"、"低值易耗品"、"工程物资"等账户的期末借方余额相减（备抵账户性质），就可以将物资计划成本调整为实际成本。备抵附加账户的结构如图 5-10 和图5-11 所示。

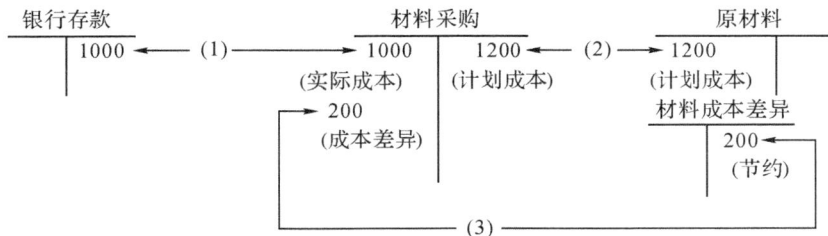

图 5-10　"材料成本差异"备抵账户性质业务流程

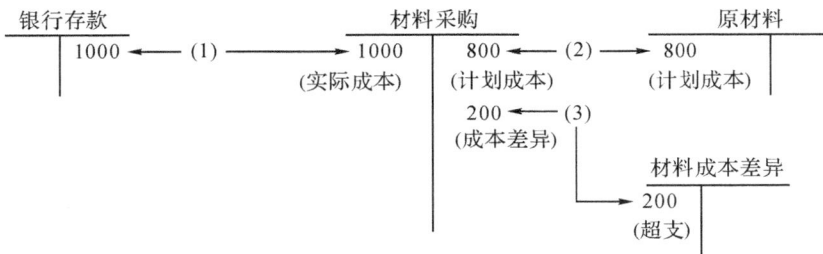

图 5-11　"材料成本差异"附加账户性质业务流程

业务说明：

(1)购进材料一批,价值 1000 元,货款已用存款支付,材料已验收入库。(增值税略)

(2)结转入库材料的计划成本 1200 元。

(3)计算并结转材料成本差异 200 元(节约)。

本例中,"材料成本差异"账户是用来调整"原材料"账户余额,求取库存材料实际成本的账户。由于此时调整账户与被调整账户余额的方向相反,因而调整方式是备抵的,"材料成本差异"账户执行的是备抵的功能。

库存材料的实际成本＝库存材料的计划成本－材料成本差异(节约)

＝1200－200＝1000(元)

业务说明：

(1)购进材料一批,价值 1000 元,货款已用存款支付,材料已验收入库。(增值税略)

(2)结转入库材料的计划成本 800 元。

(3)计算并结转材料成本差异 200 元(超支)。

本例中,由于此时调整账户与被调整账户余额的方向相同,因而调整方式是附加的,"材料成本差异"账户执行的是备抵的功能。

库存材料的实际成本＝库存材料的计划成本＋材料成本差异(超支)

＝800＋200＝1000(元)

5.跨期摊提账户

跨期摊提账户是用来核算和监督应由若干个成本计算期成本计算对象共同负担的费用,并将这些费用在各个成本计算期进行分摊,借以正确计算产品成本的账户。设置跨期摊提账户的目的在于按照配比原则和权责发生制原则准确计算各该成本计算期的产品成本。如"长期待摊费用",账户是用来核算本期已经支付,但应分摊计入本期和以后各期产品成本的费用账户。其账户结构是借方登记费用的支付数,贷方登记由各个期间负担并记入费用的摊配数,借方余额表示已经支付尚未摊配的待摊费用。跨期摊提账户的结构如图5-12所示。

借方	跨期摊提	贷方
期初余额:已经支付尚未摊配的待摊费用		期初余额:已经预提但尚未支用的预提费用
发生额:本期待摊费用或预提费用额的支付数		发生额:本期费用的摊配或预提费用的预提数
期末余额:已经支付尚未摊配的待摊费用数		期末余额:已经预提而尚未支用的预提费用数

图 5-12 "跨期摊提"账户的结构

6.集合分配账户

集合分配账户是用来汇集和分配生产经营过程中某一阶段所发生的有关费用,借以反映和监督有关费用计划的执行情况及分配情况的账户。设置这类账户是便于将这些费用进行分配。集合分配账户的特点是:借方登记费用的发生额,贷方登记费用的分配额,期末一般无余额。例如"制造费用"就属于此类账户。集合分配账户的结构如图5-13所示。

借方	集合分配	贷方
发生额:本期各种费用的发生额		发生额:本期各种费用的分配额

图 5-13 "集合分配"账户的结构

7.成本计算账户

成本计算账户是用来归集生产经营过程中某一阶段所发生的全部费用,并据以计算、确定各个成本计算对象的实际成本的账户。"生产成本"账户就属于成本计算账户。这类账户结构的特点是:借方应入成本的各项费用,贷方登记结转出的实际成本,期末如有借方余额,则表示尚未完成生产经营过程某一阶段的各个成本计算对象已发生费用。"物资采购"、"在建工程"就属于这类账户。成本计算账户的结构如图5-14所示。

借方	成本计算	贷方
期初余额:期初尚未完成某一过程的成本计算对象的实际成本		
发生额:生产经营过程某一阶段发生的应计入成本的费用		发生额:结转已完成某一过程的成本计算对象的实际成本
期末余额:期初完成某一过程的成本计算对象的实际成本		

图 5-14 "成本计算"账户的结构

8.收入账户

收入账户是用来汇集经营过程中所取得的收入,借以在期末计算确定经营期内财务成果的账户。属于这些账户的有"主营业务收入"、"投资收益"和"其他业务收入"等。这类账

基础会计学

户贷方登记企业的收入数,借方登记期末结转"本年利润"账户数,期末一般无余额。收入账户的结构如图 5-15 所示。

借方	收入	贷方
发生额:(1)本期收入的减少额 　　　　(2)期末转入"本年利润"账户的 　　　　　　收入额		发生额:本期收入的增加额

图 5-15　"收入"账户的结构

9.费用账户

费用账户是用来汇集经营过程中发生的费用,借以在期末计算确定经营期内的财务成果的账户。属于这些账户的有"主营业务成本"、"主营业务税金及附加"、"营业费用"、"其他业务支出"、"营业外支出"、"管理费用"、"财务费用"和"所得税"等。企业的所有费用账户借方登记费用的发生数,贷方登记期末结转入"本年利润"账户,期末一般没有余额。费用账户的结构如图 5-16 所示。

借方	费用	贷方
发生额:本期费用支出的增加额		发生额:(1)本期费用支出的减少额 　　　　(2)期末转入"本年利润"账户的 　　　　　　费用数额

图 5-16　"费用"账户的结构

10.财务成果账户

财务成果账户是用来核算和监督企业在一定时期内财务成果的形成,计算最终成果的账户。"本年利润"是财务成果计算的典型账户。该账户结构的特点是:贷方登记一定时期内的销售收入、其他业务收入和营业外收入;借方登记一定时期内的销售成本、期间费用、其他业务支出、销售税金及附加、营业外支出和所得税。期末将借方发生额和贷方发生额进行比较,就可以得出本计算期的最终财务成果,如果为贷方余额,表示实现的利润;如果为借方余额,则表示发生的亏损。"本年利润"账户因其贷方的收入和收益按售价计算,而借方的成本和费用按成本价计算,双方计价基础不同,所以也可以称为计价对比账户。财务成果账户的结构如图 5-17 所示。

借方	财务成果	贷方
发生额:应计入本期损益的各项费用		发生额:应计入本期损益的各项收入
期末余额:本期发生的净亏损		期末余额:本期发生的净利润

图 5-17　"财务成果"账户的结构

11.暂记账户

暂记账户是用来核算和监督某些经济业务时,这些经济业务的应借账户和应贷账户的一方能立刻确定,而另一方一时难以确定。此时可将另一方暂记为某个账户,一旦确定另一方的账户后,则进行转账。这种用于暂时登记,具有过渡性的账户,称为暂记账户。常见的暂记账户有"待处理财产损溢"账户。

暂记账户借方登记财产物资盘亏、毁损的实际数或报经批准转账的财产物资盘盈数;贷方登记财产物资的盘盈数或经批准转账的财产物资盘亏、毁损数。余额如果在借方,表示期末尚未批准转账的财产物资的盘亏、毁损数减去盘盈数的净损耗;余额如果在贷方,表示尚未批准转账的财产物资盘盈数减去盘亏、毁损数的净溢余。期末,处理后本科目一般无余额。待处理财产损溢账户的结构如图 5-18 所示。

借方　　　　　　　　　待处理财产损溢　　　　　　　贷方	
发生额:(1)财产物资盘亏、毁损的实际数 　　　　(2)报经批准转账的财产物资盘 　　　　　　盈数	发生额:(1)财产物资的盘盈数 　　　　(2)经批准转账的财产物资盘亏、 　　　　　　毁损数
期末余额:期末尚未批准转账的财产物资 　　　　　的盘亏、毁损数减去盘盈数的 　　　　　净损耗	期末余额:尚未批准转账的财产物资盘盈 　　　　　数减去盘亏、毁损数的净溢余

图 5-18　"待处理财产损溢"账户的结构

12.计价对比账户

计价对比账户,也称对比账户,是用来对某项经济业务按照两种不同的计价标准进行对比,借以确定其业务成果的账户。

按计划成本计价进行物资日常核算的企业所设置的"材料采购"账户就属于计价对比账户。该账户的借方登记物资的实际采购成本,贷方登记按照计划单价核算的物资的计划采购成本,通过借贷双方两种计价的对比,可以确定物资采购的业务成果。

计价对比账户的特点是在同一账户的借贷两方采用不同的计价标准来反映有关经济指标,而调整账户则是通过两个成对设置的账户来反映有关经济指标。计价对比账户的结构如图 5-19 所示。

借方　　　　　　　　　　计价对比　　　　　　　　贷方	
发生额:核算业务的第一种计价 　　　　贷差(第二种计价大于第一种计 　　　　　价的差额),转入差异账户的贷方	发生额:核算业务的第二种计价 　　　　借差(第一种计价大于第二种计 　　　　　价的差额),转入差异账户的借方

图 5-19　"计价对比"账户的结构

除了上述两大分类以外,账户还可分为实账户和虚账户两类。实账户是指反映企业资产、负债和所有者权益的账户,这些账户在期末结账后通常都有余额,以后各期都要连续登记,所以也称永久性账户。同时,由于这些账户是编制资产负债表的依据,所以又称为资产负债表账户。虚账户是指反映企业生产经营过程中发生的收入、成本、费用、成果的账户,这些账户在期末结账后通常并无余额,下期初需另行开设,所以也称临时性账户。同时,由于这些账户是编制损益表的依据,又称损益表账户。将账户分为实账户和虚账户,可以进一步了解账户的经济内容和经济用途、结构,以便更好地运用各种账户,进行结账,编制会

基础会计学

计报表。

以上 12 个分类是按照不同的标志来进行的,同一账户可能既属于这一类账户,同时又属于其他类别的账户,即各种分类划分之间会有交叉。例如,"物资采购"既是资产账户,又是成本计算账户,还是计价对比账户。

【本章小结】

由于经济业务内容的内在联系和账户在使用方法上的共同点,各账户之间是相互联系的,它们既有个性又有共性,相互之间形成了一个完整的账户体系。为了更好地运用这些账户,了解每个账户的特性,从理论上探讨账户之间的内在联系,以便掌握账户在设置和提供会计核算指标方面的规律性,建立正确账户体系,对于从实践操作上了解账户的内容、用途和结构有着十分重要的意义。账户的经济内容,即账户所核算和监督的会计对象的具体内容,是账户分类的基础。账户按经济内容分为五大类,包括"资产类"、"负债类"、"所有者权益类"、"成本类"和"损益类",各大类又分为若干小类。这样分类便于从账户中取得需要的核算指标,明确每个账户的核算内容。

账户按经济用途和结构的分类,是在账户按经济内容分类的基础上,对经济用途和结构基本相同的账户进行适当的归类。账户按经济用途和结构的分类,可以分为盘存账户、结算账户、资本账户、跨期摊提账户、集合分配账户、成本计算账户、收入账户、费用账户、财务成果账户、暂记账户、计价对比账户。

【关键名词】

资产类 负债类 所有者权益类 成本类 损益类 盘存账户 结算账户 资本账户 跨期摊提账户 集合分配账户 成本计算账户 收入账户 费用账户 财务成果账户 暂记账户 计价对比账户

【思考题】

1. 研究账户分类的意义是什么? 账户有哪些主要的分类标准?
2. 账户按经济内容可以分成哪些类别? 每一分类中具体包括哪些账户?
3. 账户按用途和结构可以分成哪些类别? 每一分类中具体包括哪些账户?
4. 如何理解账户的双重性质?
5. 集合分配账户与费用账户在用途和结构上有哪些异同点?
6. 什么是调整账户? 调整方式有哪些?
7. 什么是计价对比账户? 举例说明这类账户结构的特点。

【案例分析】

[资料] 石家庄某有限责任公司 2009 年 7 月 1 日至 10 日,发生下列经济业务:

(1)7 月 1 日接受甲企业投资设备一台,价值 60000 元。

(2)7 月 1 日从银行借入长期借款 190000 元已存入银行。

(3)7 月 2 日从银行提取现金 50000 元准备发放工资。

(4)7 月 3 日购进设备一套,价值 30000 元,设备款未付。

(5)7月4日向职工发放工资50000元。

(6)7月5日收到购货单位归还前欠款35000元存入银行。

(7)7月5日以银行存款60000元归还到期短期借款。

(8)7月6日以银行存款7000元偿还前欠货款。

(9)7月6日购入材料一批已入库,金额60000元,料款暂欠。

(10)7月7日采购员出差预借差旅费500元,以现金支付。

[要求] (1)根据以上资料,使用正确的账户编制会计分录。

(2)对涉及的账户进行分类,并进行简单说明。

具体分析情况如下:

1.编制会计分录

(1)甲企业投入设备

借:固定资产	60000
贷:实收资本	60000

(2)借入长期借款

借:银行存款	190000
贷:长期借款	190000

(3)从银行提现,以备发放工资

借:库存现金	50000
贷:银行存款	50000

(4)购进设备,款未付

借:固定资产	30000
贷:应付账款	30000

(5)发放工资

借:应付职工薪酬	50000
贷:库存现金	50000

(6)收购货单位前欠货款

借:银行存款	35000
贷:应收账款	35000

(7)归还短期借款

借:短期借款	60000
贷:银行存款	60000

(8)归还前欠货款

借:应付账款	7000
贷:银行存款	7000

(9)购入材料,款未付

借:原材料	60000
贷:应付账款	60000

(10)采购员借旅费

借:其他应收款　　　　　　　　　　　　　　　　500

　　贷:库存现金　　　　　　　　　　　　　　　　500

　　　预收账款　　　　　　　　　　　　　　　15000

2. 对账户进行分类

(1)按经济内容分类

属于资产类账户的有固定资产、银行存款、库存现金、应收账款、原材料及其他应收款。这一类账户都是用来核算资产的增减变动及结存情况的账户。从反映的经济内容上看,具有以下特征:

①对所有者有用的特征。

②为该企业获得利益并限制他人取得这项利益的特征。

③掌握和控制该经济资源,组织经营活动的特征。

属于负债类账户的有长期借款、短期借款、应付账款、预收账款、应付职工薪酬。

这类账户反映企业由过去的交易、事项形成,预期履行时导致经济利益流出企业的现时义务。具有以下特征:

①体现了对其经济主体按时偿还债务的责任或义务。

②表明清偿负债会导致企业未来经济利益的流出。

③表明这种债务履行的客观存在或正在发生。

属于所有者权益类账户的有实收资本。

这类账户反映所有者在企业资产中享有的经济利益。

(2)按用途和结构分类

属于盘存类账户的有固定资产、银行存款、库存现金、原材料。

这类账户的特点是:

①账户反映的是财产物资和货币资金。可通过实地盘点和对账方法检查账面数和结存数是否一致。

②除货币资金外,这类账户可通过设置和运用明细账,提供价值指标和实物指标。

属于资本类账户的有实收资本。

这类账户反映企业投资人对企业净资产的所有权。只能以货币计量,说明资本规模及增减变化。

属于债权类账户的有应收账款、其他应收款。

这类账户的特点是:

①这类账户需要对账,并开设明细账。

②只能提供货币信息。

③期末余额一般在借方,表示债权实有数。

属于债务类账户的有长期借款、短期借款、应付账款、预收账款、应付职工薪酬。

这类账户的特点是:

①这类账户需要对账,并开设明细账。

②只能提供货币信息。

③期末余额一般在贷方,表示债务实有数。

第六章　会计凭证

通过本章的学习，应了解原始凭证和记账凭证的作用；掌握原始凭证和记账凭证的类型；了解原始凭证的凭证要素和记账凭证的内容；学会填制、审核原始凭证和记账凭证；了解会计凭证如何传递和保管。

课程导入

正则同学初到企业，看到了那些神秘的账簿，以及那些据以登账的各种票、单、表、证等凭证，很是眼花缭乱，很长时间都捋不顺它们是怎么回事、是什么关系。过了不久他终于搞清楚了：那些有着统一格式的凭证是用来在上面编制分录的，其他的则是原始凭证。这些编制分录的凭证的格式看上去有点复杂，他费了不少工夫才勉强搞清楚如何填制。后来又发现还有一些凭证是汇总这些分录凭证的。至于那些原始凭证，更是五花八门，种类繁多。到底会计凭证有哪些？如何分类？这些凭证的格式内容是怎样的？有哪些共同的要素？如何填制及审核？这些就是本章要探讨的。

第一节　会计凭证及其意义

一、会计凭证的概念

会计凭证是记录经济业务、明确经济责任的书面证明，也是登记账簿的依据。

俗话说"空口无凭，立据为证"，发生经济业务后，必须要有凭证来记录这项业务，并以此明确经济责任。单位每发生一项经济业务，经办业务的有关人员必须按照规定的程序和要求，填制会计凭证，记录经济业务发生或完成的日期、经济业务的内容，并在会计凭证上签名盖章，以对会计凭证的真实性和正确性负责任。

填制和审核会计凭证是会计核算的专门方法之一。一切会计记录都要有真凭实据，这是会计核算所必须遵循的基本原则，也是会计核算的一个特点。

二、会计凭证的意义

会计凭证的填制和审核,对于完成会计工作任务,发挥会计在经济管理中的作用,具有十分重要的意义,归纳起来有以下几个方面:

1.用来记录经济业务

一般经济业务发生在哪里,会计凭证就在哪里填制。这样可以正确及时地反映各项经济业务的发生及完成情况。

2.审核会计凭证,可以更有效地发挥会计的监督作用,使经济业务合理合法

通过会计凭证的审核,可以监督各项经济业务的合法性,检查经济业务是否符合国家的有关法律、制度;有无铺张、浪费、贪污、盗窃等行为发生;是否符合企业目标和财务计划;可以及时发现经济管理中存在的问题和管理制度中存在的漏洞,及时加以制止和纠正。

3.会计凭证可以强化经营管理上的责任制,提高相关人员的责任感

任何一项经济业务活动,都要由经管人员填制凭证并签字盖章,这样就便于划清职责,加强责任感;并便于发现问题,查明责任,从而有利于加强与改善经营管理,推行经济责任制。

4.会计凭证是登记账簿的根据

经济业务发生后,记录经济业务的会计凭证就按规定的流转程序最终汇集到财务会计部门,成为记账的基本依据。如果没有合法的凭证作依据,任何经济业务都不能登记到账簿中去。因此,做好会计凭证的填制和审核工作,是保证会计账簿资料真实性、正确性的重要条件。

5.便于日后的检查和查账

由于各项业务的发生首先会在会计凭证上得到反映和记录,因而会计凭证就是反映各单位各部门经济业务的最原始的业务档案,为以后的各种检查和查账提供了必要的原始资料,尤其是在解决经济纠纷时可以提供有法律效力的原始证据。

企业发生的经济业务内容非常复杂,用以记录、监督经济业务的会计凭证,也必然是五花八门、名目繁多。为了具体地认识、掌握和运用会计凭证,首先要对会计凭证加以分类。按照会计凭证的填制程序和用途一般可以分为原始凭证和记账凭证两类。下面分别加以介绍。

第二节　原始凭证的种类及其填制和审核

原始凭证是记录经济业务,用以明确经济责任,作为记账依据的最初的书面证明文件,如出差乘坐的车船票、采购材料的发货票、到仓库领料的领料单等。

原始凭证是在经济业务发生的过程中直接产生的,是经济业务发生的最初证明,在法律上具有证明效力,所以也可叫作"证明凭证"。

原始凭证按其取得的来源不同,可以分为自制原始凭证和外来原始凭证两类。

一、自制原始凭证

自制原始凭证是指在经济业务发生、执行或完成时，由本单位的经办人员自行填制的原始凭证，如收料单、领料单、产品入库单等。

自制原始凭证按其填制手续不同，又可分为一次凭证、累计凭证、汇总原始凭证和记账编制凭证四种。

1. 一次凭证

一次凭证是指填制手续是一次完成的会计凭证。如报销人员填制的、出纳人员据以付款的"报销凭单"；企业购进材料验收入库，由仓库保管员填制的"收料单"，以及下面将要介绍的向仓库领用材料时填制的"领料单"等。

"领料单"一般都一料一单。从仓库中领用各种材料，都应履行出库手续，由领料经办人根据需要材料的情况填写领料单，并经该单位主管领导批准到仓库领用材料。仓库保管员根据领料单，审核其用途，计量发放材料，并在领料单上签章。"领料单"一式三联，一联留领料部门备查，一联留仓库，据以登记材料物资明细账和材料卡片，一联转会计部门或月末经汇总后转会计部门据以进行总分类核算。某企业的领料单如表 6-1 所示。

表 6-1　某企业的领料单

领料单位：一车间　　　　　　　201×年×月×日

凭证编号：1256

用　途：制造 A 产品　　　　　　　发料仓库：5 号库

材料类别	材料编号	材料名称及规格	计量单位	数　量		单价	金额（元）
				请　领	实　发		
型钢	022	20m/m	千克	500	500	3.20	1600
备　　注				合　　计			1600

主管（签章）　　　记账（签章）　　　发料人（签章）　　　领料人（签章）

2. 累计凭证

累计凭证是指在一定期间内，连续多次记载若干不断重复发生的同类经济业务，直到期末，凭证填制手续才算完成，以期末累计数作为记账依据的原始凭证，如工业企业常用的限额领料单等。

"限额领料单"在有效期间内（一般为一个月），只要领用数量不超过限额就可以连续使用。"限额领料单"是由生产计划部门根据下达的生产任务和材料消耗定额按每种材料用途分别开出，一料一单，一式两联，一联交仓库据以发料，一联交领料部门据以领料。领料单位领料时，在该单内注明请领数量，经负责人签章批准后，持其往仓库领料。仓库发料时，根据材料的品名、规格发料，同时将实发数量及限额余额填写在限额领料单内，领发料双方在单内签章。

月末在此单内结出实发数量和金额转交会计部门，据以计算材料费用，并做材料减少的核算。

使用限额领料单领料，全月不能超过生产计划部门下达的全月领用限额量。

使用这种凭证,既可以简化凭证填制手续,又可以做到对领用材料的事前控制。某企业的限额领料单如表 6-2 所示。

表 6-2　某企业限额领料单

201×年 10 月　　　编号:1235

领料单位:二车间　　　　　　　用途:B 产品

　　　　　　　　　　　　　　计划产量:6000 台

材料编号:212035　　　名称规格:16m/m 圆钢

　　　　　　　　　　　　　　计量单位:千克

单价:2.00 元　　　　消耗定量:0.2 千克/台

　　　　　　　　　　　　　　领用限额:1000

201×年		请　领		实　发					
月	日	数量	领料单位负责人	数量	累计	发料人	领料人	限额结余	
10	5	200	张三	200	200	李四	王五	800.00	
10	10	100	张三	100	300	李四	王五	700.00	
10	15	300	张三	300	600	李四	王五	400.00	
10	20	100	张三	100	700	李四	王五	300.00	
10	25	150	张三	150	850	李四	王五	150.00	
10	31	100	张三	100	950	李四	王五	50.00	

累计实发金额(大写)壹仟玖佰元整　　　￥1900.00

供应生产部门负责人　　　生产计划部门负责人　　　　仓库负责人

3.汇总原始凭证

汇总原始凭证是指在会计核算工作中,为简化记账凭证的编制工作,将一定时期内若干份记录同类经济业务的原始凭证按照一定的管理要求汇总编制一张汇总凭证,用以集中反映某项经济业务总括发生情况的会计凭证。

因为企业取得或填制的原始凭证,往往为数很多,如逐一填制记账凭证或逐一登记有关账簿,在手续上将不胜其烦。所以为了简化核算手续,对于经济业务内容相同的各类原始凭证,如收料单、领料单等,常将它们按期(10 天、15 天或 1 月)先行填制收料、发料凭证汇总表,然后再根据收料、发料凭证汇总表填制记账凭证,登记有关账簿。差旅费报销单、工资汇总表等也是常用的汇总原始凭证。发料凭证汇总如表 6-3 所示。

表 6-3　发料凭证汇总表

201×年×月×日　　　　　　　　　　　　　　　　　单位:元

应借科目	应贷科目:原材料				辅助材料	发料合计
	明细科目:主要材料					
	1—10 日	11—20 日	21—30 日	小　计		
生产成本 制造费用 管理费用	15000	22000 1000	20000 2000	57000 1000 2000	3000 500 1500	60000 1500 3500
合　计	15000	23000	22000	60000	5000	65000

汇总原始凭证在大中型企业中使用得非常广泛,因为它可以简化核算手续,提高核算工作效率;能够使核算资料更为系统化,使核算过程更为条理化;能够直接为管理提供某些综合指标。

4.记账编制凭证

在企业自制的各种原始凭证中,一般都是以实际发生或完成的经济业务为依据,由经办人员填制并签章,但有些自制原始凭证,则是由会计人员根据已经入账的结果,对某些特定项目进行归类、整理而编制的,这种根据账簿记录而填制的原始凭证,称为记账编制凭证。例如在计算产品成本时,编制的"制造费用分配表"就是根据制造费用明细账记录的数字按费用的用途填制的。再如,月末确定已销商品成本时根据库存商品账簿记录所编制的成本计算表,以及月末所编制的利润分配计算表等。制造费用分配如表6-4所示。

表6-4 制造费用分配表

201×年×月

应借科目		生产工时	分配率	分配金额
生产 成本	A产品	2000	2	4000
	B产品	3000	2	6000
合　计		5000	2	10000

二、外来原始凭证

外来原始凭证是指在同外单位发生经济往来关系时,从外单位取得的凭证。如企业购买材料、商品时,从供货单位取得的发货票,付款时取得的收据、出差乘坐的车船票、货物运输发票等。外来原始凭证都是一次凭证。

增值税专用发票的一般格式如表6-5所示。

表6-5 北京市增值税专用发票

发票联

开票日期:201×年×月×日

购货名称				名称:×××公司				纳税人登记号										×××								
				地址: 电话:				开户银行及账号										×××								
商品或 劳务名称	计量 单位	数量	单价	金　额									税率 (%)	税　额											
				百	十	万	千	百	十	元	角	分		百	十	万	千	百	十	元	角	分			
8m/m螺母	个	4000					1	0	0	0	0	0	17						1	7	0	0			
6m/m螺母	个	2000					2	0	0	0	0	0	17						3	4	0	0			
4m/m螺母	个	4000					3	0	0	0	0	0	17						5	1	0	0			
合　计							6	0	0	0	0	0						1	0	2	0	0			
价税合计(大写)				壹仟零贰拾元整									￥7020.00												
销货单位				名称　××公司				纳税人登记号										×××								
				地址、电话:×××				开户银行及账号										×××								
收款人:				开票单位(未盖章无效)××公司																					

三、原始凭证的内容

原始凭证通常都不是由财会人员填制的,而是由有关单位或本单位有关业务人员填制的。但是,全部原始凭证都必须经过财会人员审核,才能登记入账。因此,财会人员不仅本身应掌握原始凭证的内容和填制方法,而且还要向有关业务人员说明原始凭证的重要作用,帮助他们掌握正确填制原始凭证的方法。

原始凭证的名称、格式和内容多种多样,其填制和审核的具体内容也会因此而多种多样。但是,所有的原始凭证,都是作为经济业务的原始证据,必须详细载明有关经济业务的发生或完成情况,必须明确经办单位和人员的经济责任。因此,各种原始凭证都应具备一些共同的基本内容。

原始凭证所包括的基本内容,通常称为凭证要素,主要有:

(1)原始凭证的名称。任何原始凭证都应有名称,例如发票、领料单等。

(2)填制凭证的日期。原始凭证必须写明填制的日期。原始凭证上写明的日期,应是经济业务或完成的日期。日期能反映经济业务发生的时间,同时起到监督、控制作用。有的凭证未填日期,例如支票是存在有限期的,签发时若不填日期,就无法起到控制作用。

(3)凭证的编号。原始凭证应按照一定的标准或顺序编号。

(4)填制和接受凭证的单位名称。编制原始凭证,一定要有填制单位和接受单位。

(5)经济业务的基本内容。包括经济业务所涉及的商品物资的品种、数量、单位、单价和金额等。

(6)填制单位和经办人员的签章。为了明确经济责任,原始凭证要由编制单位加盖公章,并由经办人员签名或盖章。

此外,为了更加充分地发挥原始凭证的作用,还可补充必要的内容。例如,为了掌握计划或合同的执行情况,可在有关的原始凭证上注明计划定额或合同编号等。

有些经济业务在不同单位中经常发生,为了使各单位所填制的原始凭证能够提供统一管理所需要的资料,主管部门可制订统一的凭证格式。例如,人民银行统一制订的现金支票、转账支票,铁道部统一制订的铁路运单,就是分别在各部门统一使用的原始凭证。

印制统一原始凭证,既可以加强对凭证以及企业和行政事业等单位经济活动的管理,又可以节约印刷费用。

四、原始凭证的填制要求

原始凭证是具有法律效力的证明文件,是记账的原始依据。因此,原始凭证填制得正确与否,与整个核算工作的质量有着密切的联系。在填制原始凭证时,必须做到合法、真实、内容完整、书写规范、填制及时等。具体地说,必须符合下列要求:

(1)凭证所反映的经济业务必须合法,必须符合国家有关政策法规制度的要求,不符合要求的,不得列入原始凭证。

(2)填制原始凭证要真实。不允许歪曲或弄虚作假,也不能乱估计数字。

(3)填制原始凭证要内容齐全。各种凭证的内容必须逐项填写齐全,不得遗漏,必须符合手续完备的要求,经办业务的有关部门和人员要认真审查,并签名盖章。内容不齐备的不能作为经济业务的合法证明,也不能作为有效的会计凭证。

（4）书写格式要规范，原始凭证要用蓝色笔书写，字迹清楚、规范，填写支票必须使用碳素笔，属于需要用复写纸套写的凭证，必须一次套写清楚。合计的小写金额前应加注币值符号，如"￥"、"＄"等。大写金额有"分"的，后面不加"整"字，其余一律在末尾加"整"字；大写金额前还应加注币值单位，注明"人民币"、"美元"等字样，且币值单位与金额数字之间，以及各金额数字之间不得留有空隙。

凡阿拉伯数字前写有人民币符号"￥"的，数字后面不再写"元"字。阿拉伯数字，一律填写到角分，无角分位可写"00"或符号"—"。

汉字大写金额要规范，如壹、贰、叁、肆、伍、陆、柒、捌、玖、拾、佰、仟、万、亿、圆、角、分、零、整，不得用一、二（两）、三、四、五、六、七、八、九、十、毛、另（或0）等字样代替。

阿拉伯数字中间连续有几个"0"时，汉字大写金额中可以只写一个"零"字，如"￥1004.56"，汉字大写金额应写成"人民币壹仟零肆圆伍角陆分"。

（5）凭证不得随意涂改、刮擦、挖补。

原始凭证所记载的内容有错误的，应当由出具单位重开或者更正。

更正工作必须由原始凭证出具单位进行，并应当在更正处加盖出具单位印章；重新开具原始凭证也应当由原始凭证出具单位进行。

原始凭证金额有错误的不得更正，只能由原始凭证出具单位重开。因为原始凭证上的金额是反映经济业务事项情况的最重要数据，如果允许随便更改，易产生舞弊。

原始凭证开具单位应当依法开具准确无误的原始凭证，对于填制有误的原始凭证，负有更正和重新开具的法律义务，不得拒绝。

（6）支付款项的原始凭证，必须有收款单位和收款人的收款证明。

如发生销货退回时，退款时必须取得对方的收款收据或汇款银行的汇出凭证，不得以退货发票代替收据。

（7）一式几联的原始凭证，必须用复写纸套写，并连续编号。应当注明各联的用途。

（8）各种凭证应当编号，以便查考。各种凭证如果已预先印定编号，在写坏作废时，应当加盖"作废"戳记，全部保存，不得撕毁。

（9）各种凭证必须及时填制，一切原始凭证都应按照规定程序，及时送交财会部门，由财会部门加以审核，并据以编制记账凭证。

五、原始凭证的审核

各种原始凭证，除由经办业务的有关部门审核外，最后要由会计部门进行审核。及时审核原始凭证，是对经济业务进行的事前监督。

只有经过审核确认无误的原始凭证，才能作为编制记账凭证、据以登记账簿的依据。原始凭证的审核主要包括以下两方面的内容。

1. 真实合法性审核

真实合法性审核是指审核原始凭证所反映的经济内容与实际情况是否相符。具体包括：经济业务双方当事单位和当事人必须真实；经济业务发生的时间、地点和填制凭证的时间必须真实；经济业务的内容必须真实；经济业务的数量和金额必须真实。根据有关的法令、制度、政策等，审核原始凭证所记录的经济业务是否合规、合法，有无违反法令、制度的行为，审核经济业务是否按规定的程序予以办理。对于经审核确认不真实、不合法的原始凭证,会计机构和会计人员有权不予接受,并向单位负责人报告。

2.准确完整性审核

根据原始凭证的基本内容,逐项审核原始凭证的内容是否准确、完整,原始凭证的各项目是否按规定填写齐全,是否按规定手续办理。

具体地应审核原始凭证是否无名称;是否不填日期;是否不填接受凭证单位的名称;是否业务内容、数量、金额填写不全;是否有相关的公章和经办人签章;有关金额的计算是否正确;多联复写的原始凭证所送交的联次是否正确,是否是一次复写填制的;是否是书写潦草,难以辨认;是否大写金额前未注明"人民币"字样,且留有空余;大小写是否相符;是否无编号、编号不连续等。

必要时,审核是否具有相关的合同、文件、授权和验收等手续。对于记载不准确、不完整的原始凭证,会计人员应当将原始凭证退回给经办人或者报销人,并要求按照国家统一的会计制度的规定进行更改或者补充。

原始凭证的审核,是一项严肃而细致的工作,会计人员必须坚持制度和原则。

第三节　记账凭证的种类及其填制与审核

一、记账凭证概述

在前面的章节中曾指出,在登记账簿之前,应编制会计分录,然后据以登记账簿;在实际工作中,会计分录是通过填制记账凭证来完成的。

记账凭证是会计人员根据审核无误的原始凭证或汇总原始凭证,按经济业务性质加以分类,用来确定经济业务应借、应贷的会计科目和金额而填制的,作为登记账簿直接依据的会计凭证。

填制具有统一格式的记账凭证后,要将相关的原始凭证附在后面,这样也有利于原始凭证的保管,便于对账和查账。

记账凭证和原始凭证同属于会计凭证,原始凭证与记账凭证之间存在着密切的联系。原始凭证是记账凭证的基础,记账凭证是根据原始凭证编制的。在实际工作中,原始凭证附在记账凭证后面,作为记账凭证的附件。两者的差别如下:

(1)原始凭证是由经办人员填制的;记账凭证一律由会计人员填制。

(2)原始凭证是根据发生或完成的经济业务填制;记账凭证是根据审核后的原始凭证填制。

(3)原始凭证仅用以记录、证明经济业务已经发生或完成;记账凭证要依据会计科目对已经发生或完成的经济业务进行归类、整理,确认会计分录。

(4)原始凭证是填制记账凭证的依据;记账凭证是登记账簿的依据。

二、专用记账凭证和通用记账凭证

记账凭证按其适用的经济业务,分为专用记账凭证和通用记账凭证两类。

1.专用记账凭证

专用记账凭证是用来专门记录某一类经济业务的记账凭证。专用凭证按其所记录的经济业务是否与现金和银行存款的收付有关系,又分为收款凭证、付款凭证和转账凭证三种。

货币资金的管理是财会人员的一项重要工作,为了单独反映货币资金收付情况,货币资金收付的业务量较多的单位,往往对货币资金的收付业务编制专用的记账凭证。

(1)收款凭证

收款凭证是用来记录现金和银行存款等货币资金收款业务的凭证,它是根据现金和银行存款收款业务的原始凭证填制的,如表6-6所示。

表6-6　收款凭证

借方科目:银行存款　　　　　　　201×年10月15日　　　　　　　银收字第34号

摘　要	贷方科目		金　额								附单据3张
	总账科目	明细科目	千	百	万	千	百	十	元	角	分	
售出甲产品10件	产品销售收入	甲产品			2	0	0	0	0	0	0	
	应交税费	应交增值税(销项税额)				3	4	0	0	0	0	
	合计金额				2	3	4	0	0	0	0	

财务主管　　　　记账　　　　审核　　　　出纳　　　　制单

(2)付款凭证

付款凭证是用来记录现金和银行存款等货币资金付款业务的凭证,它是根据现金和银行存款付款业务的原始凭证填制的,如表6-7所示。

表6-7　付款凭证

贷方科目:银行存款　　　　　　　201×年10月15日　　　　　　　银付字第33号

摘　要	借方科目		金　额								附单据4张
	总账科目	明细科目	千	百	万	千	百	十	元	角	分	
购入钢管一批	原材料	钢　管			5	0	0	0	0	0	0	
	应交税费	应交增值税(进项)				8	8	0	0	0	0	
	合计金额				5	8	8	0	0	0	0	

财务主管　　　　记账　　　　审核　　　　出纳　　　　制单

收款凭证和付款凭证是用来记录货币收付业务的凭证,既是登记现金日记账、银行存款日记账、明细分类账及总分类账等账簿的依据,也是出纳人员收、付款项的依据。为了会计对经营活动的事中控制,出纳人员一般不能依据现金、银行存款收付业务的原始凭证收付款项,而是应当根据会计主管人员或指定人员审核批准的收款凭证和付款凭证来收付款项,以加强对货币资金的管理,有效地监督货币资金的使用。

（3）转账凭证

转账凭证是用来记录与现金、银行存款等货币资金收付款业务无关的转账业务的凭证，它是根据有关转账业务的原始凭证填制的，如表6-8所示。

表6-8　转账凭证

201×年2月19日　　　　　　　　　　　　　　　　　　　　　转字第34号

摘　要	会计科目		借方金额	贷方金额	账　页	附凭证1张
	总账科目	明细科目				
一车间领用钢管	原材料	钢管		10000.00		
	生产成本	甲产品	10000.00			
合　计			10000.00	10000.00		

会计主管　　　　　记账　　　　　审核　　　　　制证

2.通用记账凭证

通用记账凭证的格式，不再分为收款凭证、付款凭证和转账凭证，而是以一种格式记录全部经济业务。

在经济业务比较简单的经济单位，为了简化凭证可以使用通用记账凭证，记录所发生的各种经济业务。记账凭证的格式如表6-9所示。

表6-9　记账凭证

201×年2月20日　　　　　　　　　　　　　　　　　　　　　第35号

摘　要	会计科目		借方金额	贷方金额	账　页
	总账科目	明细科目			
预借差旅费	库存现金			500.00	
	其他应收款	李强	500.00		
合　计			500.00	500.00	

会计主管　　　　记账　　　　　审核　　　　　制证　　　　　出纳

三、复式记账凭证和单式记账凭证

记账凭证按其包括的会计科目是否单一，分为复式记账凭证和单式记账凭证两类。

1.复式记账凭证

复式记账凭证又叫作多科目记账凭证，是将某项经济业务所涉及的全部会计科目集中填列在一张记账凭证上。

复式记账凭证可以集中反映账户的对应关系，因而便于了解经济业务的全貌，了解资金的来龙去脉；便于查账，同时可以减少填制记账凭证的工作量，减少记账凭证的数量；但是不便于汇总计算每一会计科目的发生额，不便于分工记账。

一般企业的核算通常都用复式记账凭证。上述收款凭证、付款凭证和转账凭证的格式都是复式记账凭证的格式。

2.单式记账凭证

单式记账凭证又叫作单科目记账凭证,要求将某项经济业务所涉及的每个会计科目,分别填制记账凭证,每张记账凭证只填列一个会计科目,其对方科目只供参考,不据以记账。也就是把某一项经济业务的会计分录,按其所涉及的会计科目,分散填制两张或两张以上的记账凭证。

单式记账凭证便于汇总计算每一个会计科目的发生额,便于分工记账;但是填制记账凭证的工作量变大,而且出现差错不易查找。

借项记账凭证与贷项记账凭证的格式如表 6-10 所示。

表 6-10　借项记账凭证

201×年 5 月 7 日　　　　　　　　　　　　　凭证编号:记字 12$\frac{1}{2}$号

摘　要	一级科目	明细科目	记　账	金　额	附凭证2张
从新红工厂购入甲材料	材料采购	甲材料	√	70000	
对应一级科目:银行存款	合　计			￥70000	

会计主管　　　　记账　　　　复核　　　　出纳　　　　制证

表 6-11　贷项记账凭证

201×年 5 月 7 日　　　　　　　　　　　　　凭证编号:记字 12$\frac{2}{2}$号

摘　要	一级科目	明细科目	记　账	金　额	附凭证1张
从新红工厂购入××材料	银行存款		√	70000	
对应一级科目:材料采购	合　计			￥70000	

会计主管　　　　记账　　　　复核　　　　出纳　　　　制证

四、单一记账凭证、汇总记账凭证和科目汇总表

记账凭证按包括的内容分类,可以分为单一记账凭证、汇总记账凭证和科目汇总表(亦称记账凭证汇总表)三类。

(1)单一记账凭证,是指只包括一笔会计分录的记账凭证。前面介绍的收款凭证、付款凭证和转账凭证以及通用记账凭证都是单一记账凭证。也可以将单一记账凭证称为分录凭证。

(2)汇总记账凭证,是指根据许多同类的单一记账凭证定期加以汇总而重新编制的记账凭证。其目的是为了简化总分类账的登记手续。汇总记账凭证又可以进一步分为汇总收款凭证、汇总付款凭证和汇总转账凭证。

(3)科目汇总表,是指根据一定时期内所有的单一记账凭证定期加以汇总而重新编制的记账凭证。其目的也是为了简化总分类账的登记手续。

科目汇总表和汇总记账凭证将在第十章账务处理程序中详细讲解。

至此,会计凭证的完整分类如图 6-1 所示。

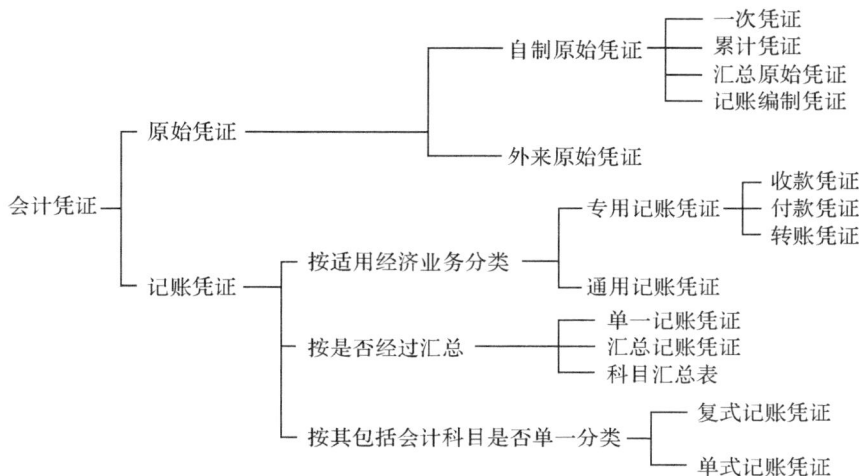

图 6-1　会计凭证分类

五、记账凭证的基本内容

记账凭证虽然种类不一,编制依据也各有不同,但各种记账凭证的主要作用都在于对原始凭证进行归类整理,编制会计分录,明确有关人员的责任,为登记账簿提供直接依据。因此,所有的记账凭证都应具有一些基本内容,主要包括:

(1)凭证名称。如采用专用格式,则分别称为"收款凭证"、"付款凭证"、"转账凭证";通用记账凭证就称为"记账凭证"。

(2)填制凭证的日期,即填制凭证的当日,以年、月、日表示。

(3)凭证编号。应按月编制记账凭证的统一序号。

(4)经济业务内容摘要。记账凭证是对原始凭证直接处理的产物,因此,在记账凭证摘要栏应简明、扼要地说明它所处理的经济业务的内容。

(5)会计科目和记账方向,即所涉及的会计科目以及借贷方向,会计科目包括对应的一级科目和明细科目。

(6)记账金额,即会计科目的应计金额。

(7)所附原始凭证张数。为了表明记账凭证所记载的会计分录有确实凭据,应将原始凭证附在记账凭证后面,同时,在记账凭证上注明所附原始凭证张数。通过核对记账凭证和所附的原始凭证,可以确定会计处理是否正确。

(8)填制凭证人员、稽核人员、记账人员、会计主管人员的签名或盖章。收款和付款凭证还应当由出纳人员签名或盖章。这样可以明确各人应负的责任;同时通过多人检查,有利于防止记账过程出现差错,保证记账凭证所提供的信息真实、可靠。

六、记账凭证的填制要求

填写记账凭证,就是要由会计人员将各项记账凭证的基本内容按规定方法填写齐全,便于账簿登记。记账凭证虽有不同格式,但就记账凭证确定会计分录,便于保管和查阅会计资料来看,各种记账凭证都有以下填制要求:

（1）填制记账凭证的依据，必须是经审核无误的原始凭证或汇总原始凭证。

（2）内容填写齐全。记账凭证中的各项内容必须填写齐全，并按规定程序办理签章手续，不得简化。记账凭证的合计行应填写合计数，并在合计数前书写人民币符号"￥"。记账凭证填制完经济业务后，如有空行，应当自金额栏最后一笔金额数字下的空行处至合计数上的空行处划线注销。

（3）正确填写记账凭证的日期。

收付款业务因为要登入当天的日记账，记账凭证的日期应是货币资金收付的实际日期。

转账凭证以收到原始凭证的日期为日期，但要在摘要栏注明经济业务发生的实际日期。

如果记账凭证日期与原始凭证日期相距太远，特别是本单位开出的收据与记账凭证日期相差时间较长，则意味着可能有挪用或贪污公款问题存在；如果记账凭证日期超前于原始凭证日期，则意味有弄虚作假。

（4）业务记录明确。没必要对每个原始凭证做一个记账凭证，如果原始凭证内容一样，可以合在一起做。比如，可以将几份领料单汇总后作一个记账凭证，免得登账麻烦。但在一张记账凭证上，只能反映某一项经济业务或若干同类的经济业务，而不能把不同类型的经济业务合并填制在一张记账凭证上。这主要是为了明确经济业务的来龙去脉和账户对应关系。

（5）摘要简明真实。记账凭证的摘要应用简明扼要的语言，概括出经济业务的主要内容，同时又要全面、清楚，应能够正确、完整地反映经济活动和资金变化的来龙去脉，切忌含糊不清。例如，现金、银行存款的收付款项应写明收付对象、来源渠道及用途；财产物资的收付事项应写明物资名称和收付单位；往来款项应写明对方单位及款项内容。

（6）科目运用准确。必须按会计制度统一规定的会计科目填写，不得任意简化或改动，不得只写科目编号，不写科目名称；凡有明细科目者，必须填齐。应借、应贷的记账方向和账户对应关系必须清楚。

（7）附件齐全。记账凭证所附的原始凭证必须完整无缺，并在记账凭证上注明原始凭证的张数，以便核对。

对于同一张原始凭证须填制两张记账凭证的，应在未附原始凭证的记账凭证上注明"附件××张，见第××号记账凭证"，以便查阅。

如果一张原始凭证所列支出需要几个单位共同负担的，应将其他单位负担的部分，开给对方"原始凭证分割单"。原始凭证分割单必须具备原始凭证的基本内容，另外还要有费用的分摊情况。

对于结账和更正错账的记账凭证，可以不附原始凭证。

对于数量过多的原始凭证，如收、发料单等，可以单独装订编号保管，在封面上说明记账凭证日期、种类、编号，同时在记账凭证上注明"附件另订"和原始凭证名称、编号。各种经济合同、保险单据以及涉外文件等重要原始凭证，应另编目录，单独存卷保管，并在有关的记账凭证上相互注明日期、编号等。

购买如电脑、打印机等的发票应复印，修理时出示复印件，原始凭证原件应当附在记账凭证的后面。

(8)凭证连续编号。记账凭证应按业务发生的顺序按月连续编号,不得间断。

采用通用记账凭证,可按全部经济业务发生的先后顺序编号;采用专用记账凭证,可按凭证类别分类编号,即在编号前冠以"收"、"付"、"转"等字样,按不同"字"别顺序编号。采用字号编号法时,具体地编为"收字第××号","付字第××号","转字第××号"。例如,2月20日收到一笔现金,是该月第30笔收款业务,记录该笔经济业务的记账凭证的编号为"收字第30号"。也可更细地编为"现收字第××号"。若一笔经济业务需填制多张记账凭证的,可采用"分数编号法",即按该项经济业务的记账凭证数量编列分号。例如,某笔经济业务需编制三张转账凭证,凭证的顺序号为32时,这三张凭证的编号应分别为"转"字第32$\frac{1}{3}$号、32$\frac{2}{3}$号、32$\frac{3}{3}$号。

每月末最后一张记账凭证的号旁边要加注"全"字,以免凭证散失。

(9)如果在填制记账凭证时发生错误,应当重新填制。已经登记入账的记账凭证,在当年内发现填写错误时,可以用红字填写一张与原内容相同的记账凭证,在摘要栏注明"注销某月某日某号凭证"字样,同时在用蓝字重新填制一张正确的记账凭证,注明"订正某月某日某号凭证"字样。

(10)在采用"收款凭证"、"付款凭证"和"转账凭证"等专用记账凭证的情况下,凡涉及现金和银行存款的收款业务,填制收款凭证;凡涉及现金和银行存款的付款业务,填制付款凭证;涉及转账业务,填制转账凭证。但涉及现金和银行存款之间的划转业务,按规定只填制付款凭证,以免重复记账。如现金存入银行只填制一张"现金"付款凭证。对于从银行提取现金的经济业务,只填制一张"银行存款"付款凭证。对于以上现金、银行存款之间划转业务所填制的付款凭证,应据以同时登记现金日记账和银行存款日记账。

在同一项经济业务中,如果既有现金或银行存款的收付业务,又有转账业务时,应相应地填制收、付款凭证和转账凭证。如李强出差回来,报销差旅费500元,出差前已预借700元,剩余款项交回现金。对于这项经济业务应根据收款收据的记账联填制200元的现金收款凭证,同时根据差旅费报销凭单填制500元的转账凭证。

(11)记账凭证填写完毕,应进行复核与检查,有关人员均要签名盖章。出纳人员根据收款凭证收款,或根据付款凭证付款时,均要在凭证上加盖"收讫"、"付讫"的戳记,以免重收重付,防止差错。

七、记账凭证的审核

为了正确登记账簿和监督经济业务,除了编制记账凭证的人员自审外,还应建立专人审核制度。

如前所述,记账凭证是根据审核后的合法的原始凭证填制的。因此,记账凭证的审核,除了要对原始凭证进行复审外,还应注意以下几点。

1.合规性审核

审核记账凭证是否附有原始凭证,原始凭证是否齐全,内容是否合法,记账凭证所记录的经济业务与所附原始凭证所反映的经济业务是否相符。

2.技术性审核

审核记账凭证的应借、应贷科目是否正确,账户对应关系是否清晰,所使用的会计科目及其核算内容是否符合会计制度的规定,金额计算是否准确,摘要是否填写清楚、项目填写是否齐全,如日期、凭证编号、明细会计科目、附件张数以及有关人员签章等。

在审核过程中,如果发现差错,应查明原因,按规定办法及时处理和更正。

只有经过审核无误的记账凭证,才能据以登记账簿。

第四节 会计凭证的传递和保管

一、会计凭证的传递

会计凭证的传递主要包括凭证的传递路线、传递时间和传递手续三方面的内容。

组织好凭证的传递,才能及时地把有关部门和人员组织起来,分工协作,使经济活动得以顺利地实现;经办业务的有关部门和人员按照规定的凭证手续办事,也就落实了管理上的责任制。

会计凭证的传递应当在会计制度中做出明确的规定。科学的传递程序,应该使会计凭证沿着最迅速、最合理的流向运行。在制订会计凭证传递程序时,应当考虑下列四个问题:

(1)要根据经济业务的特点,企业内部机构的设置和人员分工的情况,以及经营管理上的需要,恰当地规定各种会计凭证的联数和所流经的必要环节。做到既要使各有关部门和人员能利用凭证了解经济业务情况,并按照规定手续进行处理和审核;又要避免凭证传递通过不必要的环节,影响传递速度。

(2)要根据有关部门和人员对经济业务办理必要手续(如计量、检验、审核、登记等)的需要,确定凭证在各个环节停留的时间,保证业务手续的完成。但又要防止不必要的耽搁,从而使会计凭证以最快速度传递,以充分发挥它及时传递经济信息的作用。

(3)建立凭证交接的签收制度。为了确保会计凭证的安全和完整,在各个环节中都应指定专人办理交接手续,做到责任明确,手续完备、严密,简便易行。

(4)各种会计凭证。它们所记录的经济业务不尽相同,所要据以办理的传递路线、传递时间和传递手续也不尽相同。应当为每种会计凭证的传递制定其合理的传递制度。

二、会计凭证的保管

会计凭证的保管是指会计凭证登账后的整理、装订和归档存查。

会计凭证是记账的依据,是重要的经济档案和历史资料,所以对会计凭证必须妥善整理和保管。

会计凭证的保管,既要做到会计凭证的安全和完整无缺,又要便于凭证的事后调阅和查找。

会计凭证归档保管的主要方法和要求是:

(1)每月记账完毕,要将本月各种记账凭证加以整理,检查有无缺号和附件是否齐全。然后按顺序号排列,装订成册。

为了便于事后查阅,应加具封面,封面上应注明:单位的名称,所属的年度和月份、起讫的日期、记账凭证的种类、起讫号数、总计册数等,并由有关人员签章。为了防止任意拆装,在装订线上要加贴封签,并由会计主管人员盖章。会计凭证封面如表 6-12 所示。

表 6-12　会计凭证封面

年月份第　　册	（企业名称）　　　　年　　　月份　共　　　册第　　　册
	收款
	付款　　　　凭证　　第　　　号至第　　号共　　张
	转账
	附:原始凭证共　　　　张
	会计主管(签章)　　　　　　保管(签章)

(2)如果在一个月内,凭证数量过多,可分装若干册,在封面上加注共几册字样。如果某些记账凭证所附原始凭证数量过多,也可以单独装订保管,但应在其封面及有关记账凭证上加注说明;对重要原始凭证,如合同、契约、押金收据以及需要随时查阅的收据等在需要单独保管时,应编制目录,并在原记账凭证上注明"附件另订",以便查核。

(3)装订成册的会计凭证应集中保管。每年的会计凭证都应由会计部门按照归档的要求,负责整理立卷或装订成册。当年形成的会计凭证,在会计年度终了后,可暂由会计部门保管一年,期满后,应由会计部门编制移交清册,移交本单位档案部门统一保管。

(4)查阅时,要有一定的手续制度。

(5)会计凭证的保管期限和销毁手续,必须严格按照会计制度的规定。会计凭证的保管期限,一般为 15 年。保管期未满,任何人都不得随意销毁会计凭证。报经批准后,由档案部门和会计部门共同派员监督销毁。

【本章小结】

会计凭证是记录经济业务、明确经济责任的书面证明,也是登记账簿的依据。会计凭证的填制和审核的重要意义在于:用来记录经济业务;审核会计凭证,可以更有效地发挥会计的监督作用,使经济业务合理合法;会计凭证可以强化经营管理上的责任制,提高相关人员责任感;会计凭证是登记账簿的根据;便于日后的检查和查账。原始凭证是记录经济业务,用以明确经济责任,作为记账依据的最初的书面证明文件。原始凭证按其取得的来源不同,可以分为自制原始凭证和外来原始凭证两类。自制原始凭证按其填制手续不同,又可分为一次凭证、累计凭证、汇总原始凭证和记账编制凭证四种。原始凭证所包括的基本内容,通常称为凭证要素,主要有:原始凭证的名称;填制凭证的日期;凭证的编号;填制和接受凭证的单位名称;经济业务的基本内容;填制单位和经办人员的签章等。在填制原始凭证时,必须做到合法、真实、内容完整、书写规范、填制及时等。原始凭证的审核主要包括真实合法性审核和准确完整性审核。记账凭证是会计人员根据审核无误的原始凭证或汇总原始凭证,按经济业务性质加以分类,用来确定经济业务应借、应贷的会计科目和金额而填制的,作为登记账簿直接依据的会计凭证。记账凭证按其适用的经济业务,分为专用记账凭证和通用记账凭证两类。专用凭证又分为收款凭证、付款凭证和转账凭证三种。记账凭证按其包括的会计科目是否单一,分为复式记账凭证和单式记账凭证两类。记账凭证按包括的内容分类,可以分为单一记账凭证、汇总记账凭证和科目汇总表三类。记账凭证的内容主要包括：凭证名称，填制凭证的日期，凭证编号，经济业务内容摘要，会计科目和记账方向，记账金额，所附原始凭证张数，填制凭证人员、稽核人员、记账人员、会计主管人员的签名或盖章。记账凭证的审核包括合规性审核和技术性审核。会计凭证的传递主要包括凭证的传递路线、传递时间和传递手续三个方面的内容。会计凭证的保管，是指会计凭证登账后的整理、装订和归档存查。会计凭证是记账的依据，是重要的经济档案和历史资料，所以对会计凭证必须妥善整理和保管。

【关键名词】

会计凭证　原始凭证　记账凭证　证明凭证　一次凭证　累计凭证　汇总原始凭证　记账编制凭证　收款凭证　付款凭证　转账凭证　通用凭证　单一记账凭证　汇总记账凭证　科目汇总表　原始凭证要素　记账凭证内容　填制凭证　审核凭证　传递凭证　保管凭证

【思考题】

1. 会计凭证可分为哪些类型？

2. "证明凭证"指的是哪种凭证？

3. 是不是一张原始凭证必须做一个记账凭证？可否将若干原始凭证进行汇总后再填制一张记账凭证？

4. 原始凭证的要素主要有哪些？

5. 原始凭证最后是否要由会计人员进行审核？如何审核原始凭证？

6. 原始凭证一般如何存放保管？附在记账凭证后面还是附在账簿后面？

7. 记账凭证的主要内容有哪些？

8. 涉及现金、银行存款之间的收付业务，应填制什么凭证？

9. 采购员于7月25日购买办公桌一台150元，而到8月5日才拿着原始凭证来报销，该怎么填制记账凭证的日期？

10. 填制记账凭证的科目栏时，若有明细科目者，是否必须填齐？还是只填制总账科目即可？

11. 是不是记账凭证都必须附有原始凭证？

12. 原始凭证是否必须附在记账凭证后面，重要的原始凭证可否单独保管？

13. 用红字冲销法冲销错误的记账凭证时，摘要栏应当怎么填？

14. 若公司购买如电脑、打印机等的发票当作原始凭证附在记账凭证的后面了，那如果要持发票去保修该怎么办呢？

【案例分析】

1. 三牛公司所租的厂房是一工业园，园内有多家企业。可电力公司、自来水公司嫌麻烦，只开一张总的发票，不同意给各个企业分开。三牛公司每月所付的水电费因为没有取得发票而不得记入费用，那该怎么办呢？

2. 分析并回答案例导入中正则同学遇到的问题。

第七章　会计账簿

通过本章的学习,了解账簿的意义和种类以及记账方法和规则,掌握会计账簿的开启、登记、对账、结账和更正方法。

课程导入

当人们想到会计时,首先想到的恐怕就是那登记用的厚厚的神秘账本了。那么应当设计哪些账簿? 账页的格式和内容是怎样的? 账页如何装订在一起的? 账簿是不是得逐日逐笔登记? 会计到了月末年末就忙着"对账"、"结账",什么是结账? 如何结账? 万一登账出现差错,应当如何更正? 这些都是本章要解决的问题。

第一节　会计账簿的意义和种类

一、会计账簿的意义

会计账簿是以会计凭证为依据,由具有专门格式而又相互联系的账页组成,用以连续、系统、全面地记录和反映各项经济业务的簿记。设置和登记账簿是会计核算的方法之一。

任何一个单位发生经济业务之后,必然要取得原始凭证,并且根据原始凭证填制记账凭证,从而证明该项经济业务的完成情况。但由于会计凭证数量多,格式不一,又很分散,每张凭证只能反映个别经济业务的内容,不能全面、连续、系统地反映和监督一个单位在某一类和全部经济业务增减变动情况,而且不便于查阅。因此,各单位必须在会计凭证的基础上设置和登记有关账簿,使分散的资料按照账户归类汇总,形成系统化的会计资料,从而为编制会计报表提供必要的数据资料,而且也便于日后对会计资料的保管和查阅。

在整个会计核算体系中,账簿处于中间环节,对于会计凭证和会计报表起到承前启后的作用。所以,科学的设置和登记账簿对于实现会计工作目标具有重要意义。

1.可以为经济管理提供连续、系统、全面的会计信息

登记会计账簿时,是按照经济业务发生的时间顺序,毫无遗漏地登记各账户,因此账簿

能全面而系统地反映和监督各项经济业务的发生和完成情况,这样提供的会计信息就具有连续性、全面性;同时有关账户之间又是相互联系地进行登记,所以提供的会计信息具有系统性,有利于加强单位内部经济管理,有助于正确地进行经营决策。

2. 有利于保护财产物资的安全完整

通过设置和登记账簿,可以全面深入地了解企业各项财产物资、货币资金负债及所有者权益等的增减变动情况,有利于保证其安全、完整和监督。借助于账簿记录,定期进行账实核对,可以监督各项财产物资的保管情况,防止损失浪费,保护财产的安全完整。

3. 有利于及时结算对账,促使企业加速资金周转

通过账簿记录,有利于同有关单位及时结算对账,及时清理应收、应付往来款项,加速企业资金周转,提高企业资金使用效率。企业通过定期将银行存款日记账和银行对账单核对,以保证银行存款记录的正确性。通过应收、应付往来款项的明细核算,可以了解人欠、欠人的情况,便于及时同对方对账、结算,积极催收应收款项,按时支付应付款项,认真清理账目,促使企业加速资金的周转,减少坏账损失。

4. 便于企业考核成本、费用和利润计划的完成情况

通过账簿记录,可以把经济活动过程中所发生的各种费用,按照经济内容和用途加以归集,正确地计算成本、费用以及确定最终经营成果和分配情况。通过与企业制订的计划成本、目标利润相比较,考核计划成本、目标利润的完成情况,评价企业经营成果和财务状况的好坏,有利于企业发现生产经营中存在的问题,总结经验教训,挖掘降低成本的潜力,提高经济效益。

5. 可以为编制财务报告提供依据

企业定期编制的资产负债表、损益表和现金流量表等的主要依据来自账簿记录。账簿记录是否真实,决定会计报表的内容是否真实;账簿记录是否及时,决定会计报表编制是否及时;账簿记录是否完整,决定会计报表的指标是否完整。另外,企业编制财务情况说明书对生产经营情况、利润实现及分配情况、税金交纳情况等的说明也要借助于账簿记录才能完成。所以,账簿设置的科学性以及账簿记录的正确性与及时性,直接影响企业财务报告的质量。

二、会计账簿设置的原则

任何一个企业单位,不论其规模大小,为了提供经营管理所需要的信息,都应设置账簿。但企业的账簿并非千篇一律,一个企业应设置哪些账簿,要结合生产的规模、性质等具体条件加以考虑。企业规模决定设置账簿的多少;企业的生产性质决定设置账簿的格式;企业的生产经营管理水平决定账簿设置的繁简。但任何一个企业单位的账簿设置都要包括账簿的种类、内容和登记方法等,它们应遵循以下共同原则。

1. 统一性原则

各单位应当按照企业会计准则规定和会计业务的需要设置账簿,设置的账簿应能够全面反映经济活动和财务收支情况,满足经营管理的需要,有利于企业记账、算账、报账和用账。

2. 科学性原则

账簿组织要严密,既要避免重复设账,又要避免设账过简,防止出现重记和漏记现象。

基础会计学

账簿之间既要有统驭的制约关系，又要有平行的有机联系。只有这样，才有利于全面、系统、正确、及时地提供会计信息，满足日常管理和经营决策的需要。

3. 实用性原则

根据单位经济规模的大小、经济业务的繁简、会计人员的多少，在保证会计记录完整的前提下，账簿格式要简单明了，账册不要过多，账页不宜过长，要便于日常使用和保管。企业设置账簿应力求精简，节约人力、物力，提高工作效率。但也不能为了简便，以单代账或以表代账。

此外，在设置账簿过程中，还应考虑到能否全面、系统地核算和监督经济活动情况；能否有利于会计工作分工和加强岗位责任制；充分发挥账簿之间的牵制作用，为经营管理提供所需的各项指标。

三、会计账簿的种类

会计账簿的种类多种多样，不同的账簿其用途、形式、内容和登记方法都各不相同。为了便于了解和运用各种账簿，账簿可以按照以下不同标准分类。

1. 按用途分类

账簿按用途分类可以分为序时账簿、分类账簿和备查账簿。

（1）序时账簿

序时账簿也称日记账，是按照经济业务发生时间的先后顺序逐日逐笔进行连续登记的账簿。序时账簿有两种：一种用来登记全部经济业务，即对发生的所有经济业务都要在该账簿中确定应借、应贷账户名称及金额，并予以全面连续登记；另一种用来登记某一类经济业务，也称特种日记账，如现金日记账和银行存款日记账。

（2）分类账簿

分类账簿是对各项经济业务按照账户进行分类登记的账簿，按照反映内容的详细情况的不同，分为总分类账和明细分类账。

总分类账（简称总账）是根据一级账户设置的，总括反映全部经济业务增减变化及其结果的账簿。明细分类账（简称明细账）是根据二级或明细账户，详细记录某一种经济业务增减变化及其结果的账簿。明细账是对总账的补充和具体化，并受总账的控制和统驭。

在实际工作中，分类账还可以和日记账结合起来，在一本账簿中既序时又分类的登记，这种账簿称为联合账簿。日记总账便是典型的联合账簿。

（3）备查账簿

备查账簿也称辅助登记簿，是对某些在日记账和分类账等主要账簿中未能记载的事项或记载不全的经济业务，进行补充登记的账簿。可以为某些经济业务提供必要的参考资料，如租入固定资产登记簿、受托加工材料登记簿等。备查账簿没有固定的格式，可由企业根据管理的需要自行设计。

企业应设置哪些账簿，设置多少账簿，主要取决于各企业的实际情况和具体条件，但企业必须设置日记账和总账以及必要的明细账。

2. 按其外表形式分类

账簿按其外表形式分类，可以分为订本式账簿、活页式账簿和卡片式账簿三种。

（1）订本式账簿

订本式账簿也称订本账，是在未启用之前，就把编有序号的若干账页固定装订成册的账簿。应用订本账簿，最大的优点就是可以避免账页散失和防止抽换。但同一本账簿在同一时间内只能由一人登记，不便于分工记账，而且订本式账簿不能根据需要进行增减，必须为每一账户预留空白账页，留页过多，会造成浪费；留页过少，不够用，会影响账户记录的连续性登记。在实际工作中，总账、现金日记账和银行存款日记账一般都采用订本式账簿。

（2）活页式账簿

活页式账簿，是在启用和使用过程中，把一定数量的账页至于活页账夹内，可根据实际需要随时加入或抽出账页，不会造成浪费，使用起来比较灵活，也便于分工记账、分类计算和汇总。但是账页容易散失和被抽换。因此，在使用时对空白账页进行编号，由有关人员在账页上盖章，也能起到防止散失或抽换的作用。年度终了时，更换新账后，应将活页式账簿装订成册。活页式账簿一般用于各种明细账的登记。

（3）卡片式账簿

卡片式账簿是有许多分散的、具有一定格式的卡片式的账页组成，存放在专设的卡片箱中保管的账簿。其优缺点和活页式账簿相同，卡片式账页也可以根据需要随时增添，便于随时查阅，但也存在账页易散失和被抽换的问题。实际工作中，卡片式账页也应连续编号，卡片箱应由专人保管。卡片式账簿可以跨年度使用，更换新账后也应装订保管。卡片式账簿一般适用于固定资产、低值易耗品等资产的明细分类账。

3.按其账页格式分类

账簿按其账页格式分类，可以分为三栏式账簿、多栏式账簿、数量金额式账簿等。

（1）三栏式账簿

三栏式账簿是指由设置借方、贷方和余额三个金额栏的账页组成的账簿。日记账、总账的账页格式多是三栏式。

（2）数量金额式账簿

数量金额式账簿是指在收入、发出、结存三大栏内又设置有数量、单价、金额等小栏目的账页组成账簿。存货明细账的格式多是数量金额式。

（3）多栏式账簿

多栏式账簿是指由三个以上金额栏的账页所组成的账簿。一些成本、费用账簿多采用此种形式。

四、会计账簿的基本内容

由于经济业务各不相同，账簿的格式及种类很多，但各类账簿的主要内容却是基本相同的，都应具备以下基本内容：

（1）封面：主要标明账簿名称和计账单位名称，如××企业总账、日记账等。

（2）扉页：主要填列账簿启用日期和截止日期；页数、册次；经管账簿人员一览表和签章；账户目录；会计主管人员签章等。其格式如表7-1和表7-2所示。

（3）账页：是账簿的主要内容，账页的格式因反映经济业务内容的不同而不同，但基本内容应包括：账户的名称（会计科目、二级或明细科目）；登记日期栏；凭证种类和号数栏；摘要栏（记录经济业务内容的简要说明）；余额的方向及金额栏（记录经济业务的增减变动）；页次等。

表 7-1 账簿启用及经管人员一览表

单位名称＿＿＿＿＿＿＿＿＿＿ 账簿名称＿＿＿＿＿＿＿＿＿＿

启用日期＿＿＿年＿＿月＿＿日 账簿页数＿＿＿＿＿＿ 记账人员＿＿＿＿＿＿

会计主管 单位公章

移交日期		接管							
月	日	移交人		日 期		接管人		会计主管	
		姓 名	盖 章	月	日	姓 名	盖 章	姓 名	盖 章

表 7-2 账户目录

账户名称	页 数	账户名称	页 数	账户名称	页 数

第二节 日记账

日记账也称序时账,它是每日按照经济业务完成时间的先后顺序进行序时的记录和反映全部经济业务或某一类经济业务的发生和完成情况。前者称为普通日记账,后者称为特种日记账。一般企业只设置现金和银行存款这两个特种日记账。

一、日记账的作用

日记账是账簿体系的重要组成部分,其作用表现在以下几方面:

(1)可以提供连续、分类的会计信息。日记账的特点就在于逐日逐笔地记录经济业务的发生和完成情况,可以提供一定时期内连续的会计信息。

(2)可以为有关总账的登记、核对提供依据。日记账中的多栏式日记账分别按有关账户设了专栏,通过对有关专栏的序时记录,期末可以计算出各账户当期发生额的合计数,以便据以登记总账,从而简化总账的登记工作。另外,日记账与总账相互核对,可以检查各自记录的正确性。

(3)可以保护财产,特别是货币资金的安全完整。现金日记账和银行存款日记账是日记账中必不可少的账簿，各单位必须设置并登记，以反映货币资金的收入、支出和结存情况。

二、现金日记账

现金日记账是用来逐日反映库存现金的收入、付出及结余情况的特种日记账，由出纳人员根据与现金收付有关的记账凭证（收款凭证和付款凭证），按时间逐日逐笔登记。日记账必须采用订本式账簿。其账页格式一般采用三栏式和多栏式。

1. 三栏式日记账

三栏式日记账是指在同一张账页上分设"收入"、"支出"和"结余"三栏。为了清晰反映现金收付业务的具体内容，在"摘要"栏后，还应设置"对应账户"栏，登记对方账户名称。其格式如表 7-3 所示。

表 7-3　现金日记账　　　　　　　　　　　　　　　　　　第　页

年		凭证字号	摘　要	对应账户	收　入	支　出	结　余
月	日						
1	1		月初余额				2000
	5	现付 1	购办公用品	管理费用		500	1500
	5	现付 2	支付采购费用	材料采购		1000	500
			本日小计			1500	500
	8	银付 1	提取现金	银行存款	2000		2500
	10	现收 1	销售材料	其他业务收入	300		2800
	28	现付 3	支付水电费	管理费用		700	2100
	31		本月合计		2300	2200	2100

说明：

"凭证号"一栏登记记入账簿所依据的收、付款凭证号数，以便日后查对。

"摘要"栏根据记账凭证的摘要填写，简单说明经济业务内容。如为年初或月初，则在摘要栏注明"上年结转"、"月初余额"等字样。

"对方账户"栏可根据记账凭证所填对方账户进行登记，可以说明每笔收入的来源和支出的去向。

"收入"栏根据收款凭证登记。但对于从银行提取现金的业务由于填制的是银行付款凭证，因此登记的现金收入是依据的银行存款付款凭证。

"支出"栏根据付款凭证登记。

"余额"栏于每日终了后，结出账面余额，并将现金日记账的账面余额与库存现金实存额核对相符。

三栏式现金日记账的优点是序时地反映了每笔现金的收入、支出及结余情况，而且清晰地反映了每笔现金收入、支出的来龙去脉。但由于只设一个"对应账户"栏，所以不能反映对应账户经济业务的全部情况，不便于总账的登记，但由于其登记方法简单，三栏式现金日记账被广泛采用。

2. 多栏式现金日记账

现金日记账也可以采用多栏式的格式，把收入栏和支出栏分别按照对应账科目设置若干专栏。如表7-4所示。

表 7-4 多栏式现金日记账 　　　　第　页

年		凭证字号	摘 要	收 入			支 出			余额
月	日			贷方科目		合计	借方科目		合计	
			期初余额							
			本月合计							
			过总账页							

多栏式现金日记账的登记方法是：逐日逐笔登记现金收入和支出金额，即将对应科目的金额登入"贷方对应科目"栏或"借方对应科目"栏，月末，会计人员根据各栏的合计数，登记各有关总账。但银行存款总账除外，因为对于存入现金或提取现金的业务，现金日记账和银行存款日记账都进行了登记，为了避免重复记账，故现金日记账中的银行存款专栏就不再过入"银行存款"总账了。

采用多栏式现金日记账，如果"现金"账户的对应科目较多，账页会很大，给登账带来一定困难。为了解决这一问题，可以分别设置现金收入日记账和现金支出日记账，其格式如表 7-5 和表 7-6 所示。

表 7-5 现金收入日记账 　　　　第　页

年		凭证字号	摘 要	贷方科目	现金收入合计	现金支出合计	余 额
月	日						
			期初余额				
			本月合计				
			过总账页				

表 7-6 现金支出日记账 　　　　第　页

年		凭证字号	摘 要	借方科目	现金支出合计
月	日				
			期初余额		
			本月合计		
			过总账页		

多栏式现金收入、支出日记账的登记方法与多栏式现金日记账的登记方法基本相同，

只是每日应将现金支出合计数记入现金日记账中的"现金支出合计"栏内,以便计算出当日现金余额。

多栏式现金日记账的优点是既可以反映每笔现金收入、支出业务的来龙去脉,又通过"现金"科目的对应科目的若干专栏的设置,反映出相同业务在一定时期内的全貌。多栏式现金日记账适用于现金收付业务比较频繁的单位。

二、银行存款日记账

银行存款日记账是用来逐日反映银行存款的增减变化和结余情况的特种日记账,一般也是有出纳人员根据各种银行存款的收、付款凭证按时间顺序逐日逐笔登记。通过银行存款日记账的设置和登记,可以加强对银行存款进行日常的监督和管理,并便于与开户银行进行核对。

银行存款日记账的格式也有三栏式和多栏式两种,其基本结构与现金日记账类同。由于银行存款的结算都是通过特定的凭证进行的,因此银行日记账增设"结算凭证——种类、编号"栏,分别注明结算凭证的种类(如支票、信汇凭证、进账单等)及编号。

1. 三栏式银行存款日记账

三栏式银行存款日记账主要设有"收入"、"支出"、"结余"三个金额栏,具体格式如表7-7所示。

表 7-7　银行存款日记账　　　　　　　　　　第　页

年		凭证字号	摘　要	结算凭证		对应账户	收　入	支　出	余　额
月	日			种　类	编　号				
9	1		月初余额						40000
	1	银付1	支付货款	转支	略	材料采购		15000	25000
	2	银收1	销售产品	转支	略	产品销售收入	10000		35000
	30		本月合计				10000	15000	35000

三栏式银行存款日记账的登记方法与三栏式现金日记账的登记方法基本相同,只是要将结算凭证的种类、编号填写到"结算凭证"栏。另外,对于将现金存入银行的业务,由于填制的是现金付款凭证,因此银行存款的收入数是根据现金付款凭证登记的。每日终了时要结出余额,做到日清,以便检查监督各项收支款项,避免出现透支现象。

2. 多栏式银行存款日记账

多栏式银行存款日记账是分别按银行存款收入和支出的对应科目设若干专栏,以便详细反映银行存款收入来源和支出去向。具体格式如表7-8所示。

基础会计学

表 7-8　多栏式银行存款日记账　　　　　　　　　　第　页

年		凭证字号	摘要	收入			支出			余额
月	日			贷方科目		合计	借方科目		合计	
			期初余额							
			本月合计							
			过总账页							

多栏式银行存款日记账与多栏式现金日记账的登记方法基本相同,也是逐日逐笔登记银行存款的收入数和支出数,以及其对应科目的金额,月末,会计人员根据多栏式银行存款日记账的各个专栏本月合计数登记有关总账。但现金总账除外,因为银行存款日记账中的现金收入、支出,在现金日记账中已进行了记录,为避免重复过入总账,故银行存款日记账中的现金专栏金额就不再过入现金总账了。

同样,如果"银行存款"账户对应科目过多,也可分设"多栏式银行存款收入日记账"和"多栏式银行存款支出日记账",其格式和登记方法可参照多栏式现金收入、支出日记账。

三栏式、多栏式银行存款日记账与三栏式、多栏式现金日记账的账簿格式及优缺点基本相同,因此两者的适用范围也是一致的。

第三节　分　类　账

一、分类账的种类与作用

1.分类账的种类

分类账是按账户分别反映不同类别经济业务的增减变动的账簿,设立分类账的目的是要从各个账户中取得总括或详细的核算资料。按提供资料的详细程度不同,分类账可以分为总分类账和明细分类账。

总分类账簿,简称总账,是根据总分类账户开设的,由若干具有一定格式的总账账页组成的簿籍。总分类账可以为经营管理提供总括的核算资料,是账簿体系的重要组成部分。

明细分类账簿,简称明细账,是根据总分类账户所属明细分类账户开设的,由若干具有一定格式的明细账户账页组成的簿籍。明细分类账对总分类账起着补充说明的作用,能为经营管理提供某方面详细的核算资料,因此也是会计账簿体系中不可缺少的部分。

2.分类账的作用

(1)设置总分类账,能够对企业一定时期的经济活动进行分类、总括、连续的反映,即能够连续、全面、总括地提供企业的经济活动及资产、负债、所有者权益、收入、费用、利润等状况,对于全面掌握企业的财务状况和经营成果,加强经济管理具有重要作用。

(2)设置明细账,可以对有关总账进行补充说明,便于了解经济业务的详细情况。对于加强财产物资管理、往来款项结算等有着重要作用。

(3)分类账是编制会计报表的主要依据。资产负债表和损益表的许多项目的数据是依据分类账簿直接取得,或分析填列,或汇总填列。

二、总分类账的格式及登记方法

总分类账只运用货币量度,所以总分类账的登记只是各账户增减金额的登记,因此,总分类账一般采用借方、贷方、余额三栏式的订本账。其账页格式如表 7-9 所示。总账的登记可以根据记账凭证逐笔登记,也可以通过一定的方式按日、按旬、按月进行汇总登记。由于订本式账簿页次固定,不能随时增添账页,也不能任意抽掉账页,因而在启用总分类账簿时,应根据各科目发生业务的多少适当预留页数。根据实际需要,在总分类账中也可增设对方科目栏。

表 7-9 总分类账

账户名称:原材料　　　　　　　　　　　　　　　　　　　　　　　总页
分页

1999 年		凭证 字号	摘　要	借　方	贷　方	借或贷	余　额
月	日						
3	1		月初余额			借	30000
	5	银付 3	购入材料	10000		借	40000
	6	转 5	领用材料		25000	借	15000
			…				
	31		本月发生额及余额	10000	25000	借	15000

有些企业的总账也可以采用多栏式。多栏式总账是把所有的总账科目合设在一张账页上。其具体的设计又有两种方法:一是按会计科目分设专栏,如表 7-10 所示。所有经济业务根据记账凭证直接登记总账,也称日记总账。二是按经济业务的性质分设专栏,所有经济业务根据记账凭证汇总后的数字定期登记。其格式如表 7-11 所示。

表 7-10 总分类账
年　月

年		凭证 字号	摘　要	发生额	科　目		略	科　目	
月	日				借　方	贷　方		借　方	贷　方
			本月 合计						

表 7-11　总分类账

年　　月

账户名称	期末余额		本期发生额						期末余额	
			借　方			贷　方				
	借方	贷方	银行存款业务	现金业务	转账业务	银行存款业务	现金业务	转账业务	借方	贷方

　　总分类账可以直接根据各种记账凭证逐笔登记,也可以通过一定的汇总方法,把各种记账凭证进行汇总,编制汇总记账凭证或科目汇总表,再据以登记总账。总账采用什么格式,根据什么方式登记,取决于各单位所采取的账务处理程序。有关总账的登记方法,将在账务处理程序一章加以阐述。

三、明细分类账的格式及登记方法

　　明细分类账,简称明细账。它是按照明细科目或明细项目设置,比较详细地反映企业某类经济活动及资产、负债及所有者权益等的增减变化情况及其实有数额。明细分类账对于加强监督、控制财产物资的收发和保管、往来款项的结算、收入的取得、费用的开支等都有重要作用。

　　明细分类账应根据原始凭证或原始凭证汇总表登记,如果记账凭证已列有明细项目时,也可根据记账凭证登记。

　　明细分类账一般采用活页式账簿,根据所反映的经济业务内容的特点,以及实物管理的不同要求,账页格式的设计有三栏式、数量金额式和多栏式三种。

　　1.三栏式明细账

　　三栏式明细账的格式和三栏式总账的格式相同,主要设置借方、贷方、余额三个金额栏。这种格式适用于只需要进行金额核算,不需要提供数量变化情况的账户。如"应收账款"、"应付账款"、"其他应收款"、"预收账款"、"预付账款"等结算业务的明细分类核算。具体格式如表 7-12 所示。

　　三栏式明细账的登记方法是:根据有关记账凭证逐笔进行借方、贷方金额登记,而后结出余额,并在"借或贷"栏填写余额的性质。

表 7-12 应收账款明细账

明细科目：××公司   第 页

年		凭证字号	摘　要	借　方	贷　方	借或贷	余　额
月	日						
10	1		月初余额			借	3000
	5	转1	销售产品	20000		借	23000
	7	银收2	收到货款		3000	借	20000
	10	转5	销售产品	10000		借	30000
	31		本月发生额及余额	30000	3000	借	30000

2.数量金额式明细账

数量金额式明细账适用于既需要金额核算，又需要反映实物度量核算的经济业务，如"原材料"、"产成品"等的明细分类账。该账簿的格式设"收入"、"发出"、"结余"三栏，每栏分别按"数量"、"单价"、"金额"进行登记。具体格式如表 7-13 所示。

表 7-13 原材料明细账

材料名称：甲材料　　　　编号：(略)　　　　最低储量：(略)
规格：(略)　　　　　　计量单位：千克　　　最高储量：(略)

年		凭证字号	摘　要	收　入			发　出			结　余		
月	日			数量	单价	金额	数量	单价	金额	数量	单价	金额
10	1		月初余额							100	10	1000
	6	银付1	购进材料	200	10	2000				300	10	3000
	7	转1	生产领用				150	10	1500	150	10	1500
	31		本期发生额及期末余额	200	10	2000	150	10	1500	150	10	1500

数量金额式明细账的登记方法是：根据材料、产品等收入、发出的原始凭证或原始凭证汇总表分别进行"收入"栏、"发出"栏的登记。而后计算出"结余"栏的数量、单价、金额。由于企业每次购料的单价有可能不一样，就需要确定发出材料的单价，一般方法有先进先出法、后进先出法、移动平均法、加权平均法、个别计价法等，这些将在《财务会计》中介绍。

3.多栏式明细账

多栏式明细账是指根据经济业务的内容和提供资料的要求，在明细账页中设置若干专栏，用以登记某一个明细账户增、减变动详细核算资料的账簿。与其他两种明细账相比，多栏式明细账不仅要按明细账户分设账页，而且各账页要设若干专栏，这样就能将各明细项目的核算资料集中反映在同一张账页上，能够详细反映各明细账户的核算情况。这种账户一般适用于"管理费用"、"生产成本"、"本年利润"等的明细核算。管理费用需要反映行政管理部门为组织和管理生产所发生的各种费用项目；生产成本明细账户需要反映生产过程中消耗的项目；本年利润明细账则需要反映利润的组成项目等。具体格式如表 7-14 所示。

多栏式明细账的登记方法是：根据有关原始凭证、记账凭证、费用分配计算表等进行登记。如"生产成本明细账"，就可以根据"发料凭证汇总表"、工资及制造费用分配的转账凭证等进行借方若干项目的登记;贷方则根据结转完工产品成本的转账凭证登记,而后结出余额。

表 7-14 生产成本明细账

产品名称:甲产品　　　　　　　　　　　　　　　　　　　　　　　　　　　　　　第 页

年		凭证字号	摘　　要	借　方(成本项目)				贷　方	余　　额
月	日			直接材料	直接人工	制造费用	合　计		
10	5	转 3	生产领料	50000		50000		50000	
	31	转 7	工人工资		17000		17000		67000
		转 8	分配制造费用			3000	3000		70000
			结转完工产品成本					70000	0
			本期发生额及期末余额	50000	17000	3000	70000	70000	0

四、总分类账与明细分类账的平行登记

1. 总分类账与明细分类账的关系

总分类账是根据总分类账户设置的,明细分类账是根据总账所属明细分类账户设置的。两者的关系主要表现在以下三方面:

(1)从提供会计核算指标的角度来看,两者反映的经济业务内容是相同的,只不过提供核算指标的详细程度不同,总分类账提供某类经济业务总括的核算指标,明细分类账则提供该类经济业务详细的核算指标。

(2)从提供会计核算资料的角度来看,总分类账是对所属明细分类账的总括,对明细分类账起控制、统驭作用,即总分类账控制明细分类账的核算内容和核算数据。明细分类账是总分类账户的详细记录,对总分类账起着辅助和补充说明的作用,是总分类账户的从属账户。

(3)从提供会计核算资料的数量上来看,总分类账户借(贷)方本期发生额,应与其所属明细分类账户借(贷)方本期发生额的合计数相等。总分类账户的期末余额应与所属明细分类账户余额的合计相等。

2. 总分类账户和明细分类账户的平行登记

由于总分类账户和所属明细分类账户反映的内容相同,因而要保持总分类账和明细分类账记录的一致,就应采取平行登记的方法,即一方面登记有关总分类账户,另一方面登记所属的明细分类账户。两者都根据会计凭证独立的、互不联系的进行记录。通过平行登记,并且相互核对,才能检验账户登记是否正确。平行登记的要点如下:

(1)登记的会计期间一致。对所发生的经济业务,同一会计期内,一方面要在总分类账户中进行总括的登记,另一方面要记入其所属的有关明细分类账户。

(2)登记的方向相同。即对所发生的经济业务进行登账时,如果在总分类账户中登记借方,在所属明细分类账户中也应登记借方;如果在总分类账户中登记贷方,在所属明细分类账户中也应登记贷方。

(3)登记的金额相等。即总账与明细账双方进行了同方向登记后,记入总分类账户的

金额必须与记入所属明细账户的金额之和相等。

根据上述三点登账的结果,必然是总分类账的借方、贷方发生额和期末余额,与其所属各有关明细分类账的借方、贷方发生额和期末余额之和相等,利用这种关系,可以检查总分类账和明细分类账的记录是否完整和正确。

第四节　记账规则

一、账簿启用的规则

账簿是重要的会计档案,为了确保账簿记录的合规和完整,明确记账责任,在登记账簿之前,应在账簿封面上写明单位名称和账簿名称;在账簿扉页上填写"账簿使用登记表"或"账簿启用表"(活页账和卡片账应在装订成册后填列),主要内容有:启用日期、账簿页数、记账人员和会计主管人员姓名,并加盖人名章和单位公章。记账人员调换工作时,应注明交接日期、接办人员和监交人员姓名,由交接双方人员签名或盖章。其具体格式见表 7-1。

启用订本式账簿,应当从第一页到最后一页顺序填写页数,不得跳页、缺号;活页式账簿,应按账户顺序编号,装订成册后再按实际使用的账页顺序编定页码,另加目录,记明每个账户的名称和页次。

以上内容填写完毕之后,应在该页上贴印花税票,并划线逐销,表明该账的合法性。

二、账簿登记的规则

会计人员根据审核无误的会计凭证登记账簿时,一般应遵循以下规则,以保证账簿提供信息的质量。

1. 必须用钢笔或蓝黑墨水记账

登记账簿时,应用蓝色或黑色墨水书写,不得使用铅笔或圆珠笔(银行的复写账除外)。因为各种账簿的归档保管年限,国家规定一般都在 10 年以上,有些重要经济资料的账簿,还要长期保管,所以,要求账簿记录清晰、耐久,防止涂改。红色墨水只能在划线、改错、冲账时使用。另外,不得刮擦、挖补、涂抹或用退字药水更改账簿。

2. 必须按顺序逐页、逐行登记

记账时,应根据账页项目要求和账页、行次顺序连续登记,不得发生跳行、隔页。如果发生跳行、隔页,应将空行、空页用红线对角划掉,或注明"此行空白"、"此页空白"字样,并由记账人员签名或盖章。

3. 根据会计凭证登记账簿

记账时,每一笔账都应将会计凭证上的日期、凭证号、业务内容摘要、金额和其他有关资料逐项记入账内,做到数字准确、摘要清楚、登记及时、字迹工整。同时,在记账凭证上注明账簿页数或划"√"符号,表示已经记账,防止漏记和重记,并便于核对。

4. 文字和数字的书写必须规范

账簿中书写的文字和数字应紧靠行格底线书写,仅占全格的 1/2 或 2/3 的位置,上面要留有适当空距，以便更正错账时书写正确的文字或数字。

5.每页登记完毕，应办理转页手续

当账页记到本页最后第二行时，应留出末行，加记本月发生额合计数和结出余额，并在摘要栏注明"转次页"字样，并将本月发生额合计和余额转入下一页的第一行，在摘要栏注明"承前页"字样。

6.在账页上注明账户余额方向

凡需结出余额的账户，结出余额后，应在"借或贷"栏内写明"借"或"贷"字样，表明余额的性质。没有余额的账户，应在"借或贷"栏内写"平"字，并在余额栏"元"位上用"0"表示。现金日记账和银行存款日记账必须逐日结出余额。

7.期末各种账簿应进行结账

各种账簿期末时都应计算出每个账户的本期发生额和期末余额，进行结账，并将余额转入下一会计期间，作为该账户的期初余额。在摘要栏分别注明"本月合计"、"月初余额"等字样。年初开始启用新账簿时，也应将上年末各账户余额转入账户余额栏内，并在摘要栏注明"上年结转"或"年初余额"字样。

8.实行会计电算化的单位，总账和明细账应定期打印

发生收款和付款业务的，在输入收款凭证和付款凭证的当天必须打印出现金日记账和银行存款日记账，并与库存现金核对无误。

三、更正账簿的规则

账簿登记要求正确、及时、完整，使提供的会计信息便于会计信息使用者使用，因此会计人员必须认真、细致地做好记账工作。如果出现登账错误，必须遵循一定的规则进行更正，不得任意刮、擦、挖补、涂抹等。更正错账的规则或错账更正方法有三种，分别是：划线更正法、红字更正法、补充登记法。三种方法适用于不同错误的更正。

1.划线更正法

在结账以前，如果发现账簿记录中有数字或文字错误，而记账凭证没有错误，采用划线更正法。具体做法是：先在错误的数字或文字上划一条红线，表示注销，并使原来的字迹仍可辨认。然后在划线上方空白处用蓝字填写正确的数字或文字，并在更正处加盖更正人员的图章，以明确责任。应注意的是，对于错误的数字，必须全部用红线划掉，不能只划去整个数字中的个别错误数字。如将3300错写成3800，整个数字全部用红线划去，而不是只将8划去，然后再在红线上面空白处用蓝笔写上3300，予以更正。对于文字的错误，可只用红线划去错误的部分，然后在上方用蓝色书写正确的文字。

如果凭证中的文字或数字发生错误，在尚未登账前，也可用划线更正法更正。

2.红字更正法

红字更正法又称红字冲销法，其适用于以下两种情况：

(1)在记账以后，发现记账凭证中会计科目、记账方向或记账金额有误，造成账簿登记的错误。

更正方法是：用红字金额填制一张内容与原错误凭证完全相同的记账凭证，在摘要栏写明"更正某月某日第×号凭证的错误"；填制日期写更正日期；凭证编号接本日已编凭证号编写；以红笔注销金额栏空行、填写合计金额。并据以用红字金额登记入账，冲销原有的

错误记录。然后再用蓝字重新填写一张正确的记账凭证,在摘要栏写明"重填某月某日第×号凭证",填制日期仍写更正日期;凭证编号接上述更正错账的凭证编号编写。并用蓝字登记入账。

【例 7-1】 某企业以银行存款 2000 元支付广告费,编制会计分录时误记入"管理费用"账户(应记入"销售费用"账户),并已登记入账。

借:管理费用   2000
 贷:银行存款   2000

发现这一错误时,用红字更正法更正。

先用红字金额冲销原错误记录,其分录如下:

借:管理费用   &boxed{2000}
 贷:银行存款   &boxed{2000}

用以冲销原错误记录,带框数字表示红字金额,下同。

再编制一张正确的记账凭证,其分录如下:

借:销售费用   2000
 贷:银行存款   2000

上述分录记账后,有关账户中的记录如下:

借	银行存款	贷	借	管理费用	贷	借	销售费用	贷
2000				原记 2000				
[2000]			[2000]					
2000						2000		

(2)记账凭证中会计科目、记账方向正确,但所记金额大于应记金额,导致账簿登记错误。

更正方法是:将多记金额用红字填制一张会计科目、记账方向与原记账凭证相同的记账凭证,并以红字金额登记入账即可。

【例 7-2】 企业购入材料一批,计 38000 元,货款已经支付。填制记账凭证时,误将金额记为 88000 元,已登记入账。

借:原材料   88000
 贷:银行存款   88000

发现上述错误时,可将多记的 50000 元用红字金额编制会计分录,更正原记错误:

借:原材料   &boxed{50000}
 贷:银行存款   &boxed{50000}

上述分录过账后,有关账户中的记录如下:

借　银行存款　贷			借　原材料　贷	
	88000	原记	88000	
	[50000]	冲销	[50000]	
	38000		38000	

如果记账凭证记录的文字与账簿记录的文字也不相符,则先用划线更正法更正文字,然后再用红字更正法冲销多记金额。另外,例 7-2 的更正方法也可以采用例 7-1 的更正方法,将 88000 元全部用红字冲销,并用红字入账,再用蓝字填制一张 38000 元的正确凭证,并据以入账。

3.补充登记法

在记账以后,如果发现记账凭证中应借、应贷科目虽无错误,但所填金额小于应填金额,可用补充登记法进行更正。更正时,把少记金额用蓝字编制一笔与记账凭证相同的记账凭证,摘要栏写明"补记某月某日第×号凭证少记金额";填制日期写更正日期;凭证编号接本日已编凭证号。以此补记入账。

【例 7-3】　收到某单位归还欠款 65000 元存入银行,编制会计分录时把金额误写为 56000 元,并已登记入账。

借:银行存款　　　　　　　　　　　　　56000
　贷:应收账款　　　　　　　　　　　　　56000

发现上述错误时,可将少记的 9000(65000－56000)元再编一张蓝字的记账凭证,其会计分录为:

借:银行存款　　　　　　　　　　　　　9000
　贷:应收账款　　　　　　　　　　　　　9000

上述分录过账后,有关账户中的记录如下:

借　应收账款　贷			借　银行存款　贷	
	56000	原记	56000	
	9000	补记	9000	
	65000		65000	

综上所述,针对账簿记录错误的不同情况,应采用不同的更正错账方法。

第五节　对账与结账

为了保证账簿登记的正确性,必须定期进行账目核对与结账。

一、对　账

对账是指定期将各种账簿记录进行核对,以保证账簿核算资料正确可信的会计工作。在会计核算中,由于种种原因,难免发生各种差错和账实不符的情况,通过对账,可以发现和更正记账差错,做到账证相符、账账相符、账实相符,为编制会计报表提供正确、可信的会计资料。

1. 对账的内容

对账的内容一般包括以下几方面。

(1)账证核对的内容

账证核对是指各种账簿记录与其所依据的会计凭证进行核对,核对账簿记录与会计凭证的内容是否吻合。账证核对,日常核算中即可进行,及时更正错账,保证账簿记录的正确性。

具体核对方法是:检查账户记录是否与记账凭证中的会计科目相同,业务内容的摘要、凭证号、记账方向、金额等与记账凭证中相应的内容是否一致。

(2)账账核对的内容

账账核对是指各种账簿之间的核对,要求做到账账相符。包括:

①所有总分类账户的本期借方发生额合计数与所有总分类账户的本期贷方发生额合计数相核对;总分类账户期末借、贷方余额合计数相核对,以检查总分类账户的登记是否正确。

②总分类账户余额与所属明细分类账户余额之和进行核对,以检查总分类账户与明细分类账户登记是否正确。

③现金、银行存款日记账余额应同现金总账、银行存款总账余额进行核对,以检查现金、银行存款账户的登记是否正确。

④会计部门各种财产物资明细账余额应同财产物资保管部门账面余额进行核对,以检查双方登记是否正确。

(3)账实核对的内容

账实核对是指账簿记录余额与各项财产物资、现金、银行存款及各种有价证券的实存数核对,做到账实相符。包括:

①现金日记账余额每天应与库存现金实有数进行核对。

②银行存款日记账余额应与银行对账单定期核对。

③各种财产物资明细账余额与实际结存数核对。

④各种债权、债务账面余额与对方单位相应的债务、债权核对。

2. 对账的方法

对账的方法取决于对账的内容,对账的一般方法如下。

(1)账证核对的方法

账证核对是将账簿记录与记账凭证所附的原始凭证核对,检查会计科目运用是否正确,内容、数量、金额等是否相符,因此此项核对应逐笔进行。如果发现差错,应查处差错的原因,及时更正。

(2)账账核对的方法

账账核对一般有以下几种方法:

①检查总分类账的记录是否有差错。可以通过编制试算平衡表,将总分类账户的本期发生额和期末余额的借、贷双方进行试算平衡,如果借、贷双方的金额不相等,说明记账有差错,再作进一步的检查核对。

②总分类账户与明细分类账户之间的核对方法。加计各明细账户的余额合计数直接与总分类账户的相应余额核对。或者编制明细分类账户本期发生额及余额明细表与总分

类账户相核对。

③财产物资明细账与保管账之间的核对,一般是将财产物资明细账户的数量、金额等余额直接与保管账的余额核对,如有不符,找出差错,记录原因。

(3)账实核对的方法

账实核对一般采用财产清查的方法。对固定资产、原材料、在产品、产成品、现金等均应通过实地盘点,并与账面余额核对,如有不符,首先调整账面余额,使账存数和实存数相符。然后再查明原因,作进一步处理。对于银行存款的清查,可以通过和银行对账单进行核对的方法。对于债权、债务的清查,可以通过对账单、征询函、面询等方式向对方核对。账实核对的方法将在财产清查一章中详细讲述。

二、结 账

1.结账的含义及意义

结账就是把一定时期发生的经济业务全部登记入账后,在期末时结算出本期发生额及余额。根据会计凭证将经济业务记入账簿后,还不能直接获取所需的各项数据资料,必须通过结账,才能反映出一定时期经济业务的发生引起的资产、负债、所有者权益、收入、费用、利润增减变动及结果。

期末结账不能提前,也不能滞后。会计分期一般为月、季、年,所以结账分为月结、季结和年结。

2.结账的程序

(1)结账前,必须将本期内发生的各项经济业务全部入账。对需要期末转账的业务,如制造费用的分配、本年利润的接转、有关费用的摊销等,应编制转账凭证并登记到有关账簿。

(2)结账时,应结出每个账户的本期借、贷方发生额和期末余额。

3.结账的方法

(1)月结。每月终了,应在各账户最后一笔业务下面划一条通栏红线,表示本月结束;然后在红线下结算出本月借、贷方发生额和期末余额(月末无余额的,可在"借或贷"栏写"平"字,或在余额栏"元"位上写"0"),在摘要栏注明"本月合计"字样,并在下面划一条通栏红线,表示完成月结工作。

(2)季结。每季度终了时,在各账户的本月份最后一个月的月结下面,划一条通栏红线,表示本季结束;然后在红线下结出本季借、贷方发生额和期末余额,在摘要栏注明"本季合计"字样,并在下面划一条通栏红线,表示完成季结工作。

(3)年结。年末时,在办理了第四季度季结后,在下面划一条通栏红线,表示年度终了;然后,在红线下面结算出全年借、贷方发生额和期末余额,在摘要栏注明"本年合计"字样,并在下面划两条通栏红线,表示完成年结工作。最后将年末借方或贷方余额填入本年发生额合计下一行的贷方或借方,在摘要栏注明"结转下年"字样,并在其下方划一条通栏红线,以示封账。需要更换新账簿的,应在进行年结的同时,在新账簿中有关账户的第一行"摘要"栏内注明"上年结转"或"年初余额"字样,并将上年末的余额以同方向记入新账中的余额栏内。新旧账有关账户余额的转记事项,不编制记账凭证。

结账的具体方法如表 7-15 所示。

表 7-15　总分类账　　　　　　　　　　　　　　　　　　　　　总页

账户名称:应付账款   分页

年		凭证字号	摘　要	借　方	贷　方	借或贷	余　额
月	日						
1	1		上年结转			借	
	31		本月合计			借	
2	1					借	
	28		本月合计				
3	31		第一季度合计			借	
			…				
			…				
			…				
12	31		本月合计				
			第四季度合计				
			本年合计				
			结转下年				

三、账簿的更换与保管

1.账簿的更换

会计年度末,进行了会计年度结账后,应将本年账簿更换为下年新账。更换的规则为:总分类账、日记账和大部分明细账必须每年更换一次,只有少部分明细,如固定资产明细账(固定资产卡片明细账)等不必每年更换,可以跨年度使用。

更换新账的程序是:

(1)检查本年度账簿记录,将全部账户结清后,余额转入下年。

(2)根据本年度有余额的账户,直接将余额数字记入次年新账中相应账户的第一行“余额”栏内,并在“借或贷”栏注明余额的方向。在“日期”栏注明 1 月 1 日,在“摘要”栏内注明“上年结转”或“年初余额”字样。需注意的是,该项结转不必编制会计分录,也不用记入借方或贷方栏,而是直接记入“余额”栏。

2.账簿的保管

账簿记载着单位的重要会计资料,是单位的会计信息载体和储存器,因此,必须建立账簿的管理制度,妥善保管。账簿管理可分为日常管理和归档保管两方面内容。

(1)账簿的日常管理

①各种账簿应分工明确,由专人负责保管,一般由账簿的记账人员负责保管,账簿经管人员既要负责记账、对账、结账等工作,还要负责账簿安全、完整。

②会计账簿未经有关领导或会计负责人批准,非经管人员不得随意查阅、摘抄、复制。

③会计账簿一般不得随意携带外出,特殊情况需要带出(如与外单位核对等),应经单位领导或会计主管人员批准,并指定专人负责外出会计账簿的安全、完整。

④会计账簿不得随意交于其他人员管理,防止涂改、毁坏账簿等问题的发生。

(2)旧账归档保管的要求

年度终了更换新账后,对旧账应当整理装订,按规定办理移交手续,归档保管。

①归档前,应检查更换的旧账是否齐全,是否全部结账,余额是否都已结转;订本式账簿应注销空行及空页;活页式账簿应抽出未使用的空白账页,装订成册并注明账页的总页码及每一账户得分页码。

②更换下来的旧账簿,在进行整理的基础上装订成册。装订时应注意,活页账一般按账户分类装订成册,加具封面,一个账户可装订一册或数册,某些账户账页较少的,也可以几个账户合并装订成一册。装订时,应检查账簿的扉页内容是否齐全,手续是否完备。装订后,有经办人员、装订人员和会计主管人员在封口出签名或盖章。

③旧账整理装订后应编制目录,填写移交清单,办理移交手续,归档保管。将账簿名称、册书、页码、保管期限等填入"会计账簿归档保管登记表",其具体格式如表 7-16 所示。

表 7-16 会计账簿归档保管登记表

××××年度

账簿名称	页　数	经管人	保管期限	册　数	备　注

④各种账簿与会计凭证、会计报表一样,都是重要的经济档案,必须按照会计制度统一规定的保管期限妥善保管,不得丢失和任意销毁,保管期满后,应按照规定的审批程序报经批准后才能销毁。

【本章小结】

会计账簿是以会计凭证为依据,由具有专门格式而又相互联系的账页组成,用以连续、系统、全面地记录和反映各项经济业务的簿记;设置和登记账簿是会计核算的方法之一。在整个会计核算体系中,账簿处于中间环节,对于会计凭证和会计报表起到承前启后的作用。账簿设置遵循统一性、科学性、实用性原则;账簿按用途可以分为三大类,即序时账簿、分类账簿和备查账簿;账簿按其外表形式可以分为订本式账簿、活页式账簿和卡片式账簿三种;账簿按其账页格式可分为三栏式账簿、多栏式账簿、数量金额式账簿等;账簿的基本内容包括封面、扉页和账页。日记账也称序时账,它是每日按照经济业务完成时间的先后顺序进行序时地记录和反映全部经济业务或某一类经济业务的发生和完成情况。前者称为普通日记账,后者称为特种日记账。一般企业只设置现金和银行存款两个特种日记账,日记账通常采用三栏式账页,逐日逐笔登记收支金额并于每日结出余额,做到日清月结。分类账是按账户分别反映不同类别经济业务的增减变动的账簿,设立分类账的目的是要从各个账户中取得总括或详细的核算资料。按提供资料的详细程度不同,分类账可以分为总分类账和明细分类账。总分类账只运用货币量度,所以总分类账的登记只是各账户增减金额的登记,因此,总分类账一般采用借方、贷方、余额三栏式的订本账;明细分类账一般采用活页式账簿,根据所反映的经济业务内容的特点,以及实物管理的不同要求,账页格式的设计有三栏式、数量金额式和多栏式三种。总分类账与明细分类账要平行登记,账簿启用和登记要遵循一定的规则,账簿中错账更正也要遵循一定方法,期末要对账簿进行对账和结账工作,年终要按照要求对账簿进行装订归档保管。

【关键名词】

账簿　序时账　总分类账簿　明细分类账簿　划线更正法　补充登记法　红字冲销法　对账　结账

【思考题】

1.什么是账簿?设置和登记账簿的意义有哪些?

2.现金和银行日记账通常包括哪些栏次?如何登记?

3.账簿按用途可以分为哪几类?

4.账簿按账页格式可以分为哪几类?

5.总分类和明细账平行登记的要点是什么?

6.错账更正有哪几种方法?使用条件是什么?

7.对账工作主要内容有哪些?

8.结账工作主要内容有哪些?

基础会计学

第八章 财产清查

学习目标

通过本章学习,了解财产清查的意义、种类、存货盘存制度、财产清查的组织,重点把握各种材料物资、货币资金和往来款项的清查方法,掌握财产清查结果的业务处理和账务处理。

课程导入

就像人口普查一样,财产清查也是一件麻烦但必要的工作。财产清查有何必要? 如果要进行全面清查的话,到底要清查什么财产? 如果是局部清查,重点要清查什么? 库存现金是否需要天天进行清查? 如果查出账实不符,首先是不是要调整账簿使之相符,然后再着手查找原因进行处理? 还是处理完结后再调整账簿? 如果银行发来的对账单与本企业的银行存款日记账不一致,可能是什么造成的? 企业应当如何处置? 以上这些就是本章要探讨的。

第一节 财产清查的意义和种类

一、财产清查的意义

根据财务管理要求,所有企业和行政事业单位的各项实物资产、货币资金、往来结算账款,都必须通过账簿记录来反映其增减变动和结存情况。为了保证账簿记录的正确和完整,必须加强会计凭证的日常审核,定期对财产物资进行盘存,定期地核对账簿记录,做到账证相符、账账相符,并确保账实相符。

1.财产清查的含义

财产清查是指通过对实物资产和现金进行盘点,对银行存款和债权债务进行核对,确定各项实物资产、货币资金和债权债务的实有数额与其账面结存数额是否相符的一种专门方法。

客观性原则要求会计核算的每个阶段都要保证其资料的真实性。然而在日常的会计核算过程中,由于客观的或人为的因素影响,往往会发生某些账簿记录与实存数额之间出

现差异的情况。其中有些是可以避免的,有些是不能完全避免的,既有客观原因,也有主观原因。概括起来主要有以下几方面:

(1)在财产物资的收发过程中,由于计量、检验不够精确造成品种规格、数量或质量上的差异;

(2)各种财产物资在保管过程中发生的自然溢余和损耗,如吸潮、挥发、风干、散失等;

(3)财产物资在收发时,填写凭证、登记账簿发生了计算上或登记上的错误,如漏记、重记、错记等;

(4)由于管理不善或工作人员失职造成的财产物资的损坏、变质或短缺,由于账目混乱而造成的账实不符,以及货币资金、往来账款的差错;

(5)由于营私舞弊、贪污盗窃而造成的财产物资短缺或损失;

(6)由于自然灾害和不测事故而发生的财产物资的意外毁损;

(7)在结算过程中,由于未达账项或拒付等其他原因造成的内外账不符。

为了保证账簿记录的真实性,正确掌握各项财产物资的真实情况,维护所有者权益,必须在账簿记录的基础上,运用财产清查这一专门方法,对各项财产物资进行定期或不定期的盘点与核对,使账簿记录的各项财产物资的结存数与实存数额相一致,使得账实相符,以满足经营管理工作的需要。

2.财产清查的作用

财产清查的作用,概括起来主要有以下四个方面。

(1)有利于保证会计资料的真实性和准确性

通过财产清查,确定财产物资及债权债务的实有数额,并与账簿记录相核对。发现差异,查明产生差异的原因和责任,以便及时调整账簿记录,做到账实相符,为经营管理工作提供切实可靠的信息资料。

(2)有利于挖掘财产物资潜力,加速资金周转,提高资金效率

通过财产清查,可以查明各项财产物资的储备和利用情况,有无储备不足或积压、呆滞及不配套现象,以便采取措施及时处理,提高资金周转率。对于储备不足的,应设法及时补充,以保证正常生产经营的需要;对于积压、呆滞和不配套的,应及时进行处理,避免损失浪费,以充分挖掘财产物资的潜力,提高其使用效能;对往来结算账款的数额,应进行清查核对,特别是针对应收账款的规模和质量状况,看有无呆、坏账现象,加速应收账款的回收,提高资金使用效率。

(3)有利于加强财产物资的保管,维护所有者权益

通过财产清查,可以查明各项财产物资的保管情况,以及在收发、保管中存在的问题,有无因管理不善而造成的财产损失浪费、霉烂变质、短缺丢失、非法挪用、贪污盗窃等情况,并及时查明原因,采取必要的措施,改善管理工作,建立健全财产物资管理的岗位责任制度和内部控制制度,以确保各项财产物资的安全完整。

(4)有利于维护财经纪律和各项规章制度

通过财产清查,可以查明与有关单位各项往来款项的结算是否符合财经纪律和结算制度,有无不合理的债权债务关系;银行借款是否按计划使用,按期偿还;现金管理是否遵循现金管理制度要求。从而促使各单位经办人员自觉遵守财经纪律和规章制度,及时结算债权债务,严格遵守现金管理规定,有效维护财经纪律。

二、财产清查的种类

企业在日常工作中,在考虑成本、效益的前提下,可在适宜范围内选择恰当时机进行财产清查。按财产清查的实施范围、时间间隔等,可把财产清查工作适当地进行分类。

1.按财产清查的范围可分为全面清查和局部清查两种

(1)全面清查

全面清查就是对企业单位的所有财产物资进行清查、盘点、核对。一般来说,在年终决算之前,为了确保会计资料的真实、正确,要进行一次全面清查;在单位撤销、合并或改变隶属关系时,需进行全面清查;在清产核资时,为了摸清资产情况,准确核定资金数额,需进行全面清查。

全面清查的内容一般包括:

①各种货币资金,包括:现金、银行存款、其他货币资金和各种有价证券等。

②各种实物资产,包括:材料、在产品、半成品、产成品、商品、包装物、低值易耗品、固定资产、未完工程等。

③各种往来结算款项,包括:各项应收、应付款项,预收、预付款项,银行借款,预算缴拨款和其他债权债务等。

④各项投资,包括:长期投资和短期投资。

⑤各项在途材料、在途商品、在途物资等。

⑥委托其他单位加工、保管的材料、物资等;受托保管、代购、代销的财产物质等。

全面清查的特点是:范围广、内容多、工作量大、涉及人员多。

(2)局部清查

局部清查与全面清查相对照,是指对一部分财产物资、债权债务所进行的清查,在日常经营活动中,主要是对那些流动性较大和变现能力较强的财产、贵重物品进行盘点和核对。在财产物资遭受非正常损失和更换有关管理人员的时候,也要对有关财产物资进行局部清查,以确保账实相符和财产物资的安全完整。如现金的清查应由出纳员在每日业务终了时,进行清点核对;对于银行存款、银行借款每月应同银行核对一次;对于流动性大的材料、物资或贵重物品除了年度清查外,应根据需要随时轮流盘点或重点抽查;而对于债权债务,在年度内至少要核对一次。

局部清查的特点是:范围小、内容少、专业性强、涉及人员少。

2.按财产清查的时间间隔可分为定期清查和不定期清查两种

(1)定期清查

定期清查是指按计划在预先安排的时间对财产进行清查,通常在月末、季末、年终结账时进行。清查的范围一般是年终决算前进行全面清查,月末和季末对贵重财产物资及货币资金进行盘点和抽查,实施局部清查。

(2)不定期清查

不定期清查是指根据实际需要,事前不规定清查时间、临时实施的财产清查。不定期清查可以是全部财产物资清查,也可以是局部财产物资清查。一般来说,单位在更换财产物资保管人员、财产物资遭受非正常损失、发生产权转移或变动、领导或工作人员发生贪污盗窃行为时,应进行不定期清查。

对财产清查的分类因标准不同而不同,如按财产清查的组织形式不同,可分为单位自己组织的清查和外单位组织的清查。至于单位采用何种方式在何时进行财产清查,则要根据实际工作的需要及人力、物力、财力条件确定。

第二节　财产的盘存制度

财产清查的重要环节是盘点财产物资的实存数量,为使盘点工作顺利进行,应建立一定的盘存制度。一般来说,财产物资的盘存制度有两种,即永续盘存制和实地盘存制。

一、实地盘存制

1.实地盘存制的概念

实地盘存制是指会计期末通过对全部存货进行实地盘点,以确定期末存货的结存数量,然后分别乘以各项存货的盘存单价,计算出期末存货的总金额,记入各有关存货账户,倒轧本期已销售或已耗用存货的成本。存货采用这种核算方法时,平时在账簿中只记入存货的增加数(即购进或收入数),不记减少数(即发出数),到期末结账时,通过实地盘点确定存货的库存数并据以计算存货的期末库存成本,倒轧推算发出数并计算出本期销售或耗用的存货成本,并据以登记入账。所以,用于工业企业时,又称"以存计耗制"或"盘存计耗制";用于商品购销企业时,又称"以存计销制"或"盘存计销制"。有关计算公式如下:

(1)期末库存的存货成本＝实地盘存的库存数量×存货单价

(2)本期销售(耗用)存货成本＝期初库存存货成本＋本期增加存货成本－
期末库存存货成本

采用实地盘存制,核算比较简单,故对于品种复杂、收发频繁,不要求按具体品种核算的存货,或体积、重量较大,价值较低的存货可采用此法核算。但由于这种方法平时在账面上无法反映存货的收发、结存情况,采用"以存计耗"势必把可能存在库存物资的损耗、短缺、差错甚至贪污盗窃损失等全部隐没在本期耗用数内,从而削弱了对存货的监督、控制,不利于提高企业的管理水平,并会影响损益计算的正确性。再者,由于实物盘点的工作量大、任务繁重,使其一般只能定期(期末)进行。故实地盘存法也只适用于定期结转销售或耗用成本,若要随时结转销售或耗用成本,就不宜使用此法。

2.期末存货数量的确定

采用实地盘存制,关键问题是确定期末时点上各种存货的实际属存数量,如何来确定?便是财产清查的技术方法问题了。它一般可分为两步来进行:首先,进行存货的实地盘点,确定盘存数。盘存方法依商品性质而异,可分别采用实盘点法或技术推算法。盘点过程中,应该各项存货的实物结存数逐一在"盘存单"中登记。其次,对商品购销企业而言,还要对临近月末几天的购销凭证进行整理,并调整盘存数量,即对已经销售但尚未提运出库的商品,或已经提运出库但尚未做销售入账的商品,分别进行加减调整,以求得实际库存数量,调整公式如下:

实际库存数量＝盘存数量＋已提未销数量－已销未提数量

在实地盘存制下,对各项财产物资进行盘点的结果,只是作为登记财产物资账的减少数量依据,而不能用于核对账实是否相符。

二、永续盘存制

1.永续盘存制的概念

永续盘存制,亦称"账面盘存制",是指在会计核算中,对各种存货设置明细账,根据原始凭证在有关账簿中逐笔或逐日连续记载其收入、发出数量,并可据此随时计算结存数量的一种核算方法。其计算公式如下:

账面期末结存数＝账面期初结存数＋本期增加数－本期减少数

采用永续盘存制,可以随时掌握存货的收发、结存情况,并可以从数量和金额两方面进行控制,对账存数可以通过盘点,与实际数量进行核对,查明账实是否相符及其不符原因,并加以及时纠正。与实地盘存制相比,永续盘存制在存货控制及保护其安全方面,具有明显的优势。所以在实际工作中,除少数特殊商品外,允许条件下一般都采有永续盘存制对存货进行核算管理。但是,这种方法也存在明细分类核算工作量大的缺点。

采用永续盘存制,仍需定期或不定期地进行实地盘点,但这种盘点仅是核对账实是否相符的一种手段,而非实地盘存下用于计算存货成本的必要手段。

2.永续盘存制下存货账户的设置

在永续盘存制下,存货账户的设置和组织一般有两种做法:一种做法是在会计部门设置存货总分类账和明细分类账两套账户。其中总分类账只登记金额,进行金额控制,明细分类账则同时登记数量和金额,进行数量、金额双重控制。例如,在仓储部门按不同品种存货分类设置保管账和商品卡(材料卡),保管账由记账员根据收、发货单(进、领料单)登记收发数量,进行数量控制,商品卡(材料卡)挂在每种商品(材料物资)的堆垛处,由保管员根据收、发货单(进、领料单)逐笔登记数量,以便控制实存商品。另一种做法是在会计部门只设一套总分类账,而将其明细分类账下放到仓储部门,与仓储部门的保管账合并,以简化会计部门的明细账设置和记账工作。

第三节　财产清查的程序与方法

一、财产清查的程序

财产清查是改善经营管理、加强会计核算的一项重要工作,其涉及面广、工作量大,牵涉的人员多,因此,财产清查必须做好各方面准备工作,有计划、有组织、有领导地按一定程序进行。

1.做好清查前的准备工作

(1)组织准备

在总会计师及有关主管厂长的领导下,成立由财会部门牵头,有设备、技术、生产、行政及各有关部门参加的财产清查领导小组,具体负责财产清查的领导和组织工作。该领导小组的主要任务是：根据管理制度或有关部门的要求拟定财产清查工作的具体程序，确定财产清查对象和范围，安排财产清查工作的详细步骤，配备财产清查人员等；在财产清查过程中，及时掌握工作进度，进行检查和督促，研究和解决财产清查工作中出现的问题；在财产清查工作结束后，写出财产清查工作的书面报告，对发生的盘盈盘亏提出处理意见，将清查结果和处理意见报上级领导和有关部门审批处理。

（2）业务准备

业务准备是进行财产清查的前提条件，各业务部门特别是会计部门和会计人员应主动配合，做好准备工作。

①财会部门和会计人员应在财产清查之前将所有的经济业务登记入账，将有关账簿登记齐全并结出余额。总分类账中反映货币资金、实物资产和债权债务的有关账户应与所属明细分类账核对清楚，做到账账相符、账证相符，为财产清查提供可靠依据。

②财产物资保管部门和人员应将截止到财产清查时点之前的各项财产物资的出入办好凭证手续，全部登记入账，结出各账户余额，并与会计部门的有关总分类账核对相符，同时财产物资保管人员应将其所保管的各种实物资产码放整齐，挂上标签，标明品种、规格和结存数量，以便进行实物盘点。

③财产清查小组应组织有关部门准备好计量器具，印制好各种登记表册。对银行存款、银行借款和结算款项，还应取得对账单。

2. 做好清查及记录工作

（1）清查时，应深入仓库和财产物资使用部门，利用各种适当的计量、检测手段，确定各项财产物资的实存数量与金额，并将清查结果登记在"盘存单"上。

（2）将盘存单中所记录的实存数额与账面结存余额相核对，检查账实是否相符，据以编制"账存实存对比表"，按财务制度及规定程序报经有关部门审批后，做出相应的处理。

二、财产清查的方法

由于货币资金、结算款项、实物资产各有不同的特点，因此清查的方法也各不相同。常用方法有实地盘点法、技术推算法、查询法和核对法。每种方法有不同的应用范围，下面将结合各类财产物资的清查，介绍各种方法的具体运用。

1. 货币资金的清查方法

（1）现金的清查

现金是企业单位流动性最强的资产，对现金的清查采用实地盘点法。盘点前，出纳应将现金及付款凭证全部登记入账，并结出余额；盘点时，要由清查人员和出纳共同负责，由清查人员逐一清点，由出纳监督。如果发生盘盈或盘亏，应由盘点人员和出纳共同核实。现金盘点应当有突然性，在清查过程中同时要关注出纳有无违反现金管理规定行为（如有无用不具有法律效力的借条、收据等抵充库存现金，有无现金坐支情况，库存现金是否超过银行规定的库存现金限额等）；盘点结束后，应根据盘点的结果及与现金日记账核对的情况编制"库存现金盘点报告表"，由清查人员和出纳人员共同签章认可。库存现金盘点报告表是明确经济责任的依据，也是调整账实不符的原始凭证，它既起"盘存单"的作用，又起"实存账存对比表"的作用。其一般格式如表8-1所示。

表 8-1　库存现金盘点报告表

单位名称：　　　　　　　　　　　　　　　　　　　　　年　月　日

币种	实存金额	账存金额	实存账存对比		备注
			盘盈	盘亏	

盘点人（签章）　　　　　　　　　　出纳员（签章）

有价证券(如国库券、公司债券、股票及其他有价证券)的盘存和清查方法与现金的清查方法相同。

(2)银行存款的清查

银行存款的清查采用核对法,即将开户银行定期送达的银行对账单与企业单位的银行存款日记账逐笔进行核对(每月至少一次),以查明银行存款收付及余额是否正确。一般在正式清查之前,应先详细检查本单位银行存款日记账的正确性与完整性,再以每个银行账户为单位,核对银行对账单与本单位账目是否相符。核对的结果如果不一致,其原因主要有两个:一是某一方(或双方)记账出现了差错,造成银行对账单和本单位银行存款日记账不相符。二是产生了未达账项,如有未达账项则需编制银行存款余额调节表,再核对是否相符。所谓未达账项,是指企业单位与银行之间对于同一项业务,由于取得凭证的时间不同,导致记账时间不一致而发生的一方已取得结算凭证并登记入账,而另一方由于未取得结算凭证而尚未登记入账的款项。未达账项的发生主要有以下四种情况:

①企业已收款入账,银行尚未入账。例如企业销售产品收到支票,送存银行后即可根据银行盖章后退回的"进账单"回联登记银行存款的增加,而银行则不能马上记增加,要等款项收妥后再记增加,如果此时对账,则形成企业已收款,银行未收款。

②企业已付款入账,银行尚未入账。例如企业开出一张支票支付购料款,企业可根据支票存根、发货票及收料单等凭证,记银行存款的减少,而此时银行由于尚未接到支付款项的凭证尚未记减少,如果此时对账,则形成企业已付款,银行未付款。

③银行已收款入账,企业尚未入账。例如银行接受企业委托向外地某单位收取款项,于收到时当即登记存款增加,而企业由于未收到汇款凭证尚未登记银行存款增加,如果此时对账,则形成银行已收款,企业未收款。

④银行已付款入账,企业尚未入账。例如银行为企业代缴水电费等公用设施费,银行付款时一般不通知企业、付款的凭证定期传到企业,银行已记存款减少,而企业因尚未接到凭证未记银行存款减少,如果此时对账,则形成银行已付款,企业未付款。

上述任何一种情况发生,都会使企业银行存款日记账与银行对账单的存款余额不一致,在①④两种情况下,会使企业账面的银行存款余额大于银行对账单的存款余额;②③两种情况下,则会使企业账面的银行存款余额小于银行对账单的存款余额。

为了查明银行存款登记有无差错,应当根据银行对账单与企业的银行存款的账簿记录逐笔核对,如发现银行的记录有错账、漏账,应及时通知银行查明更正;如发现有未达账项,应编制"银行存款余额调节表",以便验证双方的账面余额是否一致。

现就"银行存款余额调节表"的格式和编制方法举例说明如下:

【例 8-1】 兴盛公司 2002 年 6 月 30 日银行存款日记账余额为 91000 元,接到银行转来的对账单的存款余额为 88000 元,经逐笔核对后,发现有以下几笔未达账项:

①29 日企业出售产品收到转账支票 12000 元,银行尚未入账;

②28 日企业因购料开出转账支票 7000 元,持票人尚未到银行办理转账手续;

③30 日企业委托银行收取的销货款 8000 元,银行已收妥入账,但企业尚未接到收款通知;

④30 日银行代付水电费 6000 元,企业未接到相关凭证尚未入账。

根据上述资料,编制"银行存款余额调节表"进行调整。"银行存款余额调节表"的编制方法一般是在双方账面余额的基础上,各自加上对方已记收入、本单位未记收入的款项,减去对方已记付出、本单位未记付出的款项,然后验证调整后的余额双方是否相等。"银行存款余额调节表"的格式如表 8-2 所示。

表 8-2 银行存款余额调节表

开户银行:_____ 账号:_____ ____年___月___日

项　目	金　额	项　目	金　额
银行存款日记账余额	91000	银行对账单余额	88000
加:银行已收款入账,企业尚 　　未入账金额 　其中:1.代收货款 　　　　2.	8000	加:企业已收款入账,银行尚 　　未入账金额 　其中:1.解入转账支票 　　　　2.	12000
减:银行已付款入账,企业尚 　　未入账金额 　其中:1.代付水电费 　　　　2.	6000	减:企业已付款入账,银行尚 　　未入账金额 　其中:1.签发转账支票 　　　　2.	7000
调整后银行存款日记账余额	93000	调整后银行对账单余额	93000

调节后存款余额相等,表示双方账目正确。若调节后余额仍不相符,则表明企业或银行的账目有误,必须进一步查明原因,加以更正。必须注意的是,未达账项不是错账、漏账,银行存款余额调节表只能作为清查过程中核对账目之用,不能作为原始凭证,据以做出任何调账的处理,否则会导致重复记账。调节表中所列各项未达账项,在企业账面上必须取得银行有关原始凭证后方可入账。采用这种方法进行调节,所得到的调节后余额,是企业当时实际可以动用的款项。

上述银行存款的清查方法,也适用于银行借款的清查。

2.债权债务的清查方法

债权债务清查是指对单位应收、应付账款及其他应收、应付项目等结算和往来款项所实施的清查。所采用的方法是查询法或核对法,也可两种方法同时采用。在清查过程中,不仅要查明债权债务的余额,还要查明形成的原因,以便加强管理。对于在清查中发现的坏账损失要按有关规定进行处理,不得擅自冲销账簿记录。其清查的程序大致为:

(1)检查、核对账簿记录。有关会计人员应将本单位的债权、债务业务全部登记入账,不得遗漏,以保证账簿记录的完整性。此后,清查人员应对有关账簿记录依据会计凭证进行核对,保证账簿记录准确无误。

（2）编制债权、债务款项对账单。清查单位按每一经济往来单位编制"债权、债务款项对账单",将编制的对账单送债权人或债务人进行核对,确认债权、债务。对账单一般可采用二联形式,其中一联为回单,由债权或债务人确认并签章。其基本格式和内容如表 8-3 所示。

表 8-3　债权债务款项对账单

_____×_____×_____单位：

你单位 2010 年 5 月 18 日到我厂购甲产品1000件已付货款6000元,
尚有4000元货款未付,请核对后将回联单寄回。

清查单位（盖　章）
2010 年 6 月 20 日

沿此虚线裁开

- -

债权、债务款项对账单（回联）

_____×_____×_____清查单位：

你单位寄来的"债权、债务款项对账单"已收到,经核对相符无误。

××单位（盖　章）
2010 年 6 月 25 日

如果债权或债务人核对后发现不一致,则须注明原因,寄回本单位。单位在收到对账单后,应进行余额调整（调整方法类似于银行存款余额调节）,然后确认债权、债务余额。当然,在清查中也可直接派人去对方单位面询,或利用电话、电报、传真、国际互联网络等手段进行核实。

（3）编制"债权债务清查结果报告表"。在检查、核对并确认了债权、债务后,清查人员应根据清查中发现的问题和情况,及时编制"债权债务清查结果报告表"。对于本单位同对方单位或个人有争议的款项、收回希望较小和无法支付的款项,应当在报告中尽可能详细说明,以便有关部门及时采取措施,减少不必要的坏账损失。"债权债务清查结果报告表"一般格式如表 8-4 所示。

表 8-4　债权债务清查结果报告表

单位名称：_____　　　　　　　　　　　　　　　　　　　　　　　　_____年___月___日

总分类账户		明细账户		发生日期	对方结存额	对比结果及差异额	差异原因及金额			备注
名称	金额	名称	金额				未达账项	有争议账项	无法收回账项	

清查人员（签章）　　　　　　　　　　　　　　　　　　　　　　会计人员（签章）

3.实物资产的清查方法

（1）存货的清查

存货的清查是指对商品、材料、在产品、产成品、低值易耗品、包装物等财产物资的清查。由于各种存货的实物形态、体积重量、码放方式不同，因而采用不同的清查方法。存货数量的清查方法，一般有以下两种：

①实地盘点。是指通过实地清点或者用计量器具来确定各项实物资产实存数量的一种方法。这种方法适用范围广，数字准确可靠，清查质量高，但工作量大，如事先按财产物资的实物形状进行科学码放，可以提高清查的速度，大多数实物资产的清查都可采用这种方法。

②技术推算盘点。是利用技术方法推算确定有关财产物资实存数量的一种方法。这种方法适用于大量成堆，价廉体重，难以逐一清点的财产物资。如沙石、土、煤、柴草等，可采用量方、计尺等方法，确定其实存数量。

对于实物质量的检查方法，可根据不同实物的特点，采用物理或化学方法检查其质量。

为了明确经济责任，进行财产物资的盘点时，有关财产物资的保管人员必须在场，并参加盘点工作。对各项财产物资的盘点结果，应逐一如实地登记在"盘存单"上，并由参加盘点的人员和实物保管人员同时签章生效。"盘存单"是记录各项财产物资实存数量盘点的书面证明，也是财产清查工作的原始凭证之一。"盘存单"一般格式如表 8-5 所示。

表 8-5　盘存单

单位名称：　　　　　　　　　　　盘点时间：

财产类别：　　　　　　　　　　　存放地点：　　　　　　　　　　编号：

编号	名称	规格或型号	计量单位	实际盘点			备注
				数量	单价	金额	

盘点人（签章）　　　　　　　　　　　　　　　　　　实物保管人（签章）

盘点完毕，将"盘存单"中所记录的实存数额与账面结存余额相核对，发现某些财产物资账实不符的,填制"盘盈盘亏报告表",确定财产物资盘盈或盘亏的数额。"盘盈盘亏报告表"是财产清查的重要报表,是调整账面记录的原始凭证,也是分析盈亏原因、明确经济责任的重要依据,应严肃认真地填报。"盘盈盘亏报告表"一般格式如表8-6所示。

表8-6 盘盈盘亏报告表

单位名称: 　年　月　日

编号	名称	规格型号	单价	实存		账存		实存与账存对比				备注
				数量	金额	数量	金额	盘盈		盘亏		
								数量	金额	数量	金额	
	金额合计											

盘点人(签章) 　　　　　　　　　　　　　　　　会计人员(签章)

(2)固定资产的清查

固定资产清查的常用方法与存货清查的方法相同,不再重述。清查完毕应编制固定资产盘盈盘亏报告表,其格式如表8-7所示。

表8-7 固定资产盘盈盘亏报告表

单位名称: 　年　月　日

固定资产编号	固定资产名称	固定资产规格及型号	盘盈			盘亏			毁损			原因
			数量	重估价	累计折旧	数量	原价	已提折旧	数量	原价	已提折旧	

盘点人(签章) 　　　　使用保管部门负责人(签章)

财产清查工作结束后,应认真整理清查资料,撰写财产清查报告,对清查工作中发现的问题分析其原因并提出改进措施,对财产清查工作的成绩与存在的问题做出客观公正的评价。

第四节　财产清查结果的处理

一、财产清查结果处理的要求和步骤

财产清查的结果主要有三种情况:一是实存数等于账存数,即账实相符;二是实存数大于账存数,即盘盈;三是实存数小于账存数,即盘亏。账实相符不需要进行处理,盘盈和盘亏为账实不符,必须依据国家有关的财务制度,严肃认真地予以处理。

对于财产物资的盘盈、盘亏和各种损失的原因与责任的分析,要深入具体、实事求是。

对于财产清查中所发现的超储积压的呆滞物资,应认真核准数字,按规定程序上报批准后再行处理。

对于长期不清和有争执的债权债务,应核准数字,上报待批准后处理。

对于财产清查中暴露出来的有关经营管理和会计核算上存在的其他问题,应认真总结经验教训并有针对性地提出改进工作的具体措施,以便进一步加强财产管理,做好会计核算工作,提高经营管理水平。

对于财产清查结果处理的具体步骤如下:

(1)核准数字,查明原因。根据清查情况,编制反映全部清查结果的"财产盈亏报告单",核准货币资金、财产物资及债权债务的盈亏数额,对各项差异产生的原因进行分析,明确经济责任,据实提出处理意见,呈报有关领导和部门批准。对于债权债务在核对过程中出现的争议问题,应及时组织清理;对于超储积压物资应同时提出处理方案。

(2)调整账簿,做到账实相符。在核准数字、查明原因的基础上,根据"财产盈亏报告单"编制记账凭证,并据以登记账簿,使各项财产物资做到账实相符。但对于应收而收不回的坏账损失,在批准前不做此项账务处理,待批准后再进行处理。在做好财产物资调整账簿工作后,即可将所编制的"财产盈亏报告单"和所撰写的文字说明,一并报送有关领导和部门批准。

(3)经批准,进行账务处理。当有关领导部门对所呈报的财产清查结果提出处理意见后,应严格按批复意见进行账务处理,编制记账凭证,登记有关账簿,并追回由于责任者个人原因造成的损失。

二、财产清查结果的账务处理

1. 设置"待处理财产损溢"账户

(1)为了核算和监督在财产清查过程中查明的各项财产物资的盘盈、盘亏、毁损的价值及其处理的情况,应设置"待处理财产损溢"账户。下设"待处理固定资产损溢"和"待处理流动资产损溢"两个二级明细账户。

(2)盘盈的各种材料、库存商品、固定资产等,借记"原材料"、"库存商品"、"固定资产"等账户,贷记"待处理财产损溢"账户和"累计折旧"账户。

盘亏、毁损的各种材料、库存商品、固定资产等,借记"待处理财产损溢"、"累计折旧"等账户,贷记"原材料"、"库存商品"、"固定资产"、"应交税金——应交增值税(进项税额转出)"等账户。采用计划成本或售价核算的,还应当同时结转成本差异。

(3)盘盈、盘亏、毁损的财产,报经批准后处理时:流动资产的盘盈,一般借记"待处理财产损溢"账户,贷记"管理费用"账户;固定资产的盘盈,一般借记"待处理财产损溢"账户,贷记"营业外收入——固定资产盘盈"账户;流动资产盘亏、毁损,应当先减去残料价值、可以收回的保险赔偿和过失人的赔偿,借记"原材料"、"其他应收款"等账户,贷记"待处理财产损溢"账户。剩余净损失,属于非常损失部分,借记"营业外支出——非常损失"账户,贷记"待处理财产损溢"账户;属于一般经营损失部分,借记"管理费用"账户,贷记"待处理财产损溢"账户;固定资产的盘盈视为对以前年度会计差错进行更正,通过"以前年度损益调整"进行调整。固定资产的盘亏,一般借记"营业外支出——固定资产盘亏"账户,贷记"待处理

基础会计学

财产损溢"账户。

（4）物资在运输途中的短缺与损耗，除合理的途耗应当计入物资的采购成本外，能确定由过失人负责的，应当自"在途物资"等账户转入"应付账款"、"其他应收款"等账户，需等查明原因和报经批准才能转销的损失，先通过"待处理财产损溢"账户核算，查明原因后，再分别处理：属于应由供应单位、运输机构、保险公司或其他过失人负责赔偿的损失，借记"应付账款"、"其他应收款"等账户，贷记"待处理账产损溢"账户；属于自然灾害等非常原因造成的损失，应当将减去残料价值和过失人、保险公司赔款后的净损失，借记"营业外支出——非常损失"账户，贷记"待处理财产损溢"账户；属于无法收回的其他损失，借记"管理费用"账户，贷记"待处理财产损溢"账户。

（5）企业清查的各种财产的损溢，应于期末前查明原因，并根据企业的管理权限，经厂长（经理）或有关机构批准后，在期末结账前处理完毕。

如清查的各种财产的损溢，在期末结账前尚未经批准的，在对外提供财务会计报告时先按上述规定进行处理，并在会计报表附注中做出说明；如果其后批准处理的金额与已处理的金额不一致时，调整会计报表相关项目的年初数。

（6）"待处理财产损溢"账户处理前的借方余额，反映企业尚未处理的各种财产的净损失；处理前的贷方余额，反映企业尚未处理的各种财产的净溢余。期末，处理后"待处理财产损溢"账户应无余额。

2.财产清查结果的账务处理实例

（1）货币资金清查结果的账务处理

【例8-2】　某企业在进行现金清查时，发现库存现金短缺300元，根据清查结果报告表编制会计凭证，并登记有关账簿。分录为：

借：待处理财产损溢——待处理流动资产损溢　　　300

　　贷：库存现金　　　　　　　　　　　　　　　　　300

经查明是出纳人员造成的，责令其赔款，编制会计凭证，并登记有关账簿。转销分录为：

借：其他应收款——××（出纳员）　　　　　　　300

　　贷：待处理财产损溢——待处理流动资产损溢　　300

若短缺原因不清，经批准后转"管理费用"账户。分录如下：

借：管理费用　　　　　　　　　　　　　　　　　300

　　贷：待处理财产损溢——待处理流动资产损溢　　300

【例8-3】　某企业在现金清查时，发现库存现金溢余200元，原因不明，经批准冲减管理费用。编制会计凭证，并登记有关账簿。分录如下：

发现溢余时：

借：库存现金　　　　　　　　　　　　　　　　　200

　　贷：待处理财产损溢——待处理流动资产损溢　　200

经批准转销时：

借：待处理财产损溢——待处理流动资产损溢　　　200

　　贷：管理费用　　　　　　　　　　　　　　　　200

在清查过程中，发现银行对账单的存款余额与本单位银行存款日记账的存款余额不符,并且通过编制"银行存款余额调节表"进行调节后仍不相符,说明双方所记账目有错误,应及时查明予以更正,不必进行其他会计处理。

(2)债权、债务清查结果的账务处理

在财产清查中,如果发现长期不清的债权债务,应当及时清理。对于经查明确实无法支付的应付款和无法收回的应收款项,在批准前不做账务处理,也就是不必通过"待处理财产损溢"账户进行核算,按规定程序报经批准后,直接转作"资本公积"或列作"坏账损失"。

【例8-4】 某企业在财产清查中,查明应付某单位的货款3600元,因对方单位已撤销,确实无法支付,经批准转作营业外收入。编制会计凭证并登记账簿。分录为:

借:应付账款——××(单位) 3600
  贷:营业外收入 3600

【例8-5】 某企业在财产清查中,查明确实无法收回的账款1800元,经批准后转销。编制会计凭证并登记账簿。分录如下:

提取坏账准备的企业:

借:坏账准备 1800
  贷:应收账款——××(单位) 1800

不提取坏账准备的企业:

借:管理费用 1800
  贷:应收账款——××(单位) 1800

(3)实物资产清查结果的账务处理

1)存货清查结果的账务处理

①存货盘盈的账务处理。财产清查中发生的存货(如原材料、产成品等)盘盈,经查明是收发计量或核算上的误差等原因造成的,应及时办理存货入账手续,调整存货账簿的记录,按规定程序报经批准后,再冲减管理费用。

【例8-6】 某企业在财产清查中,发现盘盈甲材料一批,估计价值2400元,经查明系收发计量不准所致。

在报经批准前,根据清查结果报告表编制会计凭证,并登记有关账簿。分录为:

借:原材料——甲材料 2400
  贷:待处理财产损溢——待处理流动资产损溢 2400

批准后,冲减管理费用,作如下会计分录:

借:待处理财产损溢——待处理流动资产损溢 2400
  贷:管理费用 2400

②存货盘亏和毁损的账务处理。发生盘亏和毁损的存货,根据其盘亏原因,分情况进行账务处理。

【例8-7】 某企业在财产清查中,发现A产品短缺300元。经查,属定额内损耗。

在报经批准前,根据清查结果报告表编制会计凭证,登记有关账簿。分录为:

借:待处理财产损溢——待处理流动资产损溢 300
  贷:产成品——A产品 300

经批准后,列入管理费用,作如下会计分录:

借:管理费用 300

　　　　贷：待处理财产损溢——待处理流动资产损溢　　　300

【例 8-8】　某企业因火灾进行财产清查，发现乙材料短缺 10000 元，增值税税率为 17%。

　　在报经批准前，编制会计凭证并登记账簿。分录为：

　　借：待处理财产损溢——待处理流动资产损溢　　　11700
　　　　贷：原材料——乙材料　　　　　　　　　　　　10000
　　　　　　应交税费——应交增值税(进项税额转出)　　1700

　　经批准后，列作营业外支出，应作如下会计分录：

　　借：营业外支出　　　　　　　　　　　　　　　　11700
　　　　贷：待处理财产损溢——待处理流动资产损溢　　11700

　2)固定资产清查结果的账务处理

　①固定资产盘盈的账务处理。企业盘盈固定资产的情况较为少见，盘盈固定资产一般是企业以前会计期间少计、漏计产生的，应当作为会计差错进行更正处理，这样可在一定程度上控制人为调节利润的可能。对机器设备等固定资产盘盈时，应按现值或同类或类似固定资产的市价，减去按新旧程度估计的损耗价值后余额入账。借记"固定资产"账户，贷记"以前年度损益调整"。对于盘盈的固定资产，经查明确属企业所有，应根据盘存凭证填制固定资产交接凭证，办理交付使用手续。

【例 8-9】　某企业在财产清查中，发现账外设备一台，其市场价值为 50000 元，新旧程度为八成。企业所得税率为 25%，盈余公积提取比例为 10%。

　　盘盈时：

　　借：固定资产——某设备　　　　　　　　　　　　40000
　　　　贷：以前年度损益调整　　　　　　　　　　　　40000

　　调整所得税：

　　借：以前年度损益调整　　　　　　　　　　　　　10000
　　　　贷：应交税费——应交所得税　　　　　　　　　10000

　　调整未分配利润：

　　借：以前年度损益调整　　　　　　　　　　　　　30000
　　　　贷：利润分配——未分配利润　　　　　　　　　30000

　　调整盈余公积：

　　借：利润分配——未分配利润　　　　　　　　　　30000
　　　　贷：盈余公积　　　　　　　　　　　　　　　　30000

　②固定资产盘亏的账务处理。对于盘亏的固定资产，企业应及时办理固定资产注销手续，按盘亏固定资产净值，借记"待处理财产损溢"财户，按已提折旧，借记"累计折旧"账户，按其原值，贷记"固定资产"账户。按规定程序批准后，按固定资产净值，借记"营业外支出"或有关账户，贷记"待处理财产损溢"账户。

【例 8-10】　某企业在财产清查中，发现设备短缺一台，原价 9000 元，已提折旧 4000 元。在报经审批前，根据清查结果报告表编制会计凭证，登记账簿。分录为：

　　借：待处理财产损溢——待处理固定资产损溢　　　5000
　　　　累计折旧　　　　　　　　　　　　　　　　　4000

　　　　贷:固定资产　　　　　　　　　　　　　　　　9000

报经审批后,根据批准意见转销固定资产盘亏。作如下会计分录:

　　借:营业外支出　　　　　　　　　　　　　　　5000

　　　　贷:待处理财产损溢——待处理固定资产损溢　5000

在例 8-10 中,如果查明是由于过失人造成的毁损,应由过失人赔偿 20％,其余计入营业外支出,应作如下会计分录:

　　借:其他应收款　　　　　　　　　　　　　　　1000

　　　　营业外支出　　　　　　　　　　　　　　　4000

　　　　贷:待处理财产损溢——待处理固定资产损溢　5000

以上各例所编制的会计分录、登账结果列示如图 8-1 所示。

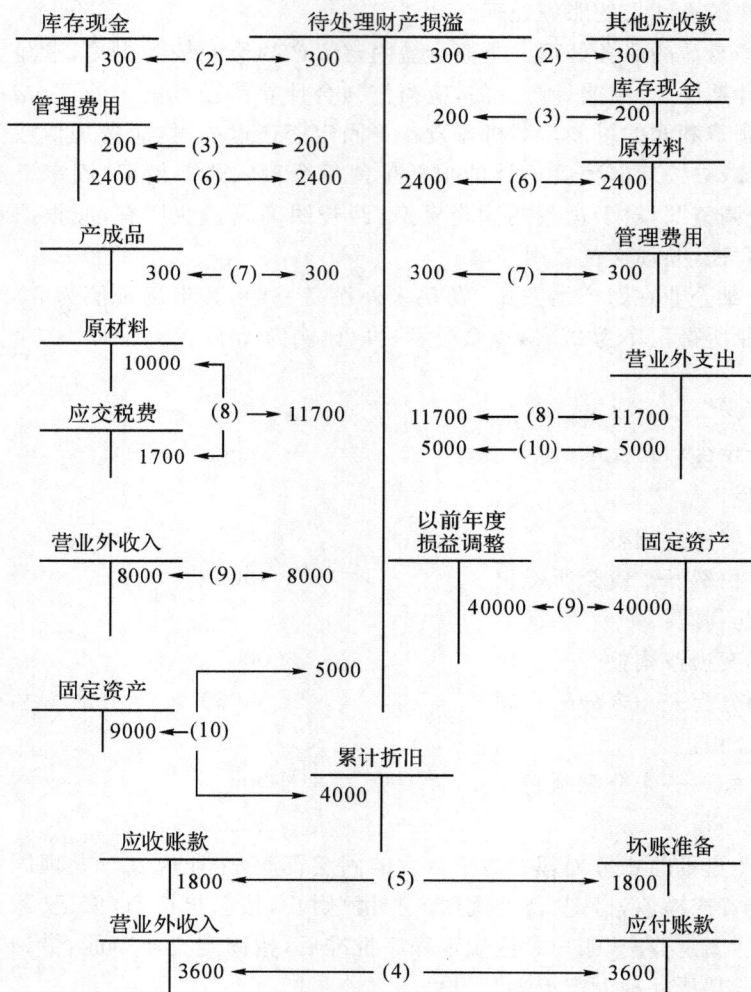

图 8-1　财产清查业务流程

基
础
会
计
学

【本章小结】

　　财产的清查就是通过对各项财产的实地盘点以及对各种债权债务的核对,查明财产物资、货币资金、债权债务的实有数额,并查明实有数额与账面结存数额是否相符的一种专门方法。它是会计核算的重要内容之一。按清查对象和范围划分,可分为全面清查和局部清查;按清查的时间划分,可分为定期清查和不定期清查。为使盘点工作顺利进行,应建立一定的盘存制度,一般盘存制度主要有两种,即永续盘存制和实地盘存制。在财产清查工作中对实物的清查主要采用"实地盘点"和"技术推算盘点"的方法;对现金、有价证券的清查主要采用"实地盘点法";而银行存款的清查主要是采用与开户银行核对账目的方法来进行的。对财产清查的结果进行处理时,首先要核准数字、查明原因;其次要调整账簿,做到账实相符;最后经批准后,进行有关账务处理。

【关键名词】

财产清查、永续盘存制、实地盘存制、未达账项

【思考题】

1.什么是财产清查?

2.财产清查的作用有哪些?

3.银行存款如何进行清查?

4.债权债务如何进行清查?

5.某企业 6 月 30 日银行存款账面余额为 48000 元,当日获得银行存款对账单余额为 76000 元,经核实存在下列未达账项:

(1)企业送存银行的转账支票 50000 元,银行尚未入账。

(2)企业开出转账支票 30000 元,银行尚未入账。

(3)银行代付企业电话费 1000 元,企业尚未入账。

(4)企业委托银行收款 49000 元,企业尚未入账。

要求:根据以上业务编制银行存款余额调节表。

6.某企业年末进行全年清查,清查结果如下:

(1)现金短缺 300 元经批准由责任人赔偿。

(2)盘亏材料一批,实际成本 3000 元,经查实其中 2000 元为非常损失造成,其余为保管人员责任造成,批复意见已经下达。

(3)盘盈产品 3000 元,经批准予以转销。

(4)源于提坏账准备 10000 元,A 企业所欠的账款 8000 元已超过三年,判断无法收回,分别用直销和备抵法处理。

要求:编制业务从报批到批复后全过程的会计分录。

第九章　财务报告

学习目标

通过本章的学习,了解财务报告的含义、作用及其种类,掌握资产负债表、利润表的结构及其编制方法,并对财务报告的编报程序有一个总体的认识。

课程导入

企业不可能把"浩如烟海"的会计凭证和会计账簿直接交信息使用者。会计人员需要对会计账簿上的信息进行进一步深加工,然后以简明扼要的财务报表(及其附注)的形式提供给那些会计信息使用者。那么会计应当编制哪些财务报表才能满足投资者等的需要?这些报表的内容和格式应当怎样设计? 有哪些要求? 具体到每一个报表应当如何编制?附注中应当披露什么? 这些就是本章要探讨的问题。

第一节　财务报告概述

一、财务报告简介

在日常的会计核算中,企业在一定时期内发生的各项经济业务,都已经按照一定的会计程序,在有关账簿中进行了连续、系统、全面、分类的记录和归集。但这些会计核算资料是分散地反映在各个会计账户中的,不能集中、概括、相互联系地反映单位的经济活动的全貌,不便于理解和利用,难以满足投资者、债权人、政府及其有关部门和社会公众等会计信息使用者了解该单位财务状况、经营成果和现金流量的需要,也难以反映管理层受托责任的履行情况。因此,有必要在日常会计核算的基础上,根据会计信息使用者的需要,定期地对日常会计核算资料进行加工处理和分类,按照一定的格式编制财务报告,从而总括、综合、清晰明了地反映企业的财务状况、经营成果和财务收支情况,为有关各方进行管理和决策提供科学、准确的会计信息。

财务报告,又称财务会计报告,是指企业对外提供的反映企业某一特定日期的财务状况和某一会计期间的经营成果、现金流量等会计信息的文件。财务报告包括财务报表和其他应当在财务报告中披露的相关信息和资料,是企业财务会计确认与计量的最终结果体现。投资者等会计信息使用者主要是通过财务报告来了解企业当前的财务状况、经营成果和现金流量等情况,从而预测未来的发展趋势。因此,财务报告是向投资者等财务报告使用者提供决策有用信息的媒介和渠道,是沟通投资者、债权人等使用者与企业管理层之间信息的桥梁和纽带。

二、财务报告的作用

编制财务报告是会计核算的一种专门方法,也是会计核算程序的最后环节。财务报告所提供的会计信息,无论对于企业自身,还是对国家宏观经济管理部门,对与本单位有经济利益关系的其他单位和个人,都具有重要的作用。具体体现在:

(1)企业的投资者可以利用财务报告了解企业的财务状况和经营成果,分析企业的偿债能力和获利能力,预测企业的发展前景,据以做出正确的投资决策。

(2)银行及其他金融机构可以利用财务报告了解企业的生产经营能力,信贷资金的运用方向、运用效益,分析企业信贷资金的偿还能力,确定对企业的信贷政策。

(3)国家宏观经济管理部门可以利用财务报告了解国有资产的使用、变动情况,了解各部门、各地区的经济发展情况,用以进行国民经济的宏观调控。

(4)企业的管理者可以利用财务报告反映自身的财务状况和经营成果,从而向企业的所有者反映自身受托责任的履行情况。

三、财务报告的组成

财务报告主要包括对外报送的会计报表和其他需要披露的资料。财务会计报告核心内容是财务报表,是对企业财务状况、经营成果和现金流量的结构性表述。一套完整的财务报表至少应当包括"四表一注",即资产负债表、利润表、现金流量表、所有者权益(或股东权益,下同)变动表以及附注。

资产负债表、利润表和现金流量表分别从不同角度反映企业的财务状况、经营成果和现金流量。资产负债表反映企业在某一特定日期所拥有的资产、需偿还的债务以及股东(投资者)拥有的净资产情况。利润表反映企业在一定会计期间的经营成果,即利润或亏损的情况,表明企业运用所拥有的资产的获利能力。现金流量表反映企业在一定会计期间现金和现金等价物流入和流出的情况。所有者权益变动表反映构成所有者权益的各组成部分当期的增减变动情况。企业的净利润及其分配情况是所有者权益变动的组成部分,相关信息已经在所有者权益变动表及其附注中反映,企业不需要再单独编制利润分配表。附注是财务报表不可或缺的组成部分,是对在资产负债表、利润表、现金流量表和所有者权益变动表等报表中列示项目的文字描述或明细资料,以及对未能在这些报表中列示项目的说明等。本课程主要对资产负债表和利润表这两个主表进行介绍,其他报表在中级财务会计学中介绍。

四、财务报表的种类

财务报表按照不同的标志划分可以有不同的分类。

(1)按照财务报表编报期间的不同,可以分为年度财务报表和中期财务报表。年度财务报表又称年度决算报表,是指一个会计年度终了时编制的用以反映企业全年度财务状况变动情况和财务成果等的报表。中期财务报表是指按短于一个完整的会计年度的报告期间编制的财务报表,包括月度报表、季度报表、半年度报表。中期财务报表至少应当包括资产负债表、利润表、现金流量表和附注,其中,中期资产负债表、利润表和现金流量表应当是完整报表,其格式和内容应当与年度财务报表相一致。与年度财务报表相比,中期财务报表中的附注披露可以适当简略。

(2)按照财务报表编报主体的不同,可以分为个别财务报表和合并财务报表。个别财务报表是由企业在自身会计核算的基础上对账簿记录进行加工而编制的财务报表,它主要用以反映企业自身的财务状况、经营成果和现金流量情况。合并财务报表是以母公司和子公司组成的企业集团为会计主体,根据母公司和所属子公司的财务报表,由母公司编制的综合反映企业集团财务状况、经营成果和现金流量情况的财务报表。

(3)按照财务报表反映资金运动的形态,可以分为静态报表和动态报表。静态报表反映的是企业某一特定日期资产总额、权益总额的报表,如资产负债表反映的是一定日期的资产、负债和所有者权益的财务状况,从而可以反映出企业的变现能力和偿债能力。动态报表反映的是一定时期内资金耗费和资金收回情况的报表,或是反映一定时期经营成果的报表,如企业的利润表和现金流量表。

(4)按照财务报表的服务对象不同,可以分为内部报表和外部报表。内部报表是为了适应企业内部生产经营的需要而编制的不对外公开的财务报表,一般不要求统一规定格式,也没有统一的指标体系。外部报表是企业编制并对外提供的、供政府管理监督部门、其他企业单位和个人所使用的财务报表,为了便于利用,一般有固定的格式和统一的指标体系。

五、财务报告的编报要求

为了充分发挥财务报告的作用,让会计信息使用者清楚地了解企业的财务状况、经营成果和现金流量情况,正确地进行经营决策,财务报告的编制应遵循以下几点要求。

1. 真实可靠

会计核算应当以实际发生的经济业务为依据,如实反映企业的财务状况和经营成果。因此,财务报告所提供的财务信息也必须是真实可靠的。为了满足这一要求,必须做到:第一,在日常会计核算中,会计凭证的编制和账簿记录必须以实际发生的经济业务为依据,将企业发生的经济业务全部登记入账,并按规定核对账目、清查财产、调整账项,做到账证相符、账账相符、账实相符,使得在此基础上编制的财务报表做到账表相符;第二,按照有关法律、法规规定的时间结账、编表,不得人为地提前或滞后。

2. 计算准确

各种财务报表中报表项目的金额主要是来自于日常的账簿记录,但并不完全是账簿数字的简单转抄,因为有些报表项目的金额需要对有关账户的期末余额进行分析、计算整理后才能填列。因此,必须采用正确的计算方法,保证计算结果的准确。在有不确定因素的情况下需要做出预计或估计时,应谨慎地进行判断,以便不抬高资产或收益,不低估费用和损失,以满足会计信息稳健性的质量要求。计算准确程度的确定,应以是否最大限度地满足财务报表使用者经济决策的需要为标准,同时,要注意提供财务信息的效益和成本之间的平衡,即财务信息资料所产生的效益,应当大于提供资料所耗费的成本。

3.内容完整

财务报告必须全面反映会计主体的财务状况、经营成果和现金流量情况。一方面,会计主体必须按照规定的财务报告的构成内容编报包括资产负债表、利润表、现金流量表、所有者权益变动表、附注等在内的全部内容,对已有的经济活动及与报告对象决策有关的各种信息都在财务报告中提供;另一方面,对统一财务报告中规定的各项指标都应当填写完整,为财务信息使用者提供尽可能充分的决策有用信息。

4.相关可比

财务报告所提供的财务信息必须满足财务信息使用者的需要,并与其决策相关,同时,要便于财务信息使用者在不同企业之间及同一企业不同期间之间进行比较,这就要求会计主体必须提供相关可比的财务报告,以帮助财务信息使用者分析企业在整个行业中所处的地位,了解和判断企业的过去及现在的情况,预测企业未来的发展趋势,为财务信息使用者提供决策服务。因此,企业在不同时期的报告指标和同一类型企业之间的报告指标应当尽可能口径一致,即企业对于同类经济业务的计量和列报必须按照一致的方法进行,在确实需要变动时,应当将变动的原因、变动的情况及变动产生的影响在报告中予以披露。

5.编报及时

财务报告应当按照规定的时间和程序及时编制和对外提供,以便报告的使用者及时了解编报单位的财务状况和经营成果,同时,便于有关部门及时进行汇总。否则,就会失去其应有的效用。因此,财务部门应科学地组织好日常的会计核算工作和编制财务报告前的各项准备工作,同时加强企业内部各部门之间的协作,从而保证财务报告能够按照规定的程序和期限编制及对外报送。

6.便于理解

企业对外报送的财务报告是为了给财务信息的使用者提供企业过去、现在、未来的有关资料,为企业目前或潜在的投资者、债权人提供决策所需的财务信息。这就要求企业编制的财务报告必须清晰明了,以便于财务信息的使用者读懂报告并充分地利用其所提供的财务信息做出决策。

第二节　财务报表编制的基本要求

一、依据各项会计准则确认和计量的结果编制财务报表

企业应当根据实际发生的交易和事项,遵循各项具体会计准则的规定进行确认和计量,并在此基础上编制财务报表。企业应当在附注中对这一情况做出声明,只有遵循了企业会计准则的所有规定时,财务报表才应当被称为"遵循了企业会计准则"。

企业不应以在附注中披露代替对交易和事项的确认和计量,也就是说,企业采用的不恰当的会计政策,不得通过在附注中披露等其他形式予以更正,企业应当对交易和事项进行正确的确认和计量。

二、列报基础

持续经营是会计的基本前提,是会计确认、计量及编制财务报表的基础。企业会计准则规范的是持续经营条件下企业对所发生交易和事项确认、计量及报表列报;相反,如果企业经营出现了非持续经营,应当采用其他基础编制财务报表。财务报表准则的规定是以持续经营为基础的。

在编制财务报表的过程中,企业管理层应当对企业持续经营的能力进行评价,需要考虑的因素包括市场经营风险,企业目前或长期的盈利能力、偿债能力、财务弹性以及企业管理层改变经营政策的意向等。评价后对企业持续经营的能力产生严重怀疑的,应当在附注中披露导致对持续经营能力产生重大怀疑的重要的不确定因素。

非持续经营是企业在极端情况下出现的一种情况,非持续经营往往取决于企业所处的环境以及企业管理部门的判断。一般而言,企业如果存在以下情况之一,则通常表明其处于非持续经营状态:①企业已在当期进行清算或停止营业;②企业已经正式决定在下一个会计期间进行清算或停止营业;③企业已确定在当期或下一个会计期间没有其他可供选择的方案而将被迫进行清算或停止营业。

企业处于非持续经营状态时,应当采用其他基础编制财务报表,比如破产企业的资产采用可变现净值计量、负债按照其预计的结算金额计量等。由于企业在持续经营和非持续经营环境下采用的会计计量基础不同,产生的经营成果和财务状况也不同,因此在附注中披露非持续经营信息对报表使用者而言非常重要。在非持续经营情况下,企业应当在附注中声明财务报表未以持续经营为基础列报,披露未以持续经营为基础的原因以及财务报表的编制基础。

三、重要性和项目列报

财务报表是通过对大量的交易或其他事项进行处理而生成的,这些交易或其他事项按其性质或功能汇总归类而形成财务报表中的项目。关于项目在财务报表中是单独列报还是合并列报,应当依据重要性原则来判断。总的原则是,如果某项目单个看不具有重要性,则可将其与其他项目合并列报;如果具有重要性,则应当单独列报。具体而言,应当遵循以下几点:

(1)性质或功能不同的项目,一般应当在财务报表中单独列报,但是不具有重要性的项目可以合并列报。比如存货和固定资产在性质上和功能上都有本质差别,必须分别在资产负债表上单独列报。

(2)性质或功能类似的项目,一般可以合并列报,但是对其具有重要性的类别应该单独列报。比如原材料、低值易耗品等项目在性质上类似,均通过生产过程形成企业的产品存货,因此可以合并列报,合并之后的类别统称为"存货",在资产负债表上单独列报。

(3)项目单独列报的原则不仅适用于报表,还适用于附注。某些项目的重要性程度不足以在资产负债表、利润表、现金流量表或所有者权益变动表中单独列示,但是可能对附注而言却具有重要性,在这种情况下应当在附注中单独披露。仍以上述存货为例,对某制造业企业而言,原材料、包装物及低值易耗品、在产品、库存商品等项目的重要性程度不足以在资产负债表上单独列示,因此在资产负债表上合并列示,但是鉴于其对该制造业企业的重要性,应当在附注中单独披露。

（4）无论是财务报表列报准则规定的单独列报项目,还是其他具体会计准则规定单独列报的项目,企业都应当予以单独列报。

重要性是判断项目是否单独列报的重要标准。企业会计准则首次对"重要性"概念进行了定义,即如果财务报表某项目的省略或错报会影响使用者据此做出经济决策的,则该项目就具有重要性。企业在进行重要性判断时,应当根据所处环境,从项目的性质和金额大小两方面予以判断:一方面,应当考虑该项目的性质是否属于企业日常活动、是否对企业的财务状况和经营成果具有较大影响等因素;另一方面,判断项目金额大小的重要性,应当通过单项金额占资产总额、负债总额、所有者权益总额、营业收入总额、净利润等直接相关项目金额的比重加以确定。

四、列报的一致性

可比性是会计信息质量的一项重要要求,目的是使同一企业不同期间和同一期间不同企业的财务报表相互可比。为此,财务报表项目的列报应当在各个会计期间保持一致,不得随意变更,这一要求不仅只针对财务报表中的项目名称,还包括财务报表项目的分类、排列顺序等方面。

当会计准则要求改变,或企业经营业务的性质发生重大变化后、变更财务报表项目的列报能够提供更可靠、更相关的会计信息时,财务报表项目的列报是可以改变的。

五、财务报表项目金额间的相互抵消

财务报表项目应当以总额列报,资产和负债、收入和费用不能相互抵消,即不得以净额列报,企业会计准则另有规定的除外。这是因为,如果相互抵消,所提供的信息就不完整,信息的可比性大为降低,难以在同一企业不同期间以及同一期间不同企业的财务报表之间实现相互可比,报表使用者难以据此做出判断。比如,企业欠客户的应付款不得与其他客户欠本企业的应收款相抵消。如果相互抵消,就掩盖了交易的实质。再如,收入和费用反映了企业投入和产出之间的关系,是企业经营成果的两个方面,为了更好地反映经济交易的实质、考核企业经营管理水平以及预测企业未来现金流量,收入和费用不得相互抵消。

以下两种情况不属于抵消:①资产计提的减值准备,实质上意味着资产的价值确实发生了减损,资产项目应当按扣除减值准备后的净额列示,这样才反映了资产当时的真实价值,并不属于上面所述的抵消。②非日常活动并非企业主要的业务,且具有偶然性,从重要性来讲,非日常活动产生的损益以收入和费用抵消后的净额列示,对公允反映企业财务状况和经营成果影响不大,抵消后反而更能有利于报表使用者的理解。因此,非日常活动产生的损益应当以同一交易形成的收入扣减费用后的净额列示,并不属于抵消。例如,非流动资产处置形成的利得和损失,应按处置收入扣除该资产的账面金额和相关销售费用后的余额列示。

六、比较信息的列报

企业在列报当期财务报表时,至少应当提供所有列报项目上一可比会计期间的比较数据,以及与理解当期财务报表相关的说明,目的是向报表使用者提供对比数据,提高信息在

会计期间的可比性,以反映企业财务状况、经营成果和现金流量的发展趋势,提高报表使用者的判断与决策能力。

在财务报表项目的列报确需发生变更的情况下,企业应当对上期比较数据按照当期的列报要求进行调整,并在附注中披露调整的原因和性质,以及调整的各项目金额。但是,在某些情况下,对上期比较数据进行调整是不切实可行的,则应当在附注中披露不能调整的原因。

七、财务报表表首的列报要求

财务报表一般分为表首、正表两部分,其中,在表首部分企业应当概括地说明下列基本信息:①编报企业的名称,如企业名称在所属当期发生了变更的,还应明确标明;②对资产负债表而言,须披露资产负债表日,面对利润表、现金流量表、所有者权益变动表而言,须披露报表涵盖的会计期间;③货币名称和单位,按照我国企业会计准则的规定,企业应当以人民币作为记账本位币列报,并标明金额单位,如人民币元、人民币万元等;④财务报表是合并财务报表的,应当予以标明。

八、报告期间

企业至少应当编制年度财务报表。根据《中华人民共和国会计法》的规定,会计年度自公历 1 月 1 日起至 12 月 31 日止。因此,在编制年度财务报表时,可能存在年度财务报表涵盖的期间短于一年的情况,比如企业在年度中间(如 3 月 1 日)开始设立等,在这种情况下,企业应当披露年度财务报表的实际涵盖期间及其短于一年的原因,并应当说明由此引起财务报表项目与比较数据不具可比性这一事实。

第三节　财务报告编制的准备工作

一、期末账项调整

会计核算的一个基本假设是会计分期,通过会计分期将持续不断的生产经营过程人为地划分为各个会计期间。会计期间的产生使得会计核算必然涉及划分本期和非本期的收入、费用、利润等问题,于是就产生了权责发生制和收付实现制等记账基础。按照企业会计准则的规定,企业应当以权责发生制为基础进行会计确认、计量和报告。从权责发生制的角度分析,企业账簿中的日常记录还不能确切地反映本期的收入和费用,如有些款项虽已收到入账,但不属于本期的收入;有些款项虽已支付并记账,但不属于本期的费用。因此,在编制财务报告前,应当对这些账项进行调整,以合理地确定各期的收入、费用,并将费用与收入配比,从而正确地计算各期的经营成果。期末账项调整的主要内容是调整各期的收入、费用,但是由于在确认收入、费用的同时,也要确认资产、负债,因此,期末账项调整也关系到企业财务成果的正确性。

二、全面清查资产、核实债务

企业在编制财务报告前,应当按照下列要求全面清查资产、核实债务:

(1)结算款项(包括应收款项、应付款项、应交税费等)是否存在,与债权、债务单位相应的债权、债务金额是否一致。

(2)各项存货(包括原材料、在产品、自制半成品、库存商品等)的实存数与账面数是否一致,是否有报废损失和积压物资等。

(3)各项投资是否存在,是否按照国家的统一规定进行确认和计量。

(4)各项固定资产(包括房屋建筑物、机器设备、工具器具等)的实存数与账面数是否一致。

(5)在建工程的实际发生额与账面记录是否一致。

(6)需要清查、核实的其他内容。

三、编制工作底稿

工作底稿又称工作底表,是将一定会计期间核算所得到的会计资料汇集在一起,为最终取得一定的会计信息而进行调整、试算、分析的表式。工作底稿有各种用途,如总分类账户余额和发生额试算表、期末账项调整表、为编制报表提供资料的工作底稿等。不同用途的工作底稿,其格式也不同。

一般情况下,期末是会计部门最为繁忙的时间,大量的业务工作要在几天内完成。为避免出错并及时报送报表,可以先通过编制工作底稿的办法,把基本资料算出来,然后,再根据工作底稿的资料编制调账、结账的会计分录,把账簿记录补齐。

编制工作底稿,可以检察账簿记录是否正确,并汇集编制报表所必需的资料。但需要指出的是,编制工作底稿的目的只是为了保证迅速、准确地编制报表,不是一项必不可少的工作。如果能够及时编制准确的报表,也可以不编制工作底稿。

四、对　账

对账是指在有关经济业务入账以后,进行账簿记录的核对。在会计工作中,由于种种原因,难免发生各种差错,导致账实不符的现象。因此,为了保证账簿记录的正确、完整,在有关经济业务入账之后,必须进行账簿记录的核对,以保证账证相符、账账相符、账实相符。

对账分为日常核对和定期核对两种。日常核对是指会计人员在编制会计凭证时,对原始凭证和记账凭证进行审核;在登记账簿时,对账簿记录和会计凭证进行核对。定期核对是指在期末结账前,对凭证、账簿记录等进行的核对。

五、结　账

结账是指在会计期末计算并结转各账户的本期发生额和期末余额。

各会计期间内所发生的经济业务,于该会计期间全部登记入账并对账以后,即可通过账簿记录了解经济业务的发生和完成情况,但是管理上需要掌握各会计期间的经济活动情况及其结果,并相应编制各会计期间的会计报表。而根据会计凭证将经济业务记入账簿后,还不能直观地获得所需的各项数字资料,必须通过结账的方式,把各种账簿记录结算清楚,提供所需的各项信息资料。

会计分期一般实行日历制,月末进行计算,季末进行结算,年末进行决算。结账于各会计期末进行,所以,可以分为月结、季结、年结。

第四节　资产负债表

一、资产负债表概述

1.资产负债表的定义和作用

资产负债表是反映企业在某一特定日期的财务状况的报表。特定日期的限制表明资产负债表是静态报表。财务状况是指企业资产、负债和所有者权益的总额及其构成情况。资产负债表根据"资产＝负债＋所有者权益"这一会计恒等式,依照一定的分类标准和一定的次序,把企业在某一特定日期的资产、负债和所有者权益项目予以适当排列编制而成。资产负债表主要提供有关企业财务状况方面的信息,即某一特定日期关于企业资产、负债、所有者权益及其相互关系。

资产负债表的作用包括:第一,可以提供某一日期资产的总额及其结构,表明企业拥有或控制的资源及其分布情况,使用者可以一目了然地从资产负债表上了解企业在某一特定日期所拥有的资产总量及其结构;第二,可以提供某一日期的负债总额及其结构,表明企业未来需要用多少资产或劳务清偿债务以及清偿时间;第三,可以反映所有者所拥有的权益,据以判断资本保值、增值的情况以及对负债的保障程度。

2.资产负债表编制总体要求

(1)分类别列报

资产负债表列报,最根本的目标就是应如实反映企业在资产负债表日所拥有的资源、所承担的负债以及所有者所拥有的权益。因此,资产负债表应当按照资产、负债和所有者权益三大类别分类列报。

(2)资产和负债按流动性列报

资产和负债应当按照流动性分别分为流动资产和非流动资产、流动负债和非流动负债列示。流动性通常是按资产的变现或耗用时间长短或负债的偿还时间长短来确定的。按照财务报表列报准则的规定,应先列报流动性强的资产或负债,再列报流动性弱的资产或负债。

(3)列报相关的合计、总计项目

资产负债表中的资产类至少应当列示流动资产和非流动资产的合计项目;负债类至少应当列示流动负债、非流动负债以及负债的合计项目;所有者权益类应当列示所有者权益的合计项目。

资产负债表遵循了"资产＝负债＋所有者权益"这一会计恒等式,把企业在特定时日所拥有的经济资源和与之相对应的企业所承担的债务及偿债以后属于所有者的权益充分反映出来。因此,资产负债表应当分别列示资产总计项目和负债与所有者权益之和的总计项目,并且这两者的金额应当相等。

3. 资产的列报

资产负债表中的资产反映由过去的交易、事项形成并由企业在某一特定日期所拥有或控制的、预期会给企业带来经济利益的资源。资产应当按照流动资产和非流动资产两大类别在资产负债表中列报,在流动资产和非流动资产类别下进一步按性质分项列示。

流动资产是指预计在一个正常营业周期内变现、出售或耗用,或者主要为交易目的而持有,或者预计在资产负债表日起一年内(含一年)变现的资产,或者自资产负债表日起一年内交换其他资产或清偿负债的能力不受限制的现金或现金等价物。资产负债表中列示的流动资产项目通常包括货币资金、交易性金融资产、应收票据、应收账款、预付款项、应收利息、应收股利、其他应收款、存货和一年内到期的非流动资产等。

非流动资产是指流动资产以外的资产。资产负债表中列示的非流动资产项目通常包括长期股权投资、固定资产、在建工程、工程物资、固定资产清理、无形资产、开发支出、长期待摊费用以及其他非流动资产等。

4. 负债的列报

资产负债表中的负债反映在某一特定日期企业所承担的、预期会导致经济利益流出企业的现时义务。负债应当按照流动负债和非流动负债在资产负债表中进行列示,在流动负债和非流动负债类别下再进一步按性质分项列示。

流动负债是指预计在一个正常营业周期中清偿,或者主要为交易目的而持有,或者自资产负债表日起一年内(含一年)到期应予以清偿,或者企业无权自主地将清偿推迟至资产负债表日后一年以上的负债。资产负债表中列示的流动负债项目通常包括短期借款、应付票据、应付账款、预收款项、应付职工薪酬、应交税费、应付利息、应付股利、其他应付款、一年内到期的非流动负债等。

非流动负债是指流动负债以外的负债。非流动负债项目通常包括长期借款、应付债券和其他非流动负债等。

5. 所有者权益的列报

资产负债表中的所有者权益是企业资产扣除负债后的剩余权益,资产负债表中的所有者权益类一般按照净资产的不同来源和特定用途进行分类,应当按照实收资本(或股本)、资本公积、盈余公积、未分配利润等项目分项列示。

二、资产负债表的格式

资产负债表的格式一般有报告式和账户式两种。

报告式资产负债表,又称垂直式资产负债表,是以"资产－负债＝所有者权益"等式为基础编制的。它是将资产、负债和所有者权益项目采用垂直分列的形式在表格中自上而下依次列示。

账户式资产负债表,是按照会计恒等式"资产＝负债＋所有者权益"为基础编制的。它将资产负债表分左右两方,左方为资产项目,大体按照资产的流动性大小排列,流动性大的资产如"货币资金"、"交易性金融资产"等排在前面,流动性小的资产如"长期股权投资"、"固定资产"等排在后面。右方为负债及所有者权益项目,一般按照要求清偿时间的先后顺序排列:"短期借款"、"应付票据"、"应付账款"等需要在一年以内或者长于一年的一个正常营业周期内偿还的流动负债排在前面,"长期借款"等在一年以上才需要偿还的非流动负债排在中间,在企业清算之前不需要偿还的所有者权益项目排在后面。依照"资产＝负债＋所有者权益"的会计等式,账户式资产负债表中的资产类各项目的合计数等于负债和所有者权益类各项目的合计数,即资产负债表左方和右方平衡。

我国企业的资产负债表采用账户式结构。其简化格式如表 9-1 所示。

表 9-1　资产负债表

编制单位：_____　　　_____年____月____日　　　　　　　　　金额单位:元

资　产	期末余额	期初余额	负债及所有者权益	期末余额	期初余额
流动资产			流动负债		
货币资金			短期借款		
应收账款			应付账款		
预付账款			预收账款		
其他应收款			应付职工薪酬		
存货			应交税费		
一年内到期的非流动资产			一年内到期的非流动负债		
流动资产合计			流动负债合计		
非流动资产			非流动负债		
长期股权投资			长期借款		
投资性房地产			应付债券		
固定资产			递延所得税负债		
在建工程			非流动负债合计		
工程物资			负债合计		
固定资产清理			所有者权益		
无形资产			实收资本		
商誉			资本公积		
长期待摊费用			盈余公积		
递延所得税资产			未分配利润		
非流动资产合计			所有者权益合计		
资产总计			负债和所有者权益总计		

三、资产负债表的编制方法

资产负债表各项目均须填列"年初余额"和"期末余额"两栏。其中"年初余额"栏内各项数字,应根据上年末资产负债表的"期末余额"栏内所列数字填列。本表"期末余额"栏一

基础会计学

般应根据资产、负债和所有者权益类科目的期末余额填列。其主要有以下几种填列方法。

1.直接根据总账科目的余额填列

例如，"交易性金融资产"、"工程物资"、"固定资产清理"、"递延所得税资产"、"短期借款"、"交易性金融负债"、"应付票据"、"应付职工薪酬"、"应交税费"、"应付利息"、"应付股利"、"其他应付款"、"专项应付款"、"预计负债"、"递延所得税负债"、"实收资本（或股本）"、"资本公积"、"库存股"、"盈余公积"等项目，应根据有关总站科目的余额填列。

2.根据几个总账科目的余额计算填列

例如，"货币资金"项目，需根据"库存现金"、"银行存款"、"其他货币资金"三个总账科目余额的合计数填列；"其他非流动资产"、"其他流动资产"项目，应根据有关科目的期末余额分析填列。

3.根据有关明细科目的余额计算填列

例如，"应付账款"项目，应根据"应付账款"和"预付账款"两个科目所属的相关明细科目的期末贷方余额合计数填列；"一年内到期的非流动资产"、"一年内到期的非流动负债"项目，应根据有关非流动资产或负债项目的明细科目余额分析填列；"长期借款"、"应付债券"项目，应分别根据"长期借款"、"应付债券"科目的明细科目余额分析填列；"未分配利润"项目，应根据所属的"未分配利润"明细科目期末余额填列。

4.根据总账科目和明细科目的余额分析计算填列

例如，"长期借款"项目，需根据"长期借款"总账科目余额扣除"长期借款"科目所属的明细科目中将在资产负债表日起一年内到期，且企业不能自主地将清偿义务展期的长期借款后的金额计算填列；"长期待摊费用"项目，应根据"长期待摊费用"科目的期末余额减去将于一年内（含一年）摊销的数额后的金额填列；"其他非流动负债"项目，应根据有关科目的期末月减去将于一年内（含一年）到期偿还数额后的金额填列。

5.根据总账科目与其备抵科目抵消后的净额填列

例如，"可供出售金融资产"、"持有至到期投资"、"长期股权投资"、"在建工程"、"商誉"项目，应根据相关科目的期末余额填列，已计提减值准备的，还应扣减相应的减值准备；"固定资产"、"无形资产"、"投资性房地产"、"生产性生物资产"、"油气资产"项目，应根据相关科目的期末余额扣减相关的累计折旧（或摊销、折耗）填列，已计提减值准备的，还应扣减相应的减值准备，采用公允价值计量的上述资产，应根据相关科目的期末余额填列；"长期应收款"项目，应根据"长期应收款"科目的期末余额，减去相应的"未实现融资费用"科目和"坏账准备"科目所属相关明细科目期末余额后的金额填列；"长期应付款"项目，应根据"长期应付款"科目的期末余额，减去相应的"未确认融资费用"科目期末余额后的金额填列。

6.综合运用上述填列方法分析填列

例如，"应收票据"、"应收利息"、"应收股利"、"其他应收款"项目，应根据相关科目的期末余额，减去"坏账准备"科目中有关坏账准备期末余额后的金额填列；"应收账款"项目，应根据"应收账款"和"预收账款"科目所属各明细科目的期末借方余额合计数，减去"坏账准备"科目中有关应收账款计提的坏账准备期末余额后的金额填列；"预付款项"项目，应根据"预付账款"和"应付账款"科目所属各明细科目的期末借方余额合计数，减去"坏账准备"科目中有关预付款项计提的坏账准备期末余额后的金额填列；"存货"项目，应根据"材料采购"、"原材料"、"发出商品"、"库存商品"、"周转材料"、"委托加工物资"、"生产成本"、"受托代销商品"等科目的期末余额合计,减去"受托代销商品款"、"存货跌价准备"科目期末余额后的金额填列,材料采用计划成本核算,以及库存商品采用计划成本核算或售价核算的企业,还应按加或减材料成本差异、商品进销差价后的金额填列。

第五节 利润表

一、利润表的内容、作用和结构

利润表是指反映企业在一定会计期间的经营成果的报表。一定会计期间可以是一个月、一个季度、半年,也可以是一年,因此利润表是一张动态报表。它根据"收入－费用＝利润"这一平衡公式,依照一定的标准和次序,把企业一定时期内的收入、费用和利润项目予以适当排列编制而成。通过提供利润表,可以反映企业在一定会计期间收入、费用、利润(或亏损)的数额及构成情况,帮助财务报表的使用者全面了解企业的经营成果,分析企业的盈利能力及盈利增长趋势,从而为其做出经济决策提供依据。

利润表的作用主要表现以下几个方面:①确认一定时期的经营成果。利润是企业一定时期所实现的利润或亏损的确认,可向报表使用者直接反映企业经营成果。②反映企业利润实现过程。通过列示各项收入和费用,综合反映企业利润的实现过程,正确评价企业经营业绩,为企业经营决策提供依据。③有助于评价管理人员业绩。企业一定时期的利润,是评价企业管理人员业绩的重要体现。但利润指标也有其局限性,过分重视利润指标,也会造成管理人员造假或挫伤管理人员积极性。④是企业经营成果分配的主要依据。虽然企业可以通过动用盈余公积和以前年度留存收益来分发股利,但各期经营利润仍是企业利润分配的主要源泉。因此正确计算经营成果,才能对企业利润合理分配,促进企业发展。

利润表中利润形成的排列格式有多步式和单步式两种,因此,有多步式利润表和单步式利润表之分。单步式利润表是将当期所有的收入列在一起,然后将所有的费用列在一起,两者相减得出当期净损益。这种利润表格式虽然能够反映企业当期实现的收入和发生的费用总额,但不能反映各项收入和费用在利润总额中所占的地位。因此,我国企业的利润表采用多步式的利润表格式,将不同性质的收入和费用分类进行对比,从而可以得出一些中间性的利润数据,便于使用者理解企业经营成果的不同来源。企业可以分以下三个步骤编制利润表:

第一步,以营业收入为基础,减去营业成本、营业税金及附加、销售费用、管理费用、财务费用、资产减值损失,加上公允价值变动收益(减去公允价值变动损失)和投资收益(减去投资损失),计算出营业利润;

第二步,以营业利润为基础,加上营业外收入,减去营业外支出,计算出利润总额;

第三步,以利润总额为基础,减去所得税费用,计算出净利润(或净亏损)。

普通股或潜在普通股已公开交易的企业,以及正处于公开发行普通股或潜在普通股过程中的企业,还应当在利润表中列示每股收益信息。

多步式利润表的简化格式如表9-2所示。

表 9-2　利润表

编制单位：　　　　　　　　　　　　　　　××××年度　　　　　　　　　　　　　金额单位:元

项　目	本期金额	上期金额
一、营业收入		
减:营业成本		
营业税金及附加		
销售费用		
管理费用		
财务费用		
资产减值损失		
加:公允价值变动收益(损失以"－"号填列)		
投资收益(损失以"－"号填列)		
二、营业利润(亏损以"－"号填列)		
加:营业外收入		
减:营业外支出		
三、利润总额(亏损以"－"号填列)		
减:所得税费用		
四、净利润(净亏损以"－"号填列)		

二、利润表的编制方法

1.利润表"上期金额"栏的填列方法

利润表中的"上期金额"栏应根据上年该期利润表"本期金额"栏内所列数字填列。如果上年该期利润表规定的各个项目的名称和内容同本期不相一致,应对上年该期利润表各项目的名称和数字按本期的规定进行调整,填入"上期金额"栏。

2.利润表"本期金额"栏填列方法

(1)"营业收入":反映企业销售产品和提供劳务所取得的经营收入。本项目根据"主营业务收入"和"其他业务收入"科目的发生额分析填列。

(2)"营业成本":反映企业销售产品和提供劳务等经营业务的实际成本。本项目根据"主营业务成本"和"其他业务成本"科目的发生额分析填列。

(3)"营业税金及附加":反映企业销售产品和提供劳务等经营业务所应负担的税金,包括营业税、消费税、资源税、城市维护建设税、土地增值税和教育费附加等。本项目根据"营业税金及附加"科目的发生额分析填列。

(4)"销售费用":反映企业在销售产品和提供劳务等经营过程中发生的各种经营费用,如包装费、广告费、专设销售机构的职工薪酬及业务费等。本项目根据"销售费用"科目的发生额分析填列。

(5)"管理费用":反映企业为组织和管理生产经营发生的管理费用。本项目根据"管理费用"科目的发生额分析填列。

(6)"财务费用":反映企业为筹集生产经营所需资金而发生的筹资费用。本项目根据"财务费用"科目的发生额分析填列。

(7)"资产减值损失":反映企业各项资产由于减值而发生的损失。本项目根据"资产减值损失"科目的发生额分析填列。

(8)"公允价值变动收益":反映企业应当计入当期损益的资产或负债公允价值变动收

益。本项目根据"公允价值变动收益"科目的发生额分析填列。

（9）"投资收益"：反映企业在对外投资过程中所取得的收益。本项目根据"投资收益"科目的发生额分析填列。

（10）"营业外收入"：反映企业发生的与其生产经营无直接关系的各项收入。本项目根据"营业外收入"科目的发生额分析填列。

（11）"营业外支出"：反映企业发生的与其生产经营无直接关系的各项支出。本项目根据"营业外支出"科目的发生额分析填列。

（12）"所得税费用"：反映企业实现利润后所应负担的税金。本项目根据"所得税费用"科目的发生额分析填列。

第六节　附　注

一、附注概述

1.附注的概念

附注是财务报表不可或缺的组成部分，是对在资产负债表、利润表、现金流量表和所有者权益变动表等报表中列示项目的文字描述或明细资料，以及对未能在这些报表中列示项目的说明等。

财务报表中的数字是经过分类与汇总后的结果，是对企业发生的经济业务的高度简化和浓缩的数字，如有没有形成这些数字所使用的会计政策、理解这些数字所必需的披露，财务报表就不可能充分发挥效用。因此，附注与资产负债表、利润表、现金流量表、所有者权益变动表等报表具有同等的重要性，是财务报表的重要组成部分。报表使用者了解企业的财务状况、经营成果和现金流量，应当全面阅读附注。

2.附注披露的基本要求

（1）附注披露的信息应是定量、定性信息的结合，从而能从量和质两个角度对企业经济事项完整地进行反映，也才能满足信息使用者的决策需求。

（2）附注应当按照一定的结构进行系统合理的排列和分类，有顺序地披露信息。由于附注的内容繁多，因此更应按逻辑顺序排列，分类披露，条理清晰，具有一定的组织结构，以便于使用者理解和掌握，也更好地实现财务报表的可比性。

（3）附注的相关信息应当与资产负债表、利润表、现金流量表和所有者权益变动表等报表中列示的项目相互参照，以有助于使用者联系相关联的信息，并由此从整体上更好地理解财务报表。

二、附注披露的内容

附注应当按照如下顺序披露有关内容。

1.企业的基本情况

(1)企业注册地、组织形式和总部地址。

(2)企业的业务性质和主要经营活动,如企业所处的行业、所提供的主要产品或服务、客户的性质、销售策略、监管环境的性质等。

(3)母公司以及集团最终母公司的名称。

(4)财务报告的批准报出者和财务报告批准报出日。

2.财务报表的编制基础

企业应说明财务报表编制的会计基础、会计政策,便于报表使用者阅读。

3.遵循企业会计准则的声明

企业应当声明编制的财务报表符合企业会计准则的要求,真实、完整地反映了企业的财务状况、经营成果和现金流量等有关信息。以此明确企业编制财务报表所依据的制度基础。

如果企业编制的财务报表只是部分地遵循了企业会计准则,附注中不得做出这种表述。

4.重要会计政策和会计估计

根据财务报表列报准则的规定,企业应当披露采用的重要会计政策和会计估计,不重要的会计政策和会计估计可以不披露。

(1)重要会计政策的说明

由于企业经济业务的复杂性和多样化,某些经济业务可以有多种会计处理方法,也即存在不止一种可供选择的会计政策。例如,存货的计价可以有先进先出法、加权平均法、个别计价法等;固定资产的折旧,可以有平均年限法、工作量法、双倍余额递减法、年数总额法等。企业在发生某项经济业务时,必须从允许的会计处理方法中选择适合本企业特点的会计政策,企业选择不同的会计处理方法,可能会极大地影响企业的财务状况和经营成果,进而编制出不同的财务报表。为了有助于报表使用者理解,有必要对这些会计政策加以披露。

需要特别指出的是,说明会计政策时还需要披露下列两项内容:

①财务报表项目的计量基础。会计计量属性包括历史成本、重置成本、可变现净值、现值和公允价值,这直接显著影响报表使用者的分析,这项披露要求便于使用者了解企业财务报表中的项目是按何种计量基础予以计量的,如存货是按成本还是可变现净值计量等。

②会计政策的确定依据,主要是指企业在运用会计政策过程中所做的对报表中确认的项目金额最具影响的判断。例如,企业如何判断持有的金融资产是持有至到期的投资而不是交易性投资;又比如,对于拥有的持股不足50%的关联企业,企业为何判断企业拥有控制权因此将其纳入合并范围;再比如,企业如何判断与租赁资产相关的所有风险和报酬已转移给企业从而符合融资租赁的标准;以及投资性房地产的判断标准是什么;等等,这些判断对在报表中确认的项目金额具有重要影响。因此,这项披露要求有助于使用者理解企业选择和运用会计政策的背景,增加财务报表的可理解性。

(2)重要会计估计的说明

财务报表列报准则强调了对会计估计不确定因素的披露要求,企业应当披露会计估计中所采用的关键假设和不确定因素的确定依据,这些关键假设和不确定因素在下一会计期间内很可能导致对资产、负债账面价值进行重大调整。

在确定报表中确认的资产和负债的账面金额过程中,企业有时需要对不确定的未来事项在资产负债表日对这些资产和负债的影响加以估计。例如,固定资产可收回金额的计算需要根据其公允价值减去处置费用后的净额与预计未来现金流量的现值两者之间的较高者确定,在计算资产预计未来现金流量的现值时需要对未来现金流量进行预测,并选择适当的折现率,应当在附注中披露未来现金流量预测所采用的假设及其依据、所选择的折现率为什么是合理的等。又例如,为正在进行中的诉讼提取准备时最佳估计数的确定依据等。这些假设的变动对这些资产和负债项目金额的确定影响很大,有可能会在下一个会计年度内做出重大调整。因此,强调这一披露要求,有助于提高财务报表的可理解性。

5. 会计政策和会计估计变更以及差错更正的说明

企业应当按照《企业会计准则第28号——会计政策、会计估计变更和差错更正》及其应用指南的规定,披露会计政策和会计估计变更以及差错更正的有关情况。

6. 报表重要项目的说明

企业应当以文字和数字描述相结合、尽可能以列表形式披露报表重要项目的构成或当期增减变动情况,并且报表重要项目的明细金额合计,应当与报表项目金额相衔接。在披露顺序上,一般应当按照资产负债表、利润表、现金流量表、所有者权益变动表的顺序及其项目列示的顺序。

7. 其他需要说明的重要事项

这主要包括或有和承诺事项、资产负债表日后非调整事项、关联方关系及其交易等,具体的披露要求须遵循相关准则的规定。

【本章小结】

财务报告,又称财务会计报告,是指企业对外提供的反映企业某一特定日期的财务状况和某一会计期间的经营成果、现金流量等会计信息的文件。财务报告所提供的会计信息,无论对于企业自身,还是对国家宏观经济管理部门,对与本单位有经济利益关系的其他单位和个人,都具有重要的作用。

财务报表是财务报告的核心,是对企业财务状况、经营成果和现金流量的结构性表述。一套完整的财务报表至少应当包括资产负债表、利润表、现金流量表、所有者权益(或股东权益)变动表以及附注。

按照财务报表编报期间的不同,可以分为年度财务报表和中期财务报表。按照财务报表编报主体的不同,可以分为个别财务报表和合并财务报表。按照财务报表反映资金运动的形态,可以分为静态报表和动态报表。按照财务报表的服务对象不同,可以分为内部报表和外部报表。

财务报告的编制应遵循真实可靠、计算准确、内容完整、相关可比、编报及时、便于理解等要求。编制财务报告前,应做的准备工作包括期末账项调整;全面清查资产、核实债务;编制工作底稿;对账;结账。

资产负债表是反映企业在某一特定日期的财务状况的报表。财务状况是指企业资产、负债和所有者权益的总额及其构成情况。资产负债表根据"资产=负债+所有者权益"这一会计恒等式,依照一定的分类标准和一定的次序,把企业在某一特定日期的资产、负债和所有者权益项目予以适当排列编制而成。

利润表是指反映企业在一定会计期间的经营成果的报表。它根据"收入－费用＝利润"这一平衡公式,依照一定的标准和次序,把企业一定时期内的收入、费用和利润项目予以适当排列编制而成。通过提供利润表,可以反映企业在一定会计期间收入、费用、利润(或亏损)的数额及构成情况,帮助财务报表的使用者全面了解企业的经营成果,分析企业的盈利能力及盈利增长趋势,从而为其做出经济决策提供依据。

【关键名词】

财务报告 财务报表 资产负债表 利润表

【思考题】

1.什么是财务报告? 企业为什么要编制财务报告?

2.什么是财务报表? 财务报表有哪些分类?

3.编制财务报告应遵循哪些要求?

4.财务报告编制前应做好哪些准备工作?

5.资产负债表的内容包括哪些方面? 如何编制资产负债表?

6.利润表的内容包括哪些方面? 如何编制利润表?

第十章　账务处理程序

📖 学习目标

通过本章的学习,了解账务处理程序的概念及其作用,掌握各类不同的账务处理程序,了解它们各自的优缺点,并能根据不同的具体情况在各种账务处理程序中选择合适的加以运用。

课程导入

前面对会计凭证、账簿、报表进行了介绍,但是经济活动的内容如何通过凭证、账簿最终显示到会计报表中呢? 这就需要一定的程序把凭证、账簿、报表衔接起来。各个企业由于业务内容和组织机构人员分工以及企业管理的要求不同,因而形成了不同的账务处理形式。本章就是围绕这一问题进行阐述的。

第一节　账务处理程序概述

一、账务处理程序的概念

在前面的章节中,我们介绍了会计主体在一定时期内的经济业务按照确定的程序进行核算的基本步骤:原始凭证的填制和审核,记账凭证的编制,账簿的登记,试算平衡表的编制,账户记录的调整和结清,会计报表的编制等。在实际工作中,这些会计核算方法都不是孤立的,而是以一定的形式相互联系、相互结合,从而形成一个完整的会计核算体系。

由于各单位的规模大小、业务特点以及管理要求的不同,会计业务量的繁简程序也存在差别。因此,各种凭证、账簿之间可以有多种衔接方式进行有机的结合,而具体的账务处理步骤也不尽相同,这就决定了存在不同的账务处理程序。

所谓账务处理程序,又称会计核算组织程序或会计核算形式,是指在会计核算中,规定凭证、账簿的种类、格式和登记方法,各种凭证之间、账簿之间和各种凭证与账簿之间,以及各种报表之间、各种账簿与报表之间的相互联系及编制的程序。即通过建立凭证、账簿、和报表组织体系,按一定的步骤或程序将三者有机地结合起来,最终产生并提供有用的财务信息。由此可见,把不同的会计凭证、账簿按照不同的记账程序和方法结合在一起,就会形成不同的账务处理程序。

二、账务处理程序的作用

由于不同的企业具有不同的业务性质、组织规模和不同的管理要求,因此,要求企业根据自身的特点,建立科学、合理、适当的账务处理程序。正确的账务处理程序应具有如下作用:

(1)可以简化会计凭证和会计账簿,避免凭证和账簿的重复。

(2)可以简化核算手续,从而达到节约人力、物力、财力的目的。

(3)可以提高会计核算工作的质量和效率,更好地为有关方面提供信息。

(4)有利于加强财务管理和会计监督。

三、选择账务处理程序的要求

(1)要按照国家的统一规定,并与本单位的性质、规模、企业业务经营管理的特点和业务的繁简相适应。

(2)要结合本单位的具体情况,便于会计人员的分工协作,便于建立岗位责任制。

(3)要保证会计信息的质量,并有利于采用现代化的核算工具。

四、账务处理程序的种类

如前所述,由于会计凭证、会计账簿和会计报表的种类、格式、填制或编制程序不同,尤其是登记总分类账簿的程序不同,形成了不同的账务处理程序。常用的账务处理程序包括记账凭证账务处理程序、汇总记账凭证账务处理程序、科目汇总表账务处理程序、多栏式日记账账务处理程序、日记总账账务处理程序、凭单日记账账务处理程序等。

第二节 记账凭证账务处理程序

记账凭证账务处理程序是会计核算中最基本的一种账务处理程序,它是对一切经济业务都要根据原始凭证编制记账凭证,并根据记账凭证直接登记总账。其他各种账务处理程序基本上都是在记账凭证账务处理程序的基础上演变和发展起来的。

在记账凭证账务处理程序下,记账凭证可以采用通用的格式,也可以采用收款凭证、付款凭证、转账凭证三种格式。设置的账簿一般包括库存现金日记账、银行存款日记账、总分类账和明细分类账。其中,库存现金日记账和银行存款日记账一般采用三栏式,作为库存现金、银行存款收付业务的序时记录;总分类账根据一级科目设置,一般也采用三栏式;明细分类账可以根据实际需要,分别采用三栏式、多栏式和数量金额式。

记账凭证会计核算形式账务处理程序如下:

(1)根据原始凭证或原始凭证汇总表编制记账凭证。

(2)根据收款凭证、付款凭证每日逐笔登记现金日记账和银行存款日记账。

（3）根据记账凭证及所附的原始凭证、原始凭证汇总表逐笔登记明细分类账。

（4）根据各种记账凭证逐笔登记总分类账。

（5）期末,根据对账的具体要求,将现金、银行存款日记账和各种明细分类账与总分类账核对相符。

（6）期末,根据总分类账和有关明细分类账的记录编制财务会计报表。

记账凭证账务处理的基本程序如图10-1所示。

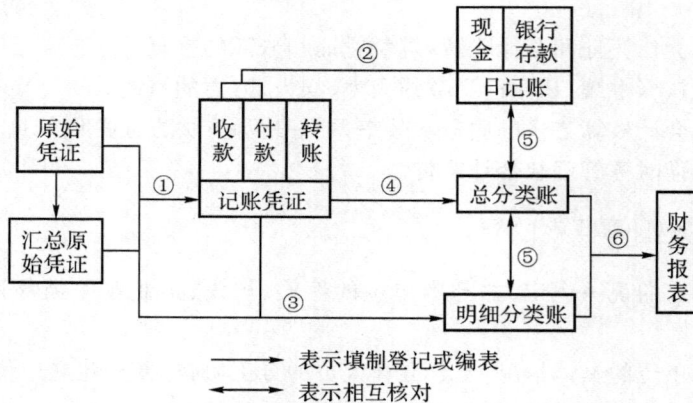

图 10-1　记账凭证账务处理的基本程序

下面以一个高度简化的例子进行说明,设无税、无其他业务:

（1）8 月 1 日,销售一批已经不用的原材料 P,售价是 1000 元;

（2）8 月 1 日,以银行存款购买 990 元甲材料;

（3）8 月 2 日,以银行存款购买 960 元乙材料;

（4）8 月 3 日,从国大公司赊购 930 元丙材料;

（5）8 月 4 日,生产 A 产品领用 890 元甲材料;

（6）8 月 5 日,生产 A 产品领用 860 元乙材料;

（7）8 月 6 日,生产 B 产品领用 830 元乙材料;

（8）8 月 7 日,完工入库 A 产品 790 元;

（9）8 月 7 日,完工入库 B 产品 730 元;

（10）8 月 8 日,向三元赊销 490 元的上述 A 产品,销售额 499 元;

（11）8 月 9 日,向蒙牛赊销 290 元的上述 A 产品,销售额 299 元;

（12）8 月 10 日,销售 690 元的上述 B 产品,销售额 699 元;

（13）8 月 10 日,从光明公司赊购一台 2000 元的设备。

首先编制分录凭证。（略）

然后根据分录凭证填制明细账和银行存款日记账。（忽略了余额等项目,进行了简化）

然后根据分录凭证填制总分类账。（忽略了余额等项目,进行了简化）

其他业务收入 明细账

明细科目：P 材料

××××年		凭证		摘　要	借　方	贷　方	借或贷	余　额
月	日	种类	号数					
8	1			期初余额（略，下同）			平	
8	1	银收	（略）			1000	贷	
8	31			合　计				

其他业务收入 总分类账

××××年		凭证		摘　要	借　方	贷　方	借或贷	余　额
月	日	种类	号数					
8	1			期初余额			平	
8	1	银收	（略）			1000	贷	
8	31			合　计				

银行存款日记账

××××年		凭证		摘　要	借　方	贷　方	借或贷	余　额
月	日	种类	号数					
8				期初余额			借	
8	1	银收	（略）	销售 P 材料	1000		借	
8	1	银付		采购甲材料		990	借	
8	2	银付		采购乙材料		960	借	
8	10	银收		销售 B 产品	639		借	
8	31			合　计				

银行存款 总分类账

××××年		凭证		摘　要	借　方	贷　方	借或贷	余　额
月	日	种类	号数					
8				期初余额			借	
8	1	银收	（略）	销售 P 材料	1000		借	
8	1	银付		采购甲材料		990	借	
8	2	银付		采购乙材料		960	借	
8	10	银收		销售 B 产品	639		借	
8	31			合　计				

明细科目:甲材料

××××年		凭　证		摘　要	借　方	贷　方	借或贷	余　额
月	日	种类	号数					
8				期初余额				
8	1	银收	(略)	甲材料采购入库	990			
8	4	转		生产A产品领用		890		
8	31			合　计				

原材料　明细账

明细科目:乙材料

××××年		凭　证		摘　要	借　方	贷　方	借或贷	余　额
月	日	种类	号数					
8				期初余额				
8	2	银收	(略)	乙材料采购入库	960			
8	5	转		生产A产品领用		860		
8	31			合　计				

原材料　明细账

明细科目:丙材料

××××年		凭　证		摘　要	借　方	贷　方	借或贷	余　额
月	日	种类	号数					
8				期初余额				
8	3	转	(略)	丙材料采购入库	930			
8	5	转		生产B产品领用		830		
8	31			合　计				

原材料 总分类账

××××年		凭证		摘 要	借 方	贷 方	借或贷	余 额
月	日	种类	号数					
8				期初余额				
8	1	银收	（略）	甲材料采购入库	990			
8	2	银付		乙材料采购入库	960			
8	3	转		丙材料采购入库	930			
8	4	转		生产A领用甲材料		890		
8	5	转		生产A领用乙材料		860		
8	6	转		生产B领用丙材料		830		
8	31			合 计				

应付账款 明细分类账

明细科目:国大公司

××××年		凭证		摘 要	借 方	贷 方	借或贷	余 额
月	日	种类	号数					
8				期初余额				
8	3	转	（略）	丙材料采购入库		930		
8	31			合 计				

应付账款 明细分类账

明细科目:光明公司

××××年		凭证		摘 要	借 方	贷 方	借或贷	余 额
月	日	种类	号数					
8				期初余额				
8	10	转	（略）	购买××设备一台		2000		
8	31			合 计				

应付账款　总分类账

××××年		凭证		摘要	借方	贷方	借或贷	余额
月	日	种类	号数					
8				期初余额				
8	3	转	（略）	丙材料采购入库		930		
8	10	转		购买××设备一台		2000		
8	31			合计				

生产成本　明细账

明细科目：基本生产成本——A产品

××××年		凭证		摘要	借方	贷方	借或贷	余额
月	日	种类	号数					
8				期初余额				
8	4	转	（略）	领用甲材料	890			
8	5	转		领用乙材料	860			
8	7	转		完工入库		790		
8	31			合计				

生产成本　明细账

明细科目：基本生产成本——B产品

××××年		凭证		摘要	借方	贷方	借或贷	余额
月	日	种类	号数					
8				期初余额				
8	6	转	（略）	领用丙材料	830			
8	7	转		完工入库		730		
8	31			合计				

基础会计学

生产成本　总分类账

××××年		凭证		摘要	借方	贷方	借或贷	余额
月	日	种类	号数					
8				期初余额				
8	4	转	（略）	A产品领用甲材料	890			
8	5	转		A产品领用乙材料	860			
8	6	转		B产品领用丙材料	830			
8	7	转		A产品完工入库		790		
8	7	转		B产品完工入库		730		
8	31			合计				

库存商品 明细分类账

明细科目：A产品

××××年		凭证		摘　要	借　方	贷　方	借或贷	余　额
月	日	种类	号数					
8				期初余额				
8	7	转	（略）	完工入库	790			
8	31			合　计				

库存商品 明细分类账

××××年		凭证		摘　要	借　方	贷　方	借或贷	余　额
月	日	种类	号数					
8				期初余额				
8	7	转	（略）	完工入库	730			
8	31			合　计				

库存商品 总分类账

明细科目：B产品

××××年		凭证		摘　要	借　方	贷　方	借或贷	余　额
月	日	种类	号数					
8				期初余额				
8	7	转	（略）	A产品完工入库	790			
8	7	转		B产品完工入库	730			
8	31			合　计				

应收账款 明细分类账

明细科目：三元

××××年		凭证		摘　要	借　方	贷　方	借或贷	余　额
月	日	种类	号数					
8				期初余额				
8	8	转	（略）	销售A产品	499			
8	31			合　计				

应收账款　明细分类账

明细科目:蒙牛

××××年		凭证		摘要	借方	贷方	借或贷	余额
月	日	种类	号数					
8				期初余额				
8	9	转	(略)	销售A产品	299			
8	31			合计				

应收账款　总分类账

××××年		凭证		摘要	借方	贷方	借或贷	余额
月	日	种类	号数					
8				期初余额				
8	8	转	(略)	向三元销售A产品	499			
8	9	转		向蒙牛销售A产品	299			
8	31			合计				

主营业务收入　明细分类账

明细科目:A产品

××××年		凭证		摘要	借方	贷方	借或贷	余额
月	日	种类	号数					
8				期初余额				
8	8	转	(略)	向三元销售A产品		499		
8	9	转		向蒙牛销售A产品		299		
8	31			合计				

主营业务收入　明细分类账

明细科目:B产品

××××年		凭证		摘要	借方	贷方	借或贷	余额
月	日	种类	号数					
8				期初余额				
8	10	银收	(略)	销售一批B产品		699		
8	31			合计				

主营业务收入　总分类账

××××年		凭证		摘要	借方	贷方	借或贷	余额
月	日	种类	号数					
8				期初余额				
8	8	转	(略)	销售一批A产品		499		
8	9	转		销售一批A产品		299		
8	10	银收		销售一批B产品		699		
8	31			合　计				

主营业务成本　明细分类账

明细科目:A产品

××××年		凭证		摘要	借方	贷方	借或贷	余额
月	日	种类	号数					
8				期初余额				
8	8	转	(略)	销售一批A产品		490		
8	9	转		销售一批A产品		290		
8	31			合　计				

主营业务成本　明细分类账

明细科目:B产品

××××年		凭证		摘要	借方	贷方	借或贷	余额
月	日	种类	号数					
8				期初余额				
8	10	银收	(略)	销售一批B产品		690		
8	31			合　计				

主营业务成本

××××年		凭证		摘要	借方	贷方	借或贷	余额
月	日	种类	号数					
8				期初余额				
8	8	转	(略)	销售一批A产品		490		
8	9	转		销售一批A产品		290		
8	10	转		销售一批B产品		690		
8	31			合　计				

固定资产　明细分类账

明细科目：××设备

××××年		凭证		摘　要	借　方	贷　方	借或贷	余　额
月	日	种类	号数					
8				期初余额				
8	10	转	（略）	购买一台××设备	2000			
8	31			合　计				

固定资产　总分类账

××××年		凭证		摘　要	借　方	贷　方	借或贷	余　额
月	日	种类	号数					
8				期初余额				
8	10	转	（略）	购买一台××设备	2000			
8	31			合　计				

　　由于记账凭证账务处理程序是根据记账凭证直接登记总分类账，因而容易理解，便于掌握。总分类账的记录能详细地反映经济业务的发生情况，便于了解企业的资金运动状况，便于查对账目，从而有利于会计监督。

　　但是，由于登记总分类账时要逐一根据记账凭证登记，会增加登记总账的工作量，并且不利于记账分工。因此，这种账务处理程序一般适用于一些规模小、业务量少、凭证不多的中小型企业。

第三节　汇总记账凭证账务处理程序

　　汇总记账凭证账务处理程序是在记账凭证账务处理程序的基础上演变发展而来的。其主要特点是先根据原始凭证或原始凭证汇总表编制记账凭证，再根据记账凭证定期汇总编制汇总记账凭证，期末根据汇总记账凭证登记总分类账。

　　在汇总记账凭证账务处理程序下，记账凭证一般采用收款凭证、付款凭证和转账凭证三种格式。根据记账凭证定期汇总编制的汇总记账凭证也分为汇总收款凭证、汇总付款凭证和汇总转账凭证三种格式，分别根据库存现金、银行存款的收款和付款凭证以及转账凭证汇总编制。

　　汇总收款凭证包括库存现金汇总收款凭证和银行存款汇总收款凭证，应根据库存现金、银行存款的收款凭证，分别以库存现金、银行存款科目的借方设置，并按贷方科目归类汇总。汇总要定期，一般5天或10天填制一次，每月填制一张。月末根据库存现金汇总收

基础会计学

款凭证的合计数和银行存款汇总收款凭证的合计数,分别记入库存现金、银行存款总分类账户的借方以及各个对应科目的总分类账户的贷方。汇总收款凭证的格式如表 10-1 所示。

仍以上一节的例子为例:

表 10-1 汇总收款凭证

借方科目:银行存款　　　　　　　　20××年×月

贷方科目	金　额				总账页数	
	1 — 10 日 收款凭证	11 — 20 日 收款凭证	21 — 30 日 收款凭证	合　计	借　方	贷　方
其他业务收入	1000	据此,将这1000元计入其他业务收入总账的贷方				
主营业务收入	639	将这639元计入主营业务收入总账的贷方				
合　计	1639	将这1639元计入银行存款总账的借方				

汇总付款凭证包括库存现金汇总付款凭证和银行存款汇总付款凭证,应根据库存现金、银行存款的付款凭证,分别以库存现金、银行存款科目的贷方设置,并按借方科目归类汇总。汇总要定期,一般 5 天或 10 天填制一次,每月填制一张。月末根据库存现金汇总付款凭证的合计数和银行存款汇总付款凭证的合计数,分别记入库存现金、银行存款总分类账户的贷方以及各个对应科目的总分类账户的借方。汇总付款凭证的格式如表 10-2 所示。

表 10-2 汇总付款凭证

贷方科目:银行存款　　　　　　　　20××年×月

借方科目	金　额				总账页数	
	1 — 10 日 收款凭证	11 — 20 日 付款凭证	21 — 30 日 付款凭证	合　计	借　方	贷　方
原 材 料	1950	将这1950计入原材料总账的借方				
合　计		1950 将这1950元计入银行存款总账的贷方				

汇总转账凭证通常按照每一科目的贷方分别设置,并根据转账凭证按借方科目归类,定期汇总填列一次,每月填制一张。月末根据汇总转账凭证的合计数,分别记入该汇总转账凭证所列的应贷科目的总分类账户的贷方以及各对应借方科目的总分类账户的借方。汇总转账凭证的格式如表 10-3 至表 10-7 所示。

表 10-3 汇总转账凭证

贷方科目:原材料   20××年×月

借方科目	金 额			合 计	总账页数	
	1—10日 转账凭证	11—20日 转账凭证	21—30日 转账凭证		借方	贷方
生产成本	2580	将这2580元计入生产成本总账的借方				
合 计	2580	将这2580元计入原材料总账的贷方				

表 10-4 汇总转账凭证

贷方科目:应付账款   20××年×月

借方科目	金 额			合 计	总账页数	
	1—10日 转账凭证	11—20日 转账凭证	21—30日 转账凭证		借方	贷方
原材料	930	将这930元计入原材料总账的借方。想想看,原材料总账的借方发生额和贷方发生额分别是多少				
固定资产	2000	将这2000元计入固定资产总账的借方				
合 计	2930	将这2930元计入应付账款总账的贷方。以下各表不再赘述				

表 10-5 汇总转账凭证

贷方科目:生产成本   20××年×月

借方科目	金 额			合 计	总账页数	
	1—10日 转账凭证	11—20日 转账凭证	21—30日 转账凭证		借 方	贷 方
库存商品	1520					
合 计	1520					

表 10-6 汇总转账凭证

贷方科目:库存商品　　　　　　　　20××年×月

借方科目	金　额				总账页数	
	1—10日转账凭证	11—20日转账凭证	21—30日转账凭证	合　计	借　方	贷　方
主营业务成本	1410					
合　计	1410					

表 10-7 汇总转账凭证

贷方科目:主营业务收入　　　　　　　20××年×月

借方科目	金　额				总账页数	
	1—10日转账凭证	11—20日转账凭证	21—30日转账凭证	合　计	借　方	贷　方
应收账款	798					
合　计	798					

汇总记账凭证会计核算形式的账务处理程序如下:

(1)根据原始凭证或原始凭证汇总表,分别编制收款、付款和转账凭证;

(2)根据收款凭证及付款凭证,逐笔序时登记现金日记账和银行存款日记账;

(3)根据记账凭证及其所附的原始凭证,逐步登记各类明细分类账;

(4)根据收款、付款凭证和转账凭证,定期分别编制汇总收款、汇总付款和汇总转账凭证;

(5)期末,根据汇总收款、汇总付款和汇总转账凭证的合计数,登记总分类账;

(6)月末,将现金日记账、银行存款日记账和各种明细分类账分别与总分类账有关账户核对相符;

(7)月末,根据核对无误的总分类账和明细分类账的有关记录编制账务会计报表。

汇总记账凭证账务处理的基本程序如图 10-2 所示。

汇总记账凭证账务处理程序通过对记账凭证的汇总和归类,将日常发生的大量记账凭证分散在平时整理,月末时一次登入总分类账,减轻了登记总账的工作量,并为及时编制财务报告提供了方便。同时,由于各种汇总记账凭证按照科目的对应关系归类汇总,方便了

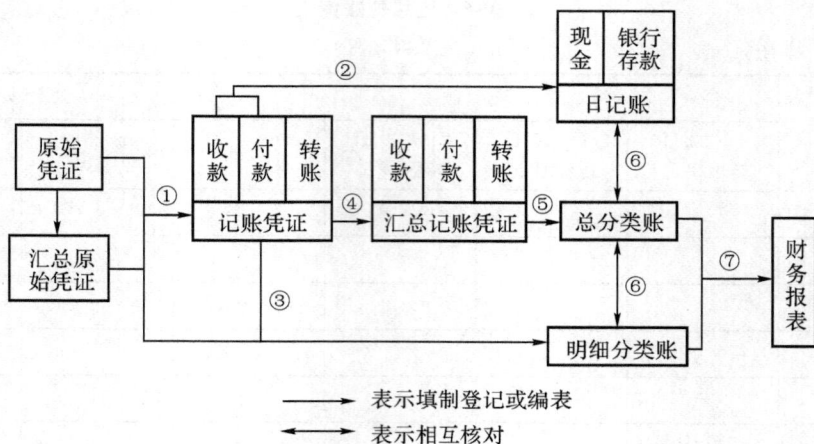

图 10-2　汇总记账凭证会计核算形式的账务处理程序

凭证的归类整理工作,并能清晰地反映各科目之间的对应关系,有利于对经济业务进行分析和检查。但是,由于汇总记账凭证按照每一个贷方科目进行归类汇总,对于经营规模较小、经济业务较少的单位来说,同一贷方科目的记账凭证为数不多,采用这种账务处理程序,不仅不能减少登记总分类账的工作量,反而增加了凭证的汇总手续。因此,这种账务处理程序适用于规模较大、业务量较多的大型企业。

第四节　科目汇总表账务处理程序

科目汇总表账务处理程序又称记账凭证汇总表账务处理程序,是根据记账凭证定期编制科目汇总表,然后根据科目汇总表登记总分类账的一种账务处理程序。这种账务处理程序是在记账凭证账务处理程序的基础上简化而来的,其会计凭证和会计账簿的组织与记账凭证账务处理程序下的会计凭证和会计账簿的组织基本相同。

在科目汇总表账务处理程序下,除了和记账凭证账务处理程序一样设置收款凭证、付款凭证、转账凭证之外,还需要设置科目汇总表。科目汇总表是根据记账凭证汇总编制,列示有关各总分类账户的本期发生额,据以登记总分类账的一种记账凭证汇总表。编制科目汇总表就是定期将各期间内的全部记账凭证按照会计科目汇总各个科目的借方本期发生额和贷方本期发生额。对于库存现金和银行存款科目的借方发生额和贷方发生额,可以根据库存现金日记账和银行存款日记账所记录的收入数和支出数填列,不再根据各收款凭证和付款凭证汇总计算。科目汇总表的编制起到了将经济业务登记入总分类账之前预先进行试算平衡的作用,其基本格式与试算平衡表的结构大致相同,如表 10-8 所示。

表 10-8 科目汇总表

20××年×月×日至×日

会计科目	总账页数	本期发生额		记账凭证
		借　方	贷　方	
银行存款		1639	1950	
应收账款		798		
原材料		2880	2580	
库存商品		1520	1410	
应付账款			2930	
固定资产		2000		
生产成本		2580	1520	
主营业务收入			1437	
其他业务收入			1000	
主营业务成本		1410		
合　计		12827	12827	

科目汇总表会计核算形式账务处理程序如下：

(1)根据原始凭证或原始凭证汇总表编制收款凭证、付款凭证和转账凭证等记账凭证；

(2)根据收款凭证、付款凭证登记现金日记账和银行存款日记账；

(3)根据原始凭证、原始凭证汇总表和各种记账凭证登记各种明细分类账；

(4)根据一定时期内的全部记账凭证,汇总编制成科目汇总表；

(5)根据定期编制的科目汇总表登记总分类账；

(6)月末,将现金日记账、银行存款日记账的余额和各种明细分类账的余额合计数,分别与总分类账的有关账户余额核对相符；

(7)月末,根据核对无误的总分类账和各种明细分类账的记录,编制财务会计报表。

科目汇总表账务处理的程序如图 10-3 所示。

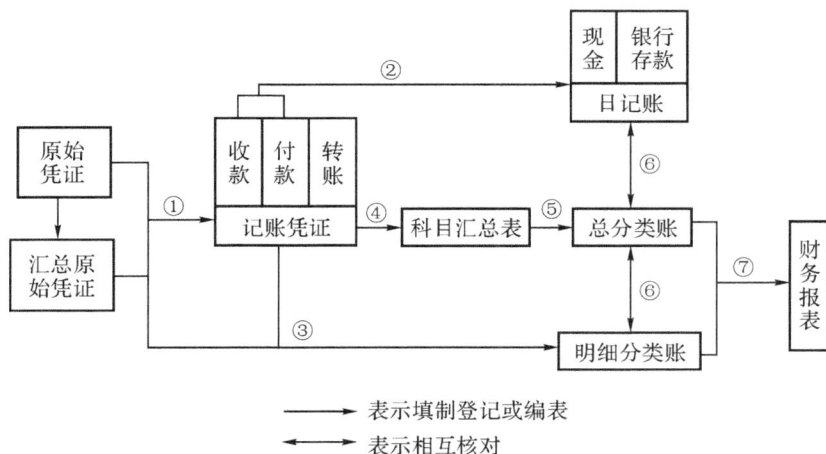

图 10-3　科目汇总表会计核算形式账务处理程序

科目汇总表账务处理程序由于采取汇总登记总分类账的方式,所以能够减少登记总分类账的工作量,提高了会计核算的工作效率。

但是,利用科目汇总表汇总记账凭证,不能明确反映账户的对应关系,不能清晰地反映经济业务的来龙去脉,因而不便于企业开展经济活动的分析和检查。所以,这种账务处理程序一般适用于业务量较大、记账凭证较多的单位。

第五节　其他账务处理程序

一、多栏式日记账账务处理程序

多栏式日记账账务处理程序是兼有记账凭证账务处理程序和汇总记账凭证账务处理程序某些特点的一种账务处理程序。其主要特点是:对于收付款业务,根据收款凭证和付款凭证登记多栏式库存现金日记账和多栏式银行存款日记账,月末根据多栏式库存现金日记账、多栏式银行存款日记账登记总分类账;对于转账业务,可以根据转账凭证逐笔登记总分类账,也可以月末编制汇总转账凭证据以登记总分类账。

在多栏式日记账账务处理程序下,会计凭证和会计账簿的组织与记账凭证账务处理程序下的会计凭证和会计账簿的组织基本一致,即仍应分别设置收款凭证、付款凭证和转账凭证。所不同的是,在多栏式日记账账务处理程序下,其库存现金日记账和银行存款日记账要按其收、付的对应账户分专栏设置多栏式,即设置多栏式库存现金日记账和多栏式银行存款日记账,或者分别设置库存现金收入日记账、库存现金支出日记账、银行存款收入日记账、银行存款支出日记账等四种多栏式日记账。

多栏式日记账账务处理的基本程序主要包括:

(1)根据原始凭证或原始凭证汇总表编制收款凭证、付款凭证和转账凭证。

(2)根据收款凭证和付款凭证逐笔登记多栏式库存现金日记账和多栏式银行存款日记账。

(3)根据原始凭证或原始凭证汇总表和各种记账凭证登记各种明细分类账。

(4)定期根据多栏式库存现金日记账、多栏式银行存款日记账和转账凭证或转账凭证科目汇总表登记总分类账。

(5)期末,将各种明细分类账和总分类账相核对。

(6)期末,根据总分类账和明细分类账编制财务报告。

综上所述,多栏式日记账账务处理程序是对货币资金收款业务和付款业务通过多栏式日记账进行汇总后再登记总分类账的一种账务处理程序。由于经过了汇总,所以能够大大减少登记总分类账的工作量。这种账务处理程序适用于收、付款经济业务较多的单位,而不适用于转账业务很多的企事业单位。

二、日记总账账务处理程序

日记总账账务处理程序又称序时总账账务处理程序,是指根据记账凭证逐日登记日记总账的一种账务处理程序。

日记总账账务处理程序除了需要设置日记总账外,其他会计凭证和会计账簿的组织与记账凭证账务处理程序下的会计凭证和会计账簿的组织基本一致。其账务处理的程序包括:

(1)根据原始凭证或原始凭证汇总表编制收款凭证、付款凭证和转账凭证。

(2)根据收款凭证、付款凭证登记库存现金日记账和银行存款日记账。

(3)根据原始凭证或原始凭证汇总表和各种记账凭证登记各种明细分类账。

(4)根据记账凭证登记日记总账。

(5)期末,将库存现金日记账、银行存款日记账和各种明细分类账与日记总账相核对。

(6)期末,根据日记总账和明细分类账编制财务报告。

三、凭单日记账账务处理程序

凭单日记账账务处理程序又称凭证整理单日记账账务处理程序,是指根据原始凭证直接登记或通过补助登记表登记各种凭单日记账,并据以登记总分类账的一种账务处理程序。

凭单日记账账务处理程序的主要特点是设置凭单日记账并根据凭单日记账登记总分类账。凭单日记账账务处理程序的会计凭证和会计账簿的组织及记账程序与其他类型的账务处理程序有较大的差别。其凭证组织只包括原始凭证,没有记账凭证和汇总记账凭证。但在实际工作中,为了确保登记凭单日记账能够正确无误,也可以先对原始凭证加以整理,编制各种记账凭证,再据以登记凭单日记账。其账簿组织包括凭单日记账、补助登记表和总分类账,以及库存现金日记账、银行存款日记账和各种明细分类账。其账务处理的程序包括:

(1)根据原始凭证或原始凭证汇总表或记账凭证登记各种凭单日记账或补助登记表。

(2)根据收款凭证、付款凭证登记库存现金日记账和银行存款日记账。

(3)根据原始凭证或原始凭证汇总表或记账凭证登记各种明细分类账。

(4)期末,将各种作为汇总分类用补助登记表加计总数,计入有关凭单日记账。

(5)期末,将各凭单日记账所记录的各总分类账户的借、贷方发生额过入总分类账。

(6)对于未设凭单日记账的各账户发生额,单独编制记账凭证,并据以记入总分类账。

(7)期末,将总分类账与库存现金日记账、银行存款日记账和各种明细分类账进行核对。

(8)期末,根据凭单日记账、补助登记表和总分类账的资料编制财务报告。

【本章小结】

账务处理程序,又称会计核算组织程序或会计核算形式,是指在会计核算中,规定凭证和账簿的种类、格式及登记方法,各种凭证之间、账簿之间和各种凭证与账簿之间,以及各种报表之间、各种账簿与报表之间的相互联系及编制的程序,即通过建立凭证、账簿和报表组织体系,按一定的步骤或程序将三者有机地结合起来,最终产生并提供有用的财务信息。

各单位要按照国家的统一规定,结合本单位的具体情况,选择合适的账务处理程序,以简化会计凭证和会计账簿,简化核算手续,提高会计核算工作的质量和效率,加强财务管理和会计监督。

由于会计凭证、会计账簿和会计报表的种类、格式、填制或编制程序不同,尤其是登记总分类账簿的程序不同,形成了不同的账务处理程序。包括记账凭证账务处理程序、汇总记账凭证账务处理程序、科目汇总表账务处理程序、多栏式日记账账务处理程序、日记总账账务处理程序、凭单日记账账务处理程序等。

记账凭证账务处理程序是对一切经济业务都要根据原始凭证编制记账凭证,并根据记账凭证直接登记总账。汇总记账凭证账务处理程序是先根据原始凭证或原始凭证汇总表编制记账凭证,再根据记账凭证定期汇总编制汇总记账凭证,期末根据汇总记账凭证登记总分类账。科目汇总表账务处理程序是根据记账凭证定期编制科目汇总表,然后根据科目汇总表登记总分类账。多栏式日记账账务处理程序是指对于收付款业务,根据收款凭证和付款凭证登记多栏式库存现金日记账和多栏式银行存款日记账,月末根据多栏式库存现金日记账、多栏式银行存款日记账登记总分类账;对于转账业务,可以根据转账凭证逐笔登记总分类账,也可以月末编制汇总转账凭证据以登记总分类账。日记总账账务处理程序是指根据记账凭证逐日登记日记总账的一种账务处理程序。凭单日记账账务处理程序是指根据原始凭证直接登记或通过补助登记表登记各种凭单日记账,并据以登记总分类账的一种账务处理程序。

【关键名词】

账务处理程序　记账凭证账务处理程序　汇总记账凭证账务处理程序　科目汇总表账务处理程序　多栏式日记账账务处理程序　日记总账账务处理程序　凭单日记账账务处理程序

【思考题】

1.什么是账务处理程序?

2.账务处理程序有哪些种类?

3.各种账务处理程序的具体特点是什么?如何根据具体情况选用不同的账务处理程序?

4.汇总转账凭证通常按照每一科目的贷方分别设置,并根据转账凭证按借方科目归类;那么这样是否只是汇总了贷方科目的金额而无法获得借方科目的金额?

第十一章　会计工作组织

学习目标

通过本章的学习,要了解我国不同层次的会计法规的构成,尤其是要掌握《企业会计准则》体系的构成情况;了解单位会计机构的设置方法;了解对会计任职资格的要求、会计技术资格考试及技术资格的获得、会计职称的分级情况;了解注册会计师考试及注册会计师;了解会计档案的保管制度。

课程导入

为了实现反映受托责任和有助于会计信息使用者决策的会计目标,是否有必要由政府或权威机构制定规范进行管制? 我国政府对于会计进行了怎样的规范? 企业会计机构如何设置? 有哪些岗位? 什么是出纳"管钱不管账"? 会计证考试、会计专业技术资格考试以及注册会计师考试是什么性质的? 会计员、会计师、注册会计师等是什么身份? 证账表等会计档案如何保存和销毁、保存多长时间? 这些就是本章要讨论的问题。

第一节　会计工作组织及其要求

一、会计工作组织及其意义

要做好会计工作,需要建立专门的会计机构和专职的合格会计人员,在会计法规制度下开展会计工作。会计工作组织就是对会计机构的设置、会计人员的配备、会计制度的制定与执行等所做的统筹安排。具体内容主要包括:

(1)会计机构的设置;

(2)会计人员的配备;

(3)会计人员的职责权限;

(4)会计工作的规范;

(5)会计法规制度的制定;

(6)会计档案的保管;

（7）会计工作的电算化等。

科学地搞好会计组织工作，有利于保证会计工作的质量和提高会计工作的效率；有利于加强同其他经济管理工作的协调一致，提高企业整体管理水平；有利于维护好财经法纪，贯彻经济工作的方针政策。

二、会计工作组织的要求

要做好上述会计组织工作，应该做到以下三个方面：

（1）既要符合国家对会计工作的统一要求，又要适应各单位的特点。也就是说，会计工作的组织既具有规范性，又具有灵活性。规范性主要体现在必须遵循会计法、会计准则以及会计制度和其他的法令制度对企业会计工作的要求；灵活性主要体现在企业在组织会计工作的时候，必须要结合本单位自身的经营管理特点。

（2）既要保证核算工作的质量，又要节约人力、物力，提高工作效率。在保证一定会计工作质量的前提下，要尽量节约时间、费用、人力、物力，避免烦琐，力求精简。

（3）组织会计工作既要保证贯彻整个单位经济责任制，又要建立会计工作的责任制度。会计工作本身属于单位的经济管理工作的一个组成部分，所以它的组织应该要执行整个单位的经济责任制的要求，但同时，会计工作本身又具有相对的独立性，所以在贯彻经济责任制的同时，也要建立会计工作自身的责任制度。

第二节　会计法规

会计法规制度是组织和从事会计工作必须遵循的规范，具体规定着企业进行会计工作应遵循的规则、方法和程序。为了使会计工作能够有组织、有秩序地进行，必须有一套完善的会计法规制度。

根据我国《立法法》的规定，我国的法规体系一般由四个部分构成：一是法律，由全国人大常委会通过，国家主席签署颁布；二是行政法规，国务院常委会通过，以国务院总理令公布；三是部门规章，由国务院主管部门以部长令公布；四是规范性文件，以国务院主管部门以部门文件形式印发。相应地，我国的会计法规制度体系也包括这样四个层次。

一、会计法律

会计法律，即《中华人民共和国会计法》。《会计法》是调整我国经济生活中会计关系的总规范，是制定其他一切会计法规、制度的法律依据，是会计工作的最高准则。1985 年我国第一部《会计法》问世，1993 年和 1999 年进行过两次修订。现在实行的《会计法》是 1999 年10 月 31 日由第九届全国人大常委会第十二次会议通过，由国家主席以第二十四号主席令公布，自 2000 年 7 月 1 日起正式实施的。

新《会计法》从立法宗旨、会计核算、会计监督、会计机构和会计人员、法律责任以及公司、企业会计核算的特别规定等方面进行了简明扼要的阐述。

二、国务院发布的行政法规

行政法规,如国务院 2000 年 6 月 21 日发布并于 2001 年 1 月 1 日起实施的《企业财务会计报告条例》和 1990 年 12 月 31 日国务院发布的《总会计师条例》等。

三、部门规章

部门规章包括财政部颁布的 2001 年 1 月 1 日起实行的《企业会计制度》和 2002 年 1 月 1 日起实行的《金融企业会计制度》,2007 年 1 月 1 日起实行的《企业会计准则》等。

《企业会计准则》体系自 2007 年 1 月 1 日起在上市公司范围内实行,同时鼓励其他企业实行。实行企业会计准则体系的企业,不再执行 2002 年开始实行的原准则、《企业会计制度》和《金融企业会计制度》。新企业会计准则体系建立后,现行的《企业会计制度》、《金融企业会计制度》将随新企业会计准则体系适用范围的逐步扩大而予以取消。

"企业会计准则"体系包括"基本准则"、"具体准则"及"应用指南"。

(1)"基本准则"。其主要规范会计目标、会计基本假定、会计基本原则、会计要素的确认和计量等;它在整个准则体系中起统驭作用。

(2)"具体会计准则"。其有 38 项,又分为一般业务准则、特殊行业的特定业务准则和报告准则三类。一般业务准则主要规范各类企业普遍适用的一般经济业务的确认和计量,如存货、固定资产、长期股权投资、无形资产、资产减值、借款费用、收入、外币折算等准则。特殊行业的特定业务准则主要规范特殊行业中特定业务的确认和计量,如石油天然气、生物资产、金融工具确认和计量及保险合同等准则。报告准则主要规范普遍适用于各类企业通用的报告类的准则,如财务报告的列报、现金流量表、合并财务报表、中期财务报告、资产负债表日后事项、分部报告、金融工具列报等准则。

(3)应用指南。具体会计准则的"应用指南"是对于具体准则条款的细化和重点难点内容提供的操纵性规定。

2007 年新的会计准则体系已经与《国际财务报告准则》趋同,仅仅在关联方交易、长期资产减值准备的转回等少数方面存在一些差异。

四、会计规范性文件

上述会计准则体系中的 38 项具体会计准则和会计准则应用指南就属于会计规范性文件。此外,还有 1998 年 8 月印发的《会计档案管理办法》和 1996 年 6 月财政部印发的《会计基础工作规范》等。《会计基础工作规范》是对各单位的会计凭证、会计账簿、会计报表、会计档案、会计工作交接等基础工作提出规范化要求。

遵守会计法律法规是企业会计人员应尽的义务,会计人员应当熟悉上述法律法规,遵守法律法规,尽好自己的职责。

第三节　会计机构与会计人员

一、会计机构

1.会计机构和岗位的设置

会计法规定各单位应当根据会计业务的需要，设置会计机构，或者设置会计人员，并指定会计主管人员。不具备设置条件的，应当委托经批准设立从事会计代理记账业务的中介机构代理记账。

会计机构是由若干互相分工协作的会计人员构成的具有相应的责权利的机构。会计机构的名称没有统一的规定，各单位根据自己的具体情况确定，如会计（或财务）处、科、股、组等。

会计工作岗位一般可分为：会计机构负责人或者会计主管人员，出纳，财产物资核算，工资核算，成本费用核算，财务成果核算，资金核算，往来结算，总账报表，稽核，档案管理等。各单位应根据自己的实际情况进行设置。

会计人员可以一人一岗、一人多岗或者一岗多人。但出纳人员不得兼管稽核、会计档案保管和收入、费用、债权债务账目的登记工作。这就是所谓的出纳"管钱不管账"。

国有的和国有资产占控股地位或者主导地位的大、中型企业必须设置总会计师岗位。总会计师是单位行政领导成员，协助单位主要行政领导人工作，直接对单位主要行政领导人负责。凡设置总会计师的单位，在单位行政领导成员中，不设与总会计师职权重叠的副职。总会计师组织领导本单位的财务管理、成本管理、预算管理、会计核算和会计监督等方面的工作，参与本单位重要经济问题的分析和决策。

2.集中核算和分散核算

企业会计工作的组织方式有集中核算和分散核算两种。

集中核算组织形式是指企业的会计核算工作，包括总分类核算和明细分类核算、会计报表编制和分析等，全部集中在会计机构总部进行。其他部门、车间通常不设专职会计机构和专职会计人员。其他部门、车间的兼职会计人员只负责部分原始凭证填制和原始记录的登记，为会计机构总部的会计核算工作提供资料。

采用集中核算组织形式，可以减少核算层次，节约核算费用，但不利于各职能部门及时运用会计资料对经济活动进行分析与考核。一般适用于规模较小的单位。

分散核算（又称非集中核算）组织形式是指企业的会计核算工作分散在会计机构总部及各个职能部门中进行，即日常业务的凭证整理、明细核算、内部会计报表的编制和分析等工作，分散在直接从事该项业务的部门进行；总分类核算、对外会计报表的编制和分析工作，现金往来、物资购销、债权债务结算等明细分类核算工作，集中在会计机构总部进行。这种组织类型下，各部门、车间一般设立专职会计人员，规模较大的部门、车间还设立专门会计机构。

实行分散核算有利于各部门及时掌握会计信息，利用会计资料进行经济活动的分析和考核。

一个单位的会计工作组织是采用集中核算形式还是分散核算形式,取决于企业规模的大小和经济管理的要求。

二、会计人员

设置会计机构的单位,应当配备一定数量符合会计从业资格的会计人员。不设专门会计机构的单位,应当在有关机构中配备若干办理会计事务的专职或兼职会计人员。

1.会计人员的职责和权限

明确会计人员的职责权限,提高会计人员的政治素质和业务水平,是保证会计工作质量的关键。

会计人员的主要职责是进行会计核算;实行会计监督;编制业务计划及财务预算,并考核、分析其执行情况;制定本单位办理会计事项的具体办法等。

会计人员的主要权限有:有权要求本单位各有关部门和相关人员认真执行国家、上级主管部门等批准的计划和预算;会计人员有权履行其管理职能,也就是有权参与本单位编制计划、制定定额、签订合同等,并提出自己的意见和建议;会计人员有权监督、检查本单位内部各部门的财务收支、资金使用和财产保管、收发、计量、检验等情况等。

2.会计人员的任职资格

从事会计工作的人员,必须取得会计从业资格证书。未取得会计从业资格证书的人员,不得从事会计工作。

会计从业资格证书,简称"会计证"。会计从业资格考试科目、考试大纲由财政部统一制定。其考试科目为:《财经法规与会计职业道德》、《会计基础》和《初级会计电算化》。

3.会计人员的专业技术资格和职称

会计专业技术资格分为三级,分别是:初级会计专业技术资格、中级会计专业技术资格、高级会计专业技术资格。其中,前两级通过全国会计专业技术资格考试合格后取得(要参加初级会计专业技术资格考试,需已经取得会计从业资格证书),高级资格采取考评结合的办法取得。

对于取得相应的会计专业技术资格的人员,用人单位可以按照规定条件,聘任其为相应的会计专业职务(职称)。会计专业职称包括四级,分别是:会计员、助理会计师、会计师、高级会计师。

专业技术资格	职称
会计从业资格证书(会计证):	会计员
初级会计专业技术资格:	助理会计师
中级会计专业技术资格:	会计师
高级会计专业技术资格:	高级会计师

担任单位会计机构负责人(会计主管人员)的,应当具备会计师以上专业技术职务资格或者从事会计工作三年以上经历。

总会计师应具有会计师以上专业技术职称,主管一个单位或单位内部重要方面的财务工作三年以上。

4. 会计人员的职业道德

依财政部 1996 年 6 月发布的《会计基础工作规范》的规定,会计人员职业道德的内容主要包括以下六个方面:

(1)爱岗敬业。即会计人员应当热爱本职工作,努力钻研业务,使自己的知识和技能适应所从事工作的要求。爱岗敬业是做好一切工作的出发点。

(2)熟悉法规。会计工作不只是单纯的记账、算账、报账工作,会计工作时时、事事、处处涉及执法守规方面的问题。会计人员应当熟悉财经法律、法规和国家统一的会计制度,做到自己在处理各项经济业务时知法依法、知章循章,依法把关守口,同时还要进行法规的宣传,提高法制观念。

(3)依法办事。一方面,会计人员应当按照会计法律、法规和国家统一会计制度规定的程序和要求进行会计工作,保证所提供的会计信息合法、真实、准确、及时、完整。另一方面,要求会计人员必须树立自己职业的形象和人格的尊严,敢于抵制歪风邪气,同一切违法乱纪的行为做斗争。

(4)客观公正。会计信息的正确与否,不仅关系到微观决策,而且关系到宏观决策。做好会计工作,不仅要有过硬的技术本领,也同样需要实事求是的精神和客观公正的态度。否则,就会把知识和技能用错了地方,甚至参与弄虚作假或者通同作弊。就现实而言,对会计人员最基本的道德要求,可以用前总理朱镕基 2001 年 4 月考察上海国家会计学院时的题词来概况:"不做假账"。

(5)搞好服务。会计工作是经济管理工作的一部分,把这部分工作做好对所在单位的经营管理至关重要。会计工作的这一特点,决定了会计人员应当熟悉本单位的生产经营和业务管理情况,因此,会计人员应当积极运用所掌握的会计信息和会计方法,为改善单位内部管理、提高经济效益服务。

(6)保守秘密。会计工作性质决定了会计人员有机会了解本单位的财务状况和生产经营情况,有可能了解或者掌握重要商业机密。这些机密一旦泄露给竞争对手,会给本单位的经济利益造成重大的损害,这对被泄密的单位既不公正又很不利。泄露本单位的商业秘密也是一种很不道德的违法行为。因此,作为会计人员,应当确立泄密失德的观点,对于自己知悉的内部机密,不管在何时何地,都要严守秘密,不得为一己私利而泄露机密。

5. 注册会计师

注册会计师是依法取得注册会计师证书并接受委托从事审计和会计咨询、会计服务业务的执业人员。

只要有一定数量的专职从业人员,其中至少有 5 名注册会计师,并不少于 30 万元的注册资本,而且符合国务院财政部门规定的业务范围和其他条件,就可以组成会计师事务所,进行独立审计工作。注册会计师依法执行审计业务出具的报告,具有证明效力。

注册会计师还可以承办会计咨询、会计服务业务。

国家实行注册会计师全国统一考试制度。注册会计师全国统一考试由中国注册会计师协会组织实施。具有高等专科以上学校的学历或者会计或者相关专业(相关专业是指审计、统计、经济)中级以上专业技术职称的中国公民,均可报名参加考试。考试科目为《会计》、《审计》、《财务成本管理》、《经济法》、《税法》、《公司战略与风险管理》以及《职业能力综合测试》。

前 6 科专业阶段考试的单科考试合格成绩 5 年内有效。对在连续 5 个年度考试中取得专业阶段考试全部科目考试合格成绩的考生,财政部考委会颁发注册会计师全国统一考试专业阶段考试合格证书。综合阶段考试科目应在取得注册会计师全国统一考试专业阶段考试合格证书后 5 个年度考试中完成。

第四节　会计档案的整理与保管

一、会计档案的含义

按照自 1999 年开始实施的《会计档案管理办法》规定,会计档案是指会计凭证、会计账簿和财务报告等会计核算专业材料,是记录和反映单位经济业务的重要史料和证据。具体包括:

(1)会计凭证类:原始凭证,记账凭证。

(2)会计账簿类:总账,明细账,日记账,辅助账簿等。

(3)财务报告类:月度、季度、年度财务报告,其他财务报告。

(4)其他类:银行存款余额调节表,银行对账单,其他应当保存的会计核算专业资料,会计档案移交清册,会计档案保管清册,会计档案销毁清册等。

会计档案是国家档案的重要组成部分,也是各单位的重要档案,它是对一个单位经济活动的记录和反映。通过会计档案,可以了解每项经济业务的来龙去脉,可以检查一个单位是否遵守财经纪律,在会计资料中有无弄虚作假、违法乱纪等行为;会计档案还可以为国家、单位提供详尽的经济资料,为国家制定宏观经济政策及单位制定经营决策提供参考。

二、会计档案的整理与保管

会计档案,应由财务会计部门按照要求负责整理立卷、归档,分别按会计凭证、会计账簿、会计报表及其保管期限装订成册,按年度分册编制会计档案案卷目录,并由经办人签名盖章,确保会计档案资料完整无缺。

当年形成的会计档案,在会计年度终了后,可暂由会计机构保管一年,期满之后,应当由会计机构编制移交清册,移交本单位档案机构统一保管;未设立档案机构的,应当在会计机构内部指定专人保管。出纳人员不得兼管会计档案。

采用电子计算机进行会计核算的单位,应当保存打印出的纸质会计档案。

各单位保存的会计档案不得借出。如有特殊需要,经本单位负责人批准,可以提供查阅或者复制,并办理登记手续。查阅或者复制会计档案的人员,严禁在会计档案上涂画、拆封和抽换。

会计档案的保管期限分为永久、定期两类。定期保管期限分为 3 年、5 年、10 年、15 年、25 年五类。其中,就企业单位而言,会计凭证和账簿保存 15 年,现金和银行存款日记账保管 25 年,财务报告永久保存。会计档案的保管期限,从会计年度终了后的第一天算起。

三、会计档案的销毁

会计档案保管期满,需要销毁时,由本企业档案部门提出意见,会同会计部门共同鉴定;编制会计档案销毁清册;经企业领导审查、报经上级主管单位批准之后方可销毁。具体程序销毁:

(1)由本单位档案机构会同会计机构提出销毁意见,编制会计档案销毁清册,列明销毁会计档案的名称、卷号、册数、起止年度和档案编号、应保管期限、已保管期限、销毁时间等内容。

(2)单位负责人在会计档案销毁清册上签署意见。

(3)销毁会计档案时,应当由档案机构和会计机构共同派员监销。国家机关销毁会计档案时,应当由同级财政部门、审计部门派员参加监销。财政部门销毁会计档案时,应当由同级审计部门派员参加监销。

(4)监销人在销毁会计档案前,应当按照会计档案销毁清册所列内容清点核对所要销毁的会计档案;销毁后,应当在会计档案销毁清册上签名盖章,并将监销情况报告本单位负责人。

保管期满但未结清的债权债务原始凭证和涉及其他未了事项的原始凭证,不得销毁,应当单独抽出立卷,保管到未了事项完结时为止。单独抽出立卷的会计档案,应当在会计档案销毁清册和会计档案保管清册中列明。正在项目建设期间的建设单位,其保管期满的会计档案不得销毁。

【本章小结】

会计工作组织就是对会计机构的设置、会计人员的配备、会计制度的制定与执行等工作所做的统筹安排。为了使会计工作能够有组织、有秩序地进行,必须有一套完善的会计法规制度。我国的会计法规体系有四个部分构成:一是作为法律的《中华人民共和国会计法》;二是国务院发布的行政法规。三是部门规章,包括财政部颁布的2001年1月1日起实行的《企业会计制度》和2002年1月1日起实行的《金融企业会计制度》,2007年1月1日起实行的《企业会计准则》等。四是会计规范性文件。《企业会计准则》体系自2007年1月1日起在上市公司范围内实行,同时鼓励其他企业实行。"企业会计准则"体系包括"基本准则"、"具体准则"及"应用指南"。企业会计工作的组织方式有集中核算和分散核算两种。从事会计工作的人员,必须取得会计从业资格证书。会计专业技术资格分为三级,分别是:初级会计专业技术资格、中级会计专业技术资格、高级会计专业技术资格。会计专业职称包括四级,分别是:会计员、助理会计师、会计师、高级会计师。国有的和国有资产占控股地位或者主导地位的大、中型企业必须设置总会计师岗位。总会计师是单位行政领导成员。会计人员职业道德包括爱岗敬业,熟悉法规,依法办事,客观公正,搞好服务,保守秘密等。注册会计师是依法取得注册会计师证书并接受委托从事审计和会计咨询、会计服务业务的执业人员。会计档案是指会计凭证、会计账簿和财务报告等会计核算专业材料,是记录和反映单位经济业务的重要史料和证据。会计档案应依法妥善整理和保管,会计档案的销毁应按照法定程序进行。

【关键名词】

会计工作组织　《会计法》《企业会计准则》　会计机构　集中核算和分散核算
会计专业技术资格　会计从业资格证书（会计证）：初、中、级会计专业技术资格　会计职称
会计员　助理会计师　会计师　高级会计师　注册会计师　会计档案

【思考题】

1.参考各种讲解资料，学习《企业会计准则》（基本准则、具体准则、应用指南），并思考为什么我国的会计准则要与国际财务报告准则趋同，但又不是等同？

2.会计工作一般可分为哪些工作岗位？

3.什么是总会计师？

4.出纳"管钱不管账"是什么意思？

5.什么是集中核算和分散核算？

6.什么是注册会计师？注册会计师考试科目有哪些？

7.会计从业资格证书考试、会计专业技术资格考试、注册会计师考试有什么不同？

8.各类会计档案的保管期限各是多长？

参考文献

[1]企业会计准则讲解.北京:财政经济出版社,2008.

[2]贾圣武,王明吉.基础会计.北京:中国农业科技出版社,2002.

[3]于玉林.基础会计学.上海:上海人民出版社,2008.

[4]王俊生.基础会计学.北京:中国财政经济出版社,2004.

[5]张宝悦,王明吉.企业财务会计.北京:清华大学出版社,2008.

[6]吴鑫奇.基础会计学.北京:经济日报出版社,2005.

[7]刘益平.会计学.北京:科学出版社,2007.

[8]刘峰.会计学基础.北京:高等教育出版社,2006.

[9]朱小平,徐泓.初级会计学.北京:中国人民大学出版社,2009.

[10]阎达五,于玉林.会计学.北京:中国人民大学出版社,2007.